编委会

广东省创业投资行业发展报告 2017

朱卫平 主编

崔颖 肖航 俞文辉 副主编

暨南大学出版社
JINAN UNIVERSITY PRESS

中国·广州

图书在版编目（CIP）数据

广东省创业投资行业发展报告 .2017/朱卫平主编；崔颖，肖航，俞文辉副主编 . —广州：暨南大学出版社，2017.12

ISBN 978 - 7 - 5668 - 2281 - 9

Ⅰ.①广…　　Ⅱ.①朱…②崔…③肖…④俞…　　Ⅲ.①创业投资—研究报告—广东—2017 Ⅳ.①F832.48

中国版本图书馆 CIP 数据核字(2017)第 304884 号

广东省创业投资行业发展报告2017

GUANGDONGSHENG CHUANGYE TOUZI HANGYE FAZHAN BAOGAO 2017

主编：朱卫平　副主编：崔　颖　肖　航　俞文辉

出 版 人：徐义雄
策划编辑：黄圣英
责任编辑：何镇喜　亢东昌
责任校对：刘雨婷　邓丽藤
责任印制：汤慧君　周一丹

出版发行：暨南大学出版社 （510630）
电　　话：总编室 （8620） 85221601
　　　　　营销部 （8620） 85225284　85228291　85228292 （邮购）
传　　真：（8620） 85221583 （办公室）　85223774 （营销部）
网　　址：http：//www.jnupress.com
排　　版：广州市天河星辰文化发展部照排中心
印　　刷：广州天虹彩色印刷有限公司
开　　本：787mm×1092mm　1/16
印　　张：13.5
字　　数：263 千
版　　次：2017 年 12 月第 1 版
印　　次：2017 年 12 月第 1 次
定　　价：69.80 元

（暨大版图书如有印装质量问题，请与出版社总编室联系调换）

作者简介

主编简介

朱卫平，男，1957 年 5 月生，湖南益阳人，经济学博士，教授，博士生导师。1982 年毕业于复旦大学经济学专业，获学士学位；1987 年毕业于复旦大学经济学专业，获硕士学位；2004 年毕业于暨南大学产业经济学专业，获博士学位。现任暨南大学产业经济研究院教授、产业经济国家重点学科负责人、产业经济学科组组长等职务。

主要研究方向：产业发展战略与规划、产业竞争力和企业家理论等。

承担课题：近年来主持教育部哲学社会科学研究重大课题攻关项目"中国现代产业体系研究"（08JZD0014）、国家自然科学基金面上项目"基于企业家创新的产业演化理论与实证研究"（70573041）、广东省人文社科重点研究基地重大项目"广东现代产业体系发展研究"等，广东省经信委、科技厅、发改委和其他职能部门和企事业单位委托的课题数十项。

主要研究成果：在《经济研究》《管理世界》《经济学家》《中国工业经济》《经济学（季刊）》《管理科学学报》《经济学动态》《财经研究》等权威学术期刊发表论文多篇，出版学术专著 3 部，获得省部级科研成果奖励 3 项。

学术兼职：中国工业经济学会理事，广东经济学会副秘书长，广东中青年经济学会副秘书长。

副主编简介

崔颖，男，1963 年 7 月生，本科毕业于湖南师范大学，硕士毕业于陕西师范大学，博士毕业于暨南大学。9 年教学经历，2 年企业管理经历，2 年国外工作经历，超过 15 年基层行政管理经历，2015—2017 年底任职于广东省风险投资促进会，担任秘书长一职。

致力于产学研与 VC 的联系，专注打造 VC 服务平台。

肖航，男，现就职于广东正中珠江会计师事务所（特殊普通合伙），担任管理任合伙人，同时兼任广东正中国穗税务师事务所有限公司副所长。拥有二十多年财税工作经验，并拥有中国注册税务师和国际财务管理师资格，曾多次获得国家及广东省行业评比优秀荣誉，目前为广州市国际税收研究会会员，广东省社会政策研究会专家。有多年财税中介机构从业经验，积极参与了许多政府财政及税收政策制定、试点及完善工作，在审计、税务筹划、并购重组、PE 及 IPO 领域，主持完成了许多重大项目，长期为中央企业、省国资企业及大中型外商投资企业、民营企业集团服务，深得客户及业内好评。

俞文辉，男，微投网 & 雷雨资本创始人，中国青年天使会广东分会常务理事，广东省创投协会副会长，广东省江西商会副会长，重庆天使会副会长。拥有 10 多年互联网从业及天使投资经历，在电子商务领域有创业经历，专注于文化体育、新媒体、消费升级、科技智能等方向的投资，曾获"中国互联网金融创新领军人物""2015 中国年度新锐天使投资人""2016 中国最佳青年投资人"奖。天使投资是发现价值、判断价值、创造价值的过程，创始人及核心团队是成功的关键！投资案例：兰渡文化、粉丝魔方、遇善房、来画、SpeakIn、易捷好车、芝麻加油等。

前　言

2016 年，中国经济步入增速趋缓，结构深度调整的"新常态"。在国内金融需求相对收缩，资本市场监管趋严的背景条件下，广东创投市场依然保持着积极活跃的发展势头。在募资方面，2016 年新募基金数量为 100 个，基金融资额达 723.9 亿元人民币；在投资方面，2016 年新增创投机构 455 个，投资额为 171.54 亿元人民币，投资项目（案例）数量为 575 个；在退出方面，2016 年创投退出项目数量达 336 个。[①] 从整体上看，2016 年广东创投行业的发展呈现出以下新气息和新特征：

第一，创投行业的国家级指导文件出台。2016 年 9 月，国务院发布《关于促进创业投资持续健康发展的若干意见》，文件涵盖资金来源、政策支持、"国字号参与"、法规政策优惠、退出渠道等创投行业各环节。这是国内首部促进创投行业健康发展的国家层面的系统性纲领文件。该意见的适时推出，有利于鼓励万众创新创业，在创投行业领域逐步实现技术与市场融合、创新与产业对接、孵化和培育新兴产业等务实目标，起到净化创投市场环境、激发多元创投主体参与热情、引导并规范创投市场运作的实质作用。

第二，创投市场的行业监管日益严格。2016 年，中国证券投资业陆续发布多个业内文件。无论是宏观层面上构建并完善适应现代金融市场发展的金融监管框架的顶层设计，还是微观层面上规范调整基金从业人员资格考试，目的就是冀求形成"一法、两规、七办法、两指引、多公告"的科学缜密的行业监管体系格局，从而维护正常的创投市场秩序，推进创投市场健康规范发展。

---

① 数据来源：清科研究中心私募通数据库。

第三，创投市场的参与渠道进一步拓宽。随着传统金融业改革的持续深入，银行、证券、保险、信托等机构的转型也随之展开。其原先被创投市场"拒之门外"的配角发生实质性改变，开始积极布局并投入创投行业，传统创投机构和金融机构竞争与合作并存的局面将会进一步呈现，进而逐步形成多元主体参与竞争的市场格局。

在这种趋势和条件下，广东省风险投资促进会、暨南大学产业经济研究院、广东正中珠江会计师事务所、广州微投科技信息咨询有限公司以及广东华南科技资本研究院共同组建了《广东省创业投资行业发展报告2017》编写组（以下简称编写组）。经过近一年的努力与合作，编写了《广东省创业投资行业发展报告2017》。该报告力求在实证调研和现有可获取的权威数据的基础上对广东省创投行业发展概况、募资与投资、资本退出、创投政策、创投案例、区域比较专题——广东省天使投资发展报告等诸多方面进行深入分析和论述，进而提出对广东创投行业未来发展环境变化和动态趋势的展望。

该报告最终能顺利完成并呈现给各位，要衷心感谢许多单位机构、专家学者以及行业精英等的鼎力支持。没有他们的帮助，报告将难以完成。当然，报告中存在的错误和不足完全由编者负责。

编写组

2017 年 11 月

CONTENTS 目录

第一章
广东省创业投资发展概述

广东省的创业投资行业起步较早，2000年9月成立了全国第一家创业投资集团公司——广东省风险投资集团（现更名为广东省粤科金融集团）。经过数十年的发展，在各级政府扶持下，广东省创业投资行业得到蓬勃发展。就创投机构规模而言，从1985年起至2016年，广东省股权和创业投资机构（包含VC和PE机构）设立数量从2家增长至455家，增幅高达22 650.00%，合计数量达2 288家，年均新增数量约为15家，年均增长率为19.13%。（按中国证券投资基金协会备案数据）其中，中资机构的设立数量从2家增长至452家，年均增长率为19.11%，合计数量达2 268家，所占比重为99.1%；外资机构的设立数量从0家增长至1家，合计数量为13家，所占比重为0.6%；合资机构的设立数量从0家增长至2家，合计数量为7家，所占比重为0.3%。

第一节　广东省创投企业及其项目的数量规模与分布

一、广东省创投企业数量增长情况

根据清科研究中心旗下私募通数据库的相关统计数据，从2008年起至2016年，广东省创业投资机构（已备案和未备案）的年度数量（按VC创投机构的当年新募集基金数量计，后文数据均为VC创投机构统计数据）从29家增加至100家，增幅达到244.83%，统计期内数量总计达613家，年均增长率为16.73%；从2009年至2016年，年度新增机构数量从相比上年减少5家，进一步下降至相比上年减少18家，降幅达260.00%（见表1-1和图1-1）。[①]

在数据统计期间内，广东省创业投资机构（已备案和未备案）的年度数量（按当年新募集基金数量计）呈现阶段性上升的态势。从各年度机构数量相比上年的新增数量和增幅看，2009年至2011年为第一个上升阶段，2013到2015年为第二个上升阶段，上升阶段中的各年度新增数量相比上年均有大幅增加，增幅均达60%以上；2012年和2016年则是上升阶段间的调整期，其年度新增数量相比上年均出现一定程度的下降。预计未来广东省创投机构年度新增数量将继续保持阶段性上升的趋势（见表1-1和图1-1）。[②]

---

① 数据来源：清科研究中心私募通数据库。
② 数据来源：清科研究中心私募通数据库。

表 1 - 1　2008—2016 年广东省创业投资机构数量增长情况（按新募基金数量）

年份	年度数量（家）	相比上年新增数量（家）	较上年增长率（%）
2008	29		
2009	24	−5	−17.24
2010	67	43	179.17
2011	108	41	61.19
2012	51	−57	−52.78
2013	43	−8	−15.69
2014	73	30	69.77
2015	118	45	61.64
2016	100	−18	−15.25
总计	613		

（家）

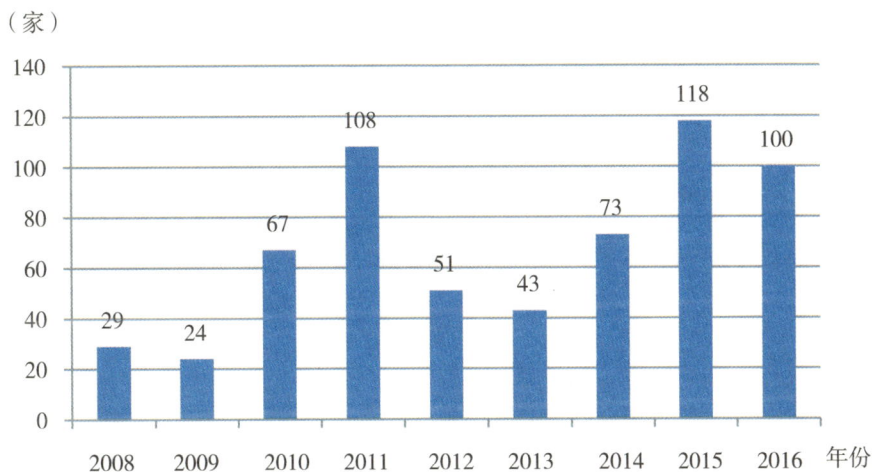

图 1 - 1　2008—2016 年广东省创业投资机构（含未披露）数量增长情况（按新募基金数量）

　　由上述数据可以看出，由于广东省创投行业起步早，加之广东省经济基础扎实，金融市场发展较早，创投机构自 2008 年以来得到了迅猛发展。近年来，虽然创投机构各年度的数量增减幅度受宏观经济、创业市场的波动影响，但是受益于国家层面和广东省自身积极创造的良好创投发展环境，如"大众创业、万众创新"战略推进，战略新兴产业的新经济、新业态、新技术逐步落地实施，相关税费减免政策、创新创业孵化政策配套出台，多层次资本市场、主板市场基础性制度以及创业板、新三板、区域性股权市场日益成熟，使得创投企业数量保持较快增长，创投行业进入发展"新常态"。

二、广东省创投企业投资项目（案例）数量增长情况

根据清科研究中心旗下私募通数据库的相关统计数据，从2008年起至2016年，广东省创业投资机构（已备案和未备案）的投资项目（案例）年度新增数量从94个增长至575个，增幅高达511.70%，年均增长率达25.41%，投资项目（案例）的累计总数高达2 204个。从2009年至2016年，投资项目（案例）年度新增数量从相比上年减少24家，下降至相比上年减少10家的程度，下降幅度为58.33%（见表1-2和图1-2）。①

由表1-2计算可知，在数据统计期间内，平均每年新增投资项目（案例）的数量约53个，投资项目（案例）的累计数量保持逐年增长的趋势；各个年度新增的投资项目（案例）数量则呈现阶段性的上升态势，各年度相比上年的增长率均在50%。值得关注的是2015年较上年实现跳跃式增长，增长率高达121.59%；2009年至2011年为第一个上升阶段，经计算该阶段的新增投资项目（案例）数量年平均增长率为67.76%，2013年至2015年处于第二个上升阶段，经计算该阶段的新增投资项目（案例）数量年平均增长率高达93.65%；2012年和2016年则处于上升阶段之间的调整期，当年新增投资项目（案例）数量相比上一年度均出现小幅度下降（见表1-2和图1-2）。②

表1-2　2008—2016年广东省创投企业投资项目（案例）增长情况（含未备案）

年份	新增案例数量（个）	相比上年增长数量（个）	较上年增长率（%）
2008	94		
2009	70	−24	−25.53
2010	106	36	51.43
2011	197	91	85.85
2012	157	−40	−20.30
2013	156	−1	−0.64
2014	264	108	69.23
2015	585	321	121.59
2016	575	−10	−1.71
合计	2 204		

---

① 数据来源：清科研究中心私募通数据库。
② 数据来源：清科研究中心私募通数据库。

（个）

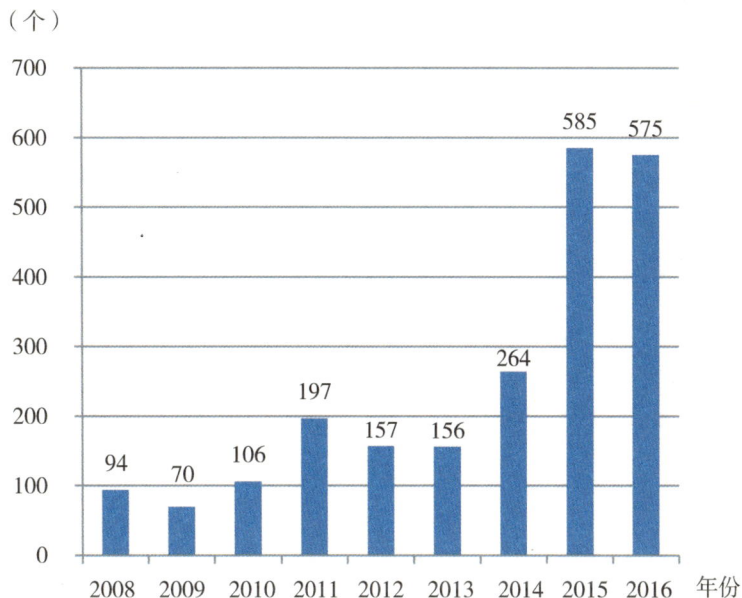

图 1 - 2　2008—2016 年广东省创投企业投资项目（案例）增长情况（含未备案）

　　由上述数据可以发现，一方面，广东省创投企业（已备案）的投资项目（案例）数量一直保持逐年增长的态势，各年度新增投资项目（案例）的数量和相较上一年度的增长率呈现阶段性的变动特征。由此说明广东省创投行业已经从早期急速扩张市场规模的阶段逐步走向相对稳定、规模增长相对匀速的成熟期阶段，创投企业从追求投资项目的规模扩张逐渐转变为更注重投资项目的效益和质量。

　　另一方面，各年度创投行业新增投资案例的增减波动表明创投行业受当年宏观经济总体形势、创投资本和政策环境等因素影响较大，创投市场对这些因素的变化反应较为敏感，项目（案例）数量的相应变化则存在一定的滞后性。其中，从 2008 年开始，创投行业受益于我国经济刺激计划、战略新兴产业扶持战略等政策的相继实施，自 2009 年至 2011 年的各年新增投资项目（案例）数量和增长率保持高速增长趋势；2012 年，在世界性经济危机背景下，我国宏观经济触底，当年新增投资项目（案例）的数量和增长率较上一年出现明显下滑，但于次年开始持续回升，进入第二个上升阶段；2016 年下半年我国创投行业遭遇"资本寒冬"，上一年度大批涌现出的诸如 O2O、P2P 项目的创业企业在当年经历了短期规模、融资快速扩张之后遭遇盈利模式瓶颈，出现一波倒闭潮，使得大量创投资本无法成功退出，创投企业在选择投资项目方面更为小心谨慎，更加注重项目质量，使得当年新增投资案例的数量规模和增长率相比上一年出现明显下降。

三、广东省创投企业数量分布情况（按中外资性质分类）

创投企业按中外资性质分类一般可分为中资机构（含国有、非国有企业）、外资机构（外商独资企业）、合资机构（中外合资企业）三大类。根据清科研究中心旗下私募通数据库的相关统计数据，从 2008 年起至 2016 年，广东省创业投资机构（已备案和未备案）中：

中资机构的年度数量（按当年新募集基金数量计）从 27 家增加至 98 家，增幅高达 262.96%，所占比重由 93.10% 增长至 98.00%，增幅为 5.26%，统计期内数量累计达 582 家，所占比重为 94.94%。

外资机构的年度数量（按当年新募集基金数量计）从 2 家下降至 1 家，降幅为 50.00%，所占比重由 6.90% 下降至 1.00%，降幅达 85.50%，统计期内数量累计为 28 家，所占比重为 4.57%。

合资机构的年度数量（按当年新募集基金数量计）从 0 家增加至 1 家，所占比重由 0% 增长至 1.00%，统计期内数量累计仅为 3 家，所占比重仅为 0.49%（见表 1-3 和表 1-4）。[①]

在数据统计期间内，广东省创业投资机构（已备案和未备案）：

中资机构的年度数量和所占比重（按当年新募集基金数量计）一直远远超过其他机构，所占比重一直处于 90% 以上的水平，经计算平均每年新增数量约为 8 家，年均增长率为 17.49%，其变化特征呈现阶段性上升的态势。从各年度机构数量相比上一年的新增数量和增幅看，2009 年至 2011 年为第一个上升阶段，2013 年到 2015 年为第二个上升阶段，上升阶段中的各年度新增数量相比上年均有大幅增加，增幅均达 50% 以上，这一变化趋势与广东省创业投资机构总体数量的变化特征基本一致。

外资机构的年度数量（按当年新募集基金数量计）保持相对稳定，经计算其所占比重基本保持在 4.48% 左右的水平，平均每年新增数量约为 3 家。

合资机构的年度数量（按当年新募集基金数量计）和所占比重极低，仅在 2011 年、2015 年和 2016 年分别新增 1 家（见表 1-3 和表 1-4、图 1-3 和图 1-4）。[②]

---

① 数据来源：清科研究中心私募通数据库。
② 数据来源：清科研究中心私募通数据库。

表 1 - 3　2008—2016 年广东省创业投资基金募集机构（含未备案）数量增长情况
（按新募基金数量）

年份	中资机构（家）	较上年增长率（%）	外资机构（家）	较上年增长率（%）	合资机构（家）	较上年增长率（%）
2008	27		2		0	
2009	22	- 18.52	2	0	0	0
2010	64	190.91	3	50.00	0	0
2011	104	62.50	3	0	1	
2012	49	- 52.88	2	- 33.33	0	- 100.00
2013	41	- 16.33	2	0	0	0
2014	70	70.73	3	50.00	0	0
2015	107	52.86	10	233.33	1	
2016	98	- 8.41	1	- 90.00	1	0
总计	582		28		3	

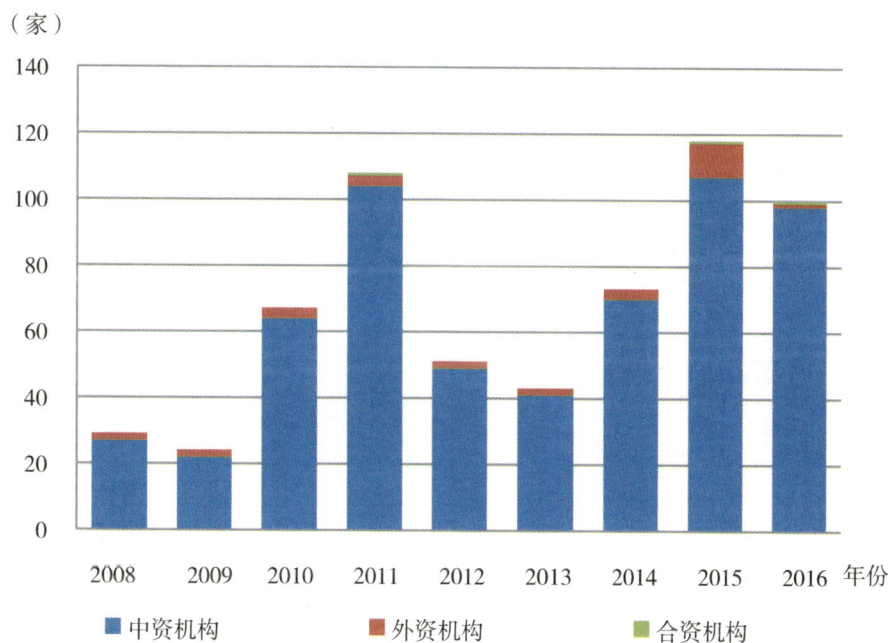

图 1 - 3　2008—2016 年广东省创业投资基金募集机构（含未备案）数量增长情况（按新募基金数量）

表1-4　2008—2016年广东省创业投资基金募集机构（含未备案）数量分布结构

（按新募基金数量）

年份	中资机构占比（%）	相比上年增长率（%）	外资机构占比（%）	相比上年增长率（%）	合资机构占比（%）	相比上年增长率（%）
2008	93.10		6.90		0.00	
2009	91.67	-1.54	8.33	20.83	0.00	0.00
2010	95.52	4.21	4.48	-46.27	0.00	0.00
2011	96.30	0.81	2.78	-37.96	0.93	0.00
2012	96.08	-0.23	3.92	41.18	0.00	-100.00
2013	95.35	-0.76	4.65	18.60	0.00	0.00
2014	95.89	0.57	4.11	-11.64	0.00	0.00
2015	90.68	-5.44	8.47	106.21	0.85	0.00
2016	98.00	8.07	1.00	-88.20	1.00	18.00
总计	94.94		4.57		0.49	

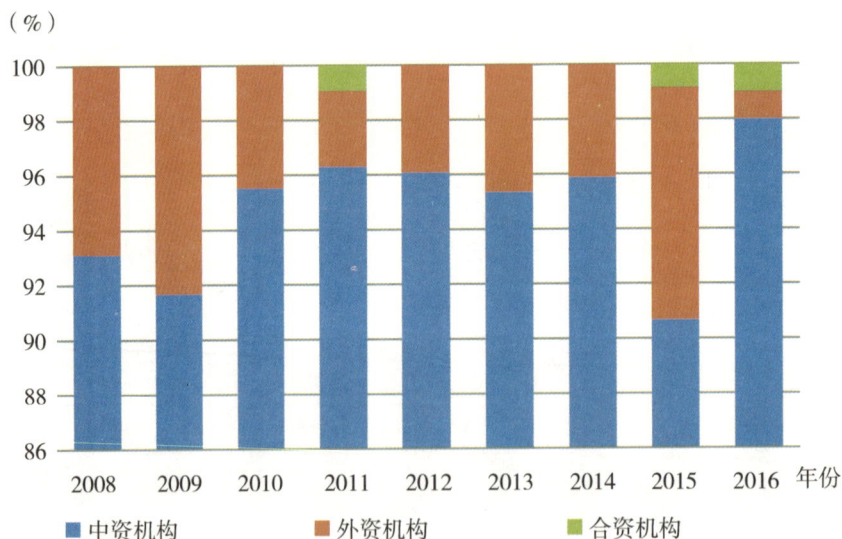

图1-4　2008—2016年广东省创业投资基金募集机构（含未备案）数量分布结构（按新募基金数量）

由以上这些数据可以看出，在广东省创投企业（已备案和未备案）中：

首先，中资企业的数量长期占有绝对比重，说明国内资本对创投行业的重视程度愈发提高，加之政府相关部门的鼓励扶持，使得中资进入创投行业的门槛相对较低。

其次，外商独资企业数量在创投企业中的占比极小，在所考察的大部分年份中甚至没有出现在国内创投行业中，表明国外资本面临的国内创投行业进入和退出门槛相对较高，对市场机制、政策适应、投资回报、资本进出等方面仍存在较多疑虑，使得外资很难以较快的速度对市场做出反应，很难以充足的信心进入中国创投行业。

最后，中外合资企业的数量极少，所占比重更是逐渐减少，这是由于中资与外商独资之间存在一定的竞争关系，同时在人员引进、资本管理方式、投资目标规划、政策实施和衔接等方面存在较大差异，因此两者在创业投资方面的合作严重不足。

未来随着中国资本市场对外开放程度的提升，粤港澳大湾区建设的稳步推进以及中国资本走出去的客观需求，部分实力雄厚的优秀创投企业亦将有对外投资的需要，预计中外合资企业、外商独资的数量和所占比重将会有所提升。

第二节　广东省创投机构基金募集情况及融资结构分布

一、广东省创业投资机构融资额增长情况

依据清科研究中心旗下私募通数据库的相关统计数据，从 2008 年起至 2016 年，广东省创业投资机构（已备案和未备案）的融资额（按当年新募集基金统计）从 3 824.58 百万元增长至 72 394.97 百万元，增幅高达 1 792.89%，经计算年均融资额为 24 655.58 百万元，年均融资额增长率高达 44.42%，统计期内融资额累计达 221 900.20 百万元（见表 1-5 和图 1-5）。①

在数据统计期间内，广东省创业投资机构（已备案和未备案）的融资额（按当年新募集基金统计）呈现阶段性上升的趋势。从各年度融资额相比上年的增长额和增长率看，2008 年至 2011 年为第一个上升阶段，2014 年至 2016 年进入第二个上升阶段，上升阶段中的各年度（2015 年除外）融资额相比上年均有大幅度增长，但各年度增长幅度的波动较大。值得关注的是，2014 年较上年出现爆发式增长，增长率高达 331.97%，2015 年较上年仅实现了 6.06% 的增长，增速明显放缓，在 2016 年又迅速回升至 92.97% 的增长率；2012 年和 2013 年则是两个上升阶段间的调整期，当年融资额相比上年均出现一定程度的下降。预计未来广东省创投机构融资额将继续保持阶段性上升的趋势（见表 1-5 和图 1-5）。②

---

① 数据来源：清科研究中心私募通数据库。
② 数据来源：清科研究中心私募通数据库。

表 1 - 5　2008—2016 年广东省创业投资基金募集机构（含未备案）融资额增长情况
（按新募基金总数）

年份	融资额 （百万元）	相比上年增长额 （百万元）	较上年增长率 （%）
2008	3 824.58		
2009	7 032.00	3 207.41	83.86
2010	17 891.06	10 859.07	154.42
2011	30 588.88	12 697.82	70.97
2012	9 092.10	− 21 496.78	− 70.28
2013	8 188.60	− 903.50	− 9.94
2014	35 372.02	27 183.42	331.97
2015	37 515.99	2 143.97	6.06
2016	72 394.97	34 878.98	92.97
总计	221 900.20		

（百万元）

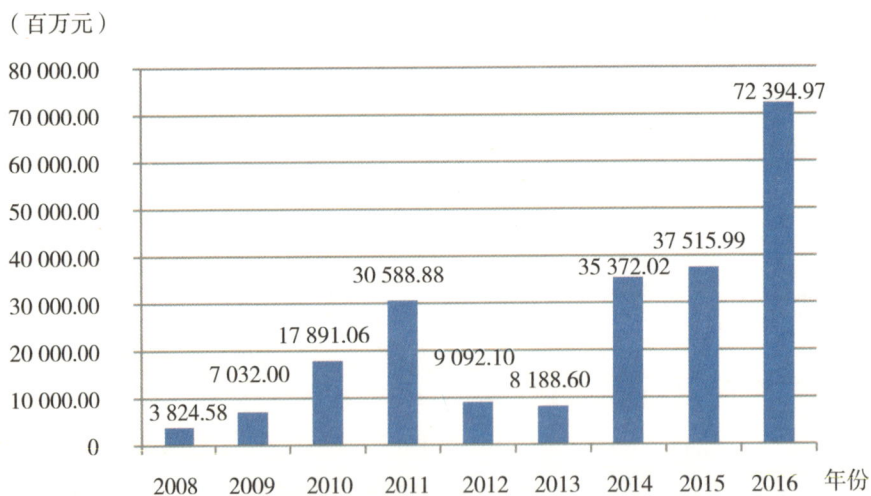

图 1 - 5　2008—2016 年广东省创业投资基金募集机构（含未备案）融资额增长情况（按新募基金总数）

　　由以上这些数据可以看出，广东省创投市场的资金规模较为雄厚，市场发展潜力十分巨大。随着创投市场发展日益加速，融资额整体上不断增长。尤其是 2014 年以来我国提出并实施的"大众创业、万众创新"战略，促使政策条件和市场环境不断改善，创投机构和投资项目的数量不断增加，创投市场的潜力得到进一步释放，使得 2014 年以来广东省创投机构（已备案和未备案）的融资额迅速增长。

二、广东省创业投资机构融资结构分布

根据清科研究中心旗下私募通数据库的相关统计数据，从 2008 年起至 2016 年，广东省创业投资机构（已备案和未备案）中：

中资机构的融资额（按当年新募集基金统计）从 3 707.22 百万元增长至 72 063.97 百万元，增幅高达 1 843.88%，所占比重由 96.93% 增长至 99.54%，增幅为 2.69%，统计期内融资额累计达 217 030.06 百万元，所占比重为 97.81%，经计算年均融资额为 24 114.45 百万元，年均融资额增长率高达 44.91%。

外资机构的融资额（按当年新募集基金统计）从 117.36 百万元增长至 331.00 百万元，增幅高达 182.04%，但所占比重由 3.07% 下降至 0.46%，增幅为 - 85.10%，统计期内融资额累计为 4 320.04 百万元，所占比重仅为 1.95%，经计算年均融资额为 540.01 百万元，年均融资额增长率为 13.84%。

合资机构（按当年新募集基金统计）统计期内融资额累计为 550.10 百万元，所占比重仅为 0.25%，经计算年均融资额仅为 68.76 百万元（见表 1 - 6 和表 1 - 7）。[①]

在数据统计期间内，广东省创业投资机构（已备案和未备案）中：中资机构的各年度融资额和所占比重（按当年新募集基金统计）均远超其他机构，所占比重一直保持在 90% 以上水平，构成了创投机构融资的最主要部分，外资机构和合资机构的各年度融资额（按当年新募集基金统计）虽然在部分年度取得了一定程度的增长，但合计占比均不足 10%。

中资机构的各年度融资额变化特征呈现阶段性上升的趋势，这与创投机构总体的变化特征相一致。从各年度融资额相比上年的增长额和增长率看，2008 年至 2011 年是第一个上升阶段，2014 年至 2016 年进入第二个上升阶段，上升阶段中的各年度（2015 年除外）融资额相比上年的增长率均达到 68% 以上，各年度增长率的变动较大。值得关注的是，2014 年较上年出现爆发式增长，增长率高达 351.12%，2015 年较上年仅实现了 4.96% 的小幅度增长，到 2016 年增速再次回升，增长率达 99.25%；2012 年和 2013 年则是两个上升阶段间的调整期，当年融资额相比上年均出现一定程度的下降。预计未来中资创投机构融资额将在继续保持阶段性上升的趋势下实现进一步增长（见表 1 - 6 和表 1 - 7、图 1 - 6 和图 1 - 7）。[②]

---

①　数据来源：清科研究中心私募通数据库。
②　数据来源：清科研究中心私募通数据库。

表1-6　2008—2016年广东省创业投资基金募集机构（含未备案）融资分布情况

（按中外资新募基金分类）

年份	中资机构 （百万元）	较上年增长率 （％）	外资机构 （百万元）	较上年增长率 （％）	合资机构 （百万元）	较上年增长率 （％）
2008	3 707.22		117.36			
2009	6 894.00	85.96	138.00	17.59		
2010	17 506.26	153.93	384.80	178.84		
2011	29 501.88	68.52	587.00	52.55	500.00	
2012	9 092.10	-69.18	未披露			
2013	7 638.60	-15.99	550.00			
2014	34 459.14	351.12	912.88	65.98		
2015	36 166.89	4.96	1 299.00	42.30	50.10	
2016	72 063.97	99.25	331.00	-74.52	未披露	
总计	217 030.06		4 320.04		550.10	

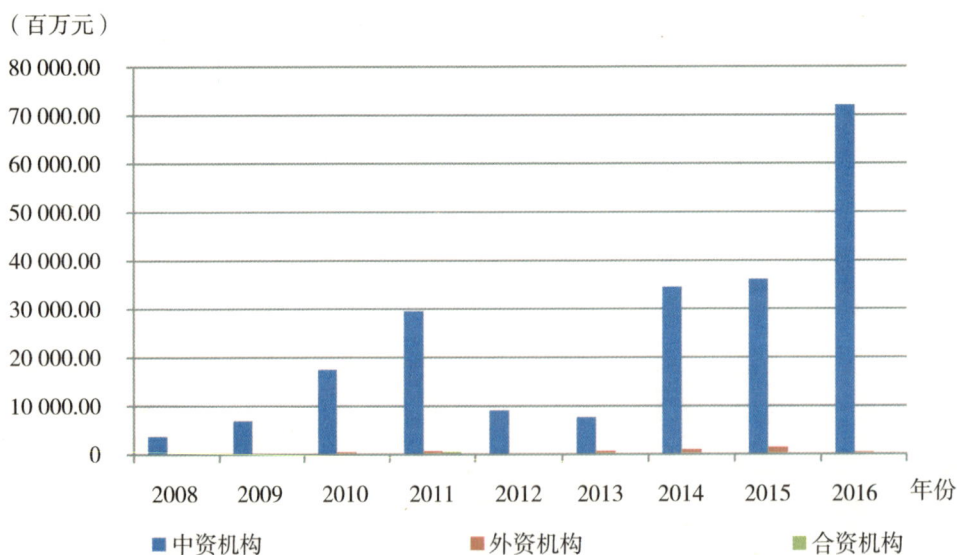

图1-6　2008—2016年广东省创业投资基金募集机构（含未备案）融资分布情况（按中外资新募基金分类）

表 1 - 7　2008—2016 年广东省创业投资基金募集机构（含未备案）融资分布结构

（按中外资新募基金分类）

年份	中资机构占比（％）	较上年增长率（％）	外资机构占比（％）	较上年增长率（％）	合资机构占比（％）	较上年增长率（％）
2008	96.93		3.07			
2009	98.04	1.14	1.96	-36.05		
2010	97.85	-0.19	2.15	9.60		
2011	96.45	-1.43	1.92	-10.78	1.63	
2012	100.00	3.68	未披露			
2013	93.28	-6.72	6.72			
2014	97.42	4.43	2.58	-61.58		
2015	96.40	-1.04	3.46	34.16	0.13	
2016	99.54	3.26	0.46	-86.80	未披露	
总计	97.81		1.95		0.25	

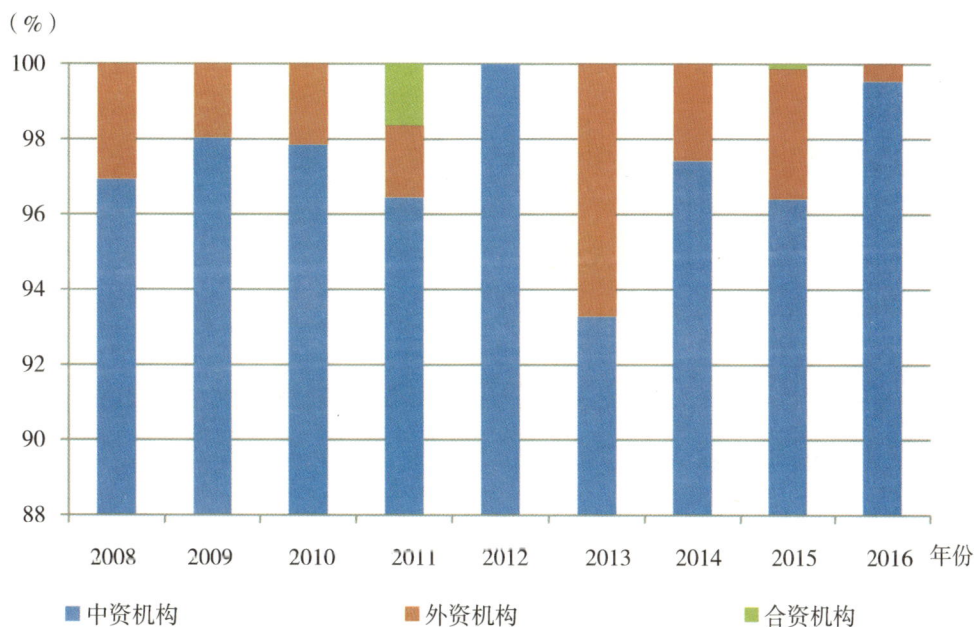

图 1 - 7　2008—2016 年广东省创业投资基金募集机构（含未备案）融资分布结构

（按中外资新募基金分类）

由上述数据可以看出，在广东省创投机构（已备案和未备案）中：

首先，中资机构的融资规模在行业中长期占有绝对比重。

其次，外商独资机构和中外合资机构的融资额以及占比极低。这主要受广东省创投机构数量的分布结构（按中外资性质）的直接影响。广东省创投机构中的中资机构数量长期保持绝对份额，外商独资和中外合资机构的数量则长期处于极低水平。

第三节　广东省创投企业从业人员规模及分布[①]

创投行业作为资本密集型的新兴行业，除了需要多元化的资本来源，还需要充足的人力资源。广东省创投企业的迅速发展与其较好的人才条件密切相关。其拥有数量众多的各类高校和企业，为创投企业输送了大批量、各类型人才。作为沿海经济发达省份，广东拥有广州、深圳两大经济集聚区，吸引了大量外省人才流入。此外，广东省一般工商行业、金融机构的繁荣发展，也为优秀人才跨行业流入创投企业提供了便利。

一、创投企业从业人员数量增长情况

按照从业人员总数看，根据广东省发改委提供的相关统计数据，2008 年至 2016 年，广东省创投企业（已备案）从业人员人数从 744 人增长至 1 179 人，增幅达 58.47%（见表 1–8 和图 1–8）。[②]

在数据统计期内，广东省创投企业（已备案）的从业人员数量除 2014 年以外的各个年度相比上一年度均实现了增长，但各年份的增长率波动幅度较大，总体上呈现明显下降的趋势。例如，2008 年末相比上年末增长率达 68.71%，而 2016 年的增长率为 –52.61%，表明当年从业人员人数出现很大幅度的减少（见表 1–8 和图 1–8）。[③]

表 1–8　2008—2016 年广东省创投企业从业人员数量增长情况（已备案）

年份	年末人数（人）	较上年增加数（人）	增长率（%）
2008	744	303	68.71
2009	924	180	24.19
2010	1 263	339	36.69
2011	1 819	556	44.02
2012	2 088	269	14.79

---

①　本部分数据因清科研究中心私募通数据库未能涵盖创投企业从业人员规模和分布等数据指标，故采用广东省发改委备案数据库的相关数据。

②　数据来源：广东省发改委备案数据库。

③　数据来源：广东省发改委备案数据库。

（续上表）

年份	年末人数（人）	较上年增加数（人）	增长率（％）
2013	2 254	166	7.95
2014	2 183	−71	−3.15
2015	2 488	305	13.97
2016	1 179	−1 309	−52.61

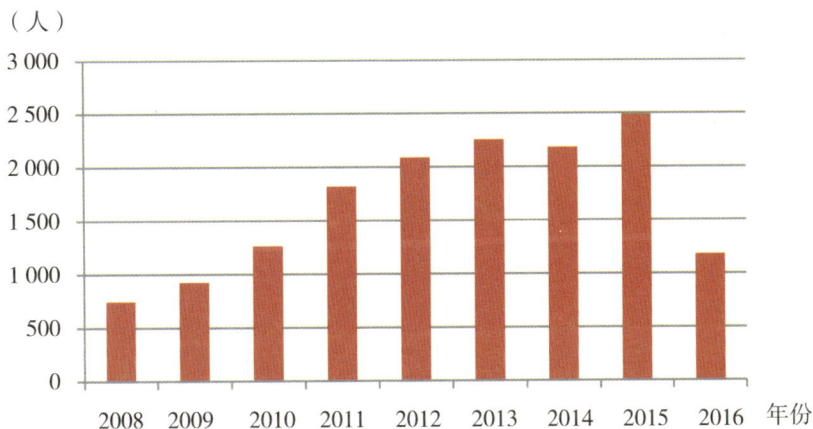

图 1−8　2008—2016 年广东省创投企业从业人员数量增长情况（已备案）

以上数据表明，当前广东省创投企业从业人员数量比早期总体上有所提升，这是创投行业市场规模扩张的直接结果。结合创投企业数量呈现逐年增长的变化特征，可以看出，广东创投企业数量规模的逐年增长未必相应增加当年从业人员数量，这是由于创投企业属于组织结构扁平化、组织规模小而精、人员编制少、员工流动性大的行业。创投企业从业人员数量以及增长率波动较大，表明创投企业雇员数量明显受各年份宏观经济形势、创业市场波动等因素影响，人员数量的变动弹性很大，这在经历了"资本寒冬"的 2016 年表现得尤为明显，当年从业人员人数比上年出现大幅下降。

二、创投企业从业人员学历构成情况

从学历构成看，根据广东省发改委提供的相关统计数据，2008 年至 2016 年，广东省创投企业（已备案）从业人员中，博士人数从 38 人增长到 54 人，增幅为 42.11％，所占比重由 5.20％增长至 5.58％，增幅为 7.31％；硕士人数从 324 人增长至 431 人，增幅为 33.02％，所占比重由 44.32％略微增长至 44.52％，增幅为 0.46％；本科人数由 272 人增加到 362 人，增幅为 33.09％，所占比重由 37.21％略微增长至

37.40%，增幅为0.50%；本科学历以下人数由97人增长至121人，增幅为24.74%，但所占比重由13.27%减少至12.50%，降幅为5.80%。在数据统计期内，各个学历的从业人员的数量占比分布结构保持相对稳定（见表1-9、图1-9和图1-10）。①

在数据统计期内，广东省创投企业（已备案）各个学历的从业人员数量（除2014年至2016年以外）的各个年度相比上一年度均保持增长趋势。从从业人员的学历结构看，各个学历的从业人员的各年度所占比重的变化极小，经计算，博士、硕士、本科和本科以下学历的从业人员数量在各年度所占比重总体上分别围绕6.09%、43.69%、37.89%、12.33%的水平变动，且相邻年度的变化幅度均未超过3个百分点，说明从业人员的学历结构基本保持相对稳定的状态（见表1-9、图1-9和图1-10）。②

表1-9   2008—2016年广东省创投企业从业人员学历构成情况（已备案）

年份	博士人数（人）	博士人数占比（%）	硕士人数（人）	硕士人数占比（%）	本科人数（人）	本科人数占比（%）	本科以下人数（人）	本科以下人数占比（%）
2008	38	5.20	324	44.32	272	37.21	97	13.27
2009	48	5.34	389	43.27	344	38.26	118	13.13
2010	67	6.00	493	44.14	430	38.50	127	11.37
2011	91	5.66	655	40.73	670	41.67	192	11.94
2012	110	5.82	838	44.32	709	37.49	234	12.37
2013	150	7.63	838	42.62	742	37.74	236	12.00
2014	141	7.23	861	44.15	699	35.85	249	12.77
2015	137	6.34	976	45.16	797	36.88	251	11.61
2016	54	5.58	431	44.52	362	37.40	121	12.50

---

① 数据来源：广东省发改委备案数据库。
② 数据来源：广东省发改委备案数据库。

（人）

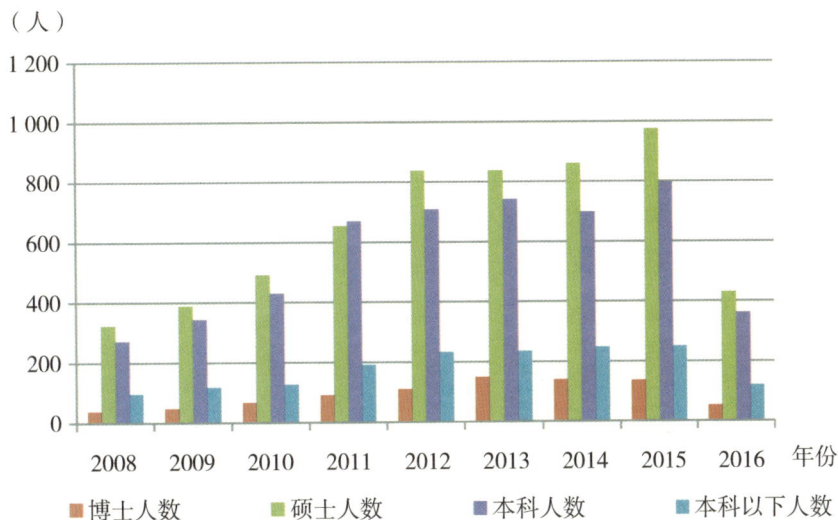

图 1-9 2008—2016 年广东省创投企业从业人员学历构成情况（已备案）

（%）

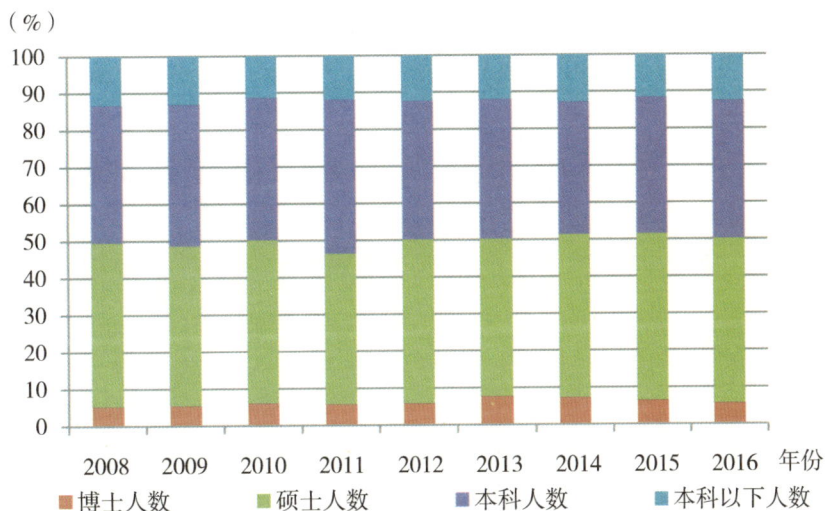

图 1-10 2008—2016 年广东省创投企业从业人员学历构成占比（已备案）

由上述数据可以看出，广东省创投企业（已备案）对从业人员学历背景有较高要求，且学历构成基本保持稳定。经计算，各个年份研究生学历（硕士及博士学历）的从业人员数量占比始终保持在 50% 左右的水平，本科学历的从业人员数量占比则维持在 37.89% 左右的水平，本科以下学历的从业人员仅占少部分。由此说明，高学历从业人员数量一直保持着较大比重，这表明创投企业在职业前景、薪酬待遇等方面对高学历人才一直具有很强的吸引力，这也使得进入创投企业的从业人员所具备的专业知识、人脉资源、职业素养的起点较高。学历门槛和稳定的构成使得创投企业人力资源得到有力保障（由表 1 – 10 计算）。①

三、创投企业从业人员从业背景构成情况

从从业背景（指进入创投机构前所从事的职业）来看，根据广东省发改委提供的相关统计数据，2008 年至 2016 年，广东省创投企业（已备案）从业人员中，从事创业投资的人数从 282 人增长到 380 人，增幅为 34.75%，所占比重由 24.63% 增长至 33.27%，增幅为 35.11%；从事企业管理的人数从 259 人下降至 229 人，降幅为 11.58%，所占比重由 22.62% 下降至 20.05%，降幅为 11.35%；从事投资咨询的人数由 173 人减少到 133 人，降幅为 23.12%，所占比重由 15.11% 下降至 11.65%，降幅为 22.92%；从事技术研发的人数由 89 人增长至 121 人，增幅为 35.96%，所占比重由 7.77% 增长至 10.60%，增幅为 36.31%；从事市场营销的人数由 48 人上升至 72 人，增幅为 50.00%，所占比重由 4.19% 上升至 6.30%，增幅为 50.39%；从事上市辅导的人数由 131 减少至 102 人，降幅为 22.14%，所占比重由 11.44% 下降至 8.93%，降幅为 21.93%；曾工作于政府机关的人数从 60 人减少至 41 人，降幅为 31.67%，所占比重由 5.24% 下降至 3.59%，降幅为 31.49%；直接从学校毕业的人数由 103 人下降至 64 人，降幅为 37.86%，所占比重由 9.00% 减少至 5.6%，降幅为 37.70%（见表 1 – 10 和表 1 – 11、图 1 – 11 和图 1 – 12）。②

在数据统计期内，广东省创投企业（已备案）的各个从业背景的从业人员数量（除 2013、2014 和 2016 年以外）各个年度总体上保持增长的趋势。从不同从业背景的从业人员所占比重看，具备创业投资背景的从业人员所占比重（除 2014 年和 2016 年以外）保持逐年上升的趋势。直接学校毕业的从业人员比重则在总体上呈现下降的态势，但变动的幅度较小；除这两者之外的其他从业人员的所占比重各年度变化不大，波动幅度较小。这说明广东省创投企业（已备案）的从业背景构成基本保持稳定（见表 1 – 10 和表 1 – 11、图 1 – 11 和图 1 – 12）。③

---

① 数据来源：广东省发改委备案数据库。
② 数据来源：广东省发改委备案数据库。
③ 数据来源：广东省发改委备案数据库。

表 1 – 10 2008—2016 年广东省创投企业从业人员从业背景构成情况（已备案）

单位：人

年份	创业投资人数	企业管理人数	投资咨询人数	技术研发人数	市场营销人数	上市辅导人数	政府机关人数	直接学校毕业人数
2008	282	259	173	89	48	131	60	103
2009	318	291	180	112	72	143	75	143
2010	403	340	229	126	98	172	81	92
2011	647	452	317	175	125	238	88	66
2012	824	513	334	215	133	262	91	92
2013	860	492	314	211	158	256	95	79
2014	791	492	321	201	157	252	93	91
2015	831	533	370	232	179	275	105	116
2016	380	229	133	121	72	102	41	64

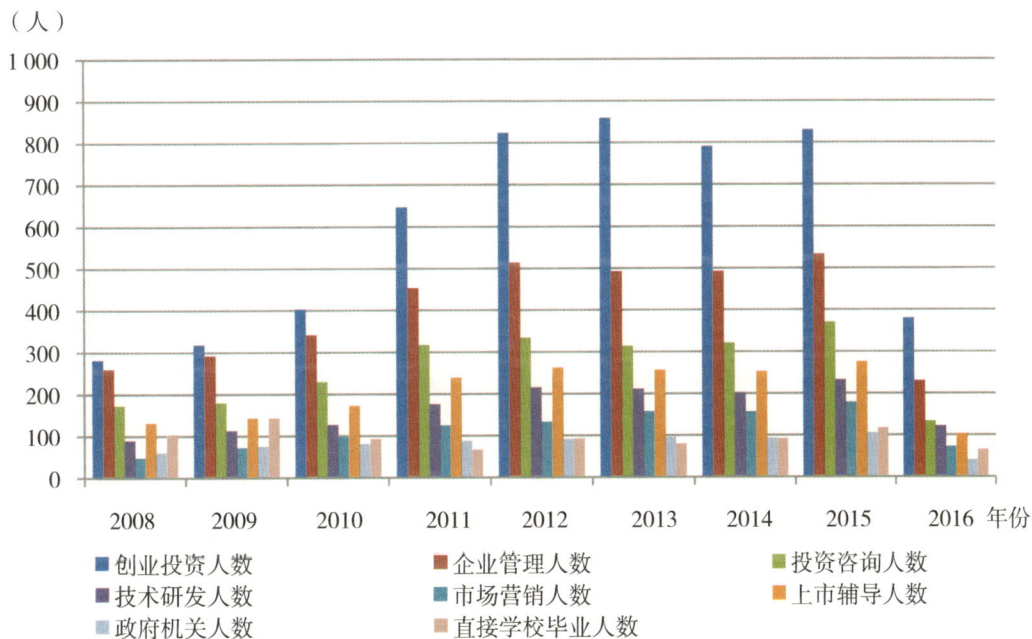

图 1 – 11 2008—2016 年广东省创投企业从业人员从业背景构成情况（已备案）

表 1-11　2008—2016 年广东省创投企业从业人员从业背景构成分布占比（已备案）

单位:%

年份	创业投资人数占比	企业管理人数占比	投资咨询人数占比	技术研发人数占比	市场营销人数占比	上市辅导人数占比	政府机关人数占比	直接学校毕业人数占比
2008	24.63	22.62	15.11	7.77	4.19	11.44	5.24	9.00
2009	23.84	21.81	13.49	8.40	5.40	10.72	5.62	10.72
2010	26.15	22.06	14.86	8.18	6.36	11.16	5.26	5.97
2011	30.69	21.44	15.04	8.30	5.93	11.29	4.17	3.13
2012	33.44	20.82	13.56	8.73	5.40	10.63	3.69	3.73
2013	34.89	19.96	12.74	8.56	6.41	10.39	3.85	3.20
2014	32.99	20.52	13.39	8.38	6.55	10.51	3.88	3.79
2015	31.47	20.18	14.01	8.78	6.78	10.41	3.98	4.39
2016	33.27	20.05	11.65	10.60	6.30	8.93	3.59	5.60

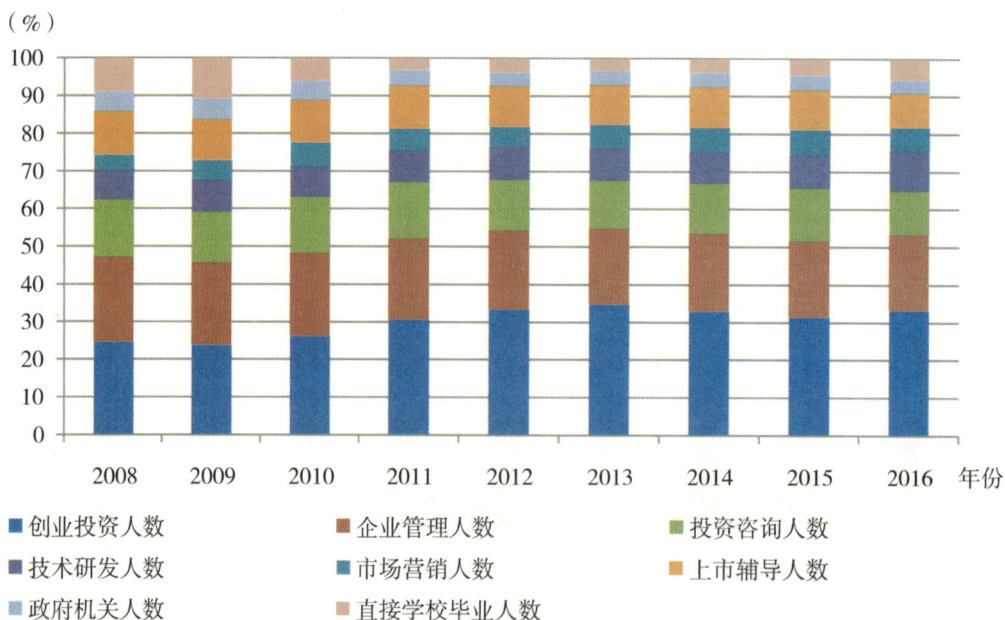

图 1-12　2008—2016 年广东省创投企业从业人员从业背景构成分布占比（已备案）

　　上述数据表明，首先，广东省创投企业对从业人员的人才需求呈现多元化的特点，所青睐的从业人员不仅包括曾从事创业投资的富有直接经验的人士，具备从事企业管理、市场营销、技术研发、上市辅导、政府机关工作经验的人士都占有一定比重。其次，数据统计期内各年份的从业人员的从业背景构成占比在相邻年份之间变动幅度较小，学历构成基本保持稳定，这说明不同从业背景的人才配置结构相对合理，分工明确，相互协作，相辅相成。最后，创投行业的发展相应增加了对各种从业背景人员的需求量，未来会继续吸纳具备上述从业背景甚至多重背景的人才，而不具备从业经验的高校毕业生的比例将会缩小。

第四节　广东省政府引导基金概况

当前，供给侧结构性改革正在有序稳步推进，实体经济转型升级、国企国资改革、政府和社会资本合作等一系列配套政策为创业投资带来诸多机遇。

一、政府引导基金设立数量及规模

政府引导基金是由政府设立并与社会资本共同发起设立的政策性基金。其作用在于增加股权投资的政府资金供给，克服单纯通过市场配置股权资本导致的市场失灵问题，促进创新业企业股权融资，发挥财政资金的杠杆放大效应，实现发展战略新兴产业、优化产业结构、加快我国经济转型的目标。

创业投资引导基金的宗旨是发挥财政资金的杠杆放大效应，增加创业投资资本导致的供给，克服单纯通过市场配置创业投资资本导致的市场失灵问题，特别是通过鼓励创业投资企业投资处于种子期、起步期等创业早期的企业，弥补一般创业投资企业主要投资于成长期、成熟期和重建期企业的不足。

政府引导基金以母基金的形式参股创投企业或联合创投企业新设创投企业，引导其投资和扶持未上市企业，因此在本报告中一并纳入研究范围，特此说明。

根据清科研究中心旗下的私募通数据库的相关统计数据，2008 年至 2016 年，广东省政府引导基金的成立数量合计从 1 只增加至 90 只，增幅达 8 900.00%，已到位资金合计从 9.27 亿元增加至 2 054.12 亿元。若以 2014 年为基期，2015 年和 2016 年两个年度分别新设立 27 只和 39 只基金，经计算，其增长率分别达到 145.45% 和 254.55%，新增已到位资金分别为 779.45 亿元和 765.12 亿元，经计算，其增长率分别达到 200.84% 和 195.31%（见表 1－12 和图 1－13）。①

---

① 数据来源：清科研究中心私募通数据库。

表 1 - 12   2008—2016 年广东省政府引导基金设立情况（含 PPP 类）

年份	基金数量（只）	目标规模（亿元）	已到位资金规模（亿元）
2008	1	9.27	9.27
2009	2	210.00	201.60
2010	3	7.20	5.19
2011	2	14.95	11.75
2012	2	30.00	5.65
2013	3	17.20	17.00
2014	11	392.50	259.09
2015	27	884.60	779.45
2016	39	3 194.51	765.12
总计	90	4 760.23	2 054.12

图 1 - 13   2008—2016 年广东省政府引导基金设立情况（含 PPP 类）

　　由上述数据可以看出，从 2008 年起至 2014 年，广东省政府引导基金发展较为缓慢，但从 2015 年开始，呈现井喷式的增长态势。这是受益于广东省政府从供给侧结构性改革着手，推动落实"大众创业、万众创新"，推进战略性新兴产业发展，推动产业优化升级，调整经济结构的结果。

二、政府引导基金设立形式

按投资方向分类，广东省政府引导基金的设立形式可分为产业基金（主要投向成熟期的未上市企业，以扶持重点产业发展为方向，培育新兴产业，促进企业做大做强）、创投基金（即创业投资引导基金，通过扶持创业投资机构，进而带动社会资本支持创新创业和支持中小企业发展）、基础设施基金（投向未上市的基础设施行业的企业，基础设施和公共服务投资引导基金主要是支持基础设施和公共服务领域）。

根据清科研究中心旗下的私募通数据库的相关统计数据，截至 2016 年，广东省政府引导基金中，产业基金的数量为 43 只，已到位资金规模为 698.97 亿元，所占比重为 34.03%，已到位资金率为 31.68%；创投基金的数量为 38 只，已到位资金规模为449.14 亿元，所占比重为 21.87%，已到位资金率为 64.07%；基础设施基金的数量为9 只，已到位资金规模为 906.01 亿元，所占比重为 44.11%，已到位资金率为 48.89%（见表 1 – 13 和图 1 – 14）。①

表 1 – 13　截至 2016 年广东省政府引导基金设立形式统计

基金类型	基金数量（只）	目标规模（亿元）	已到位资金规模（亿元）
产业基金	43	2 206.26	698.97
创投基金	38	700.97	449.14
基础设施基金	9	1 853.00	906.01
总计	90	4 760.23	2 054.12

---

① 数据来源：清科研究中心私募通数据库。

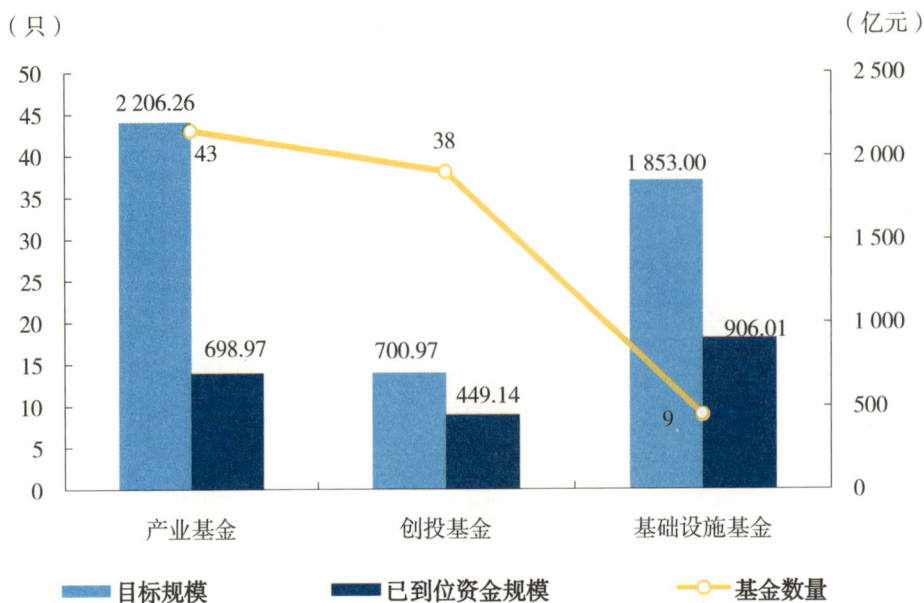

图 1－14　截至 2016 年广东省政府引导基金设立形式统计

由上述数据可以看出，广东省的政府引导基金中，基础设施基金的资金规模和占比最大，产业基金次之，创投基金最小。这说明基础设施基金是政府引导基金的主要形式，这是由于当前我国基础设施建设仍处于高速发展阶段，各区域基础设施建设如火如荼，基础设施项目融资需求缺口仍然较大，使得诸多未上市的基础设施行业的企业具备充足的发展空间，这些企业具备规模大、风险可控、收益稳定等特点，是创投企业的优质投资项目和地方各级政府的重点扶持对象，因此备受政府和市场的青睐。产业基金和创投基金分别投向为初创期的和成熟期未上市战略新兴产业中的企业，由于所处细分行业较多，相应设立的基金数量较多，且平均资金规模远小于基础设施基金。值得注意的是，创投基金的资金到位率明显高于产业基金和基础设施基金，说明地方各级政府在财政拨款到位程度、审批效率等方面较高，市场认可和参与程度较高，相对更积极。

三、政府引导基金设立级别

按照财政出资和投资区域划分，广东省政府引导基金可以划分为省级、地市级、县区级三个层级。根据清科研究中心旗下的私募通数据库的相关统计数据，截至 2016 年，广东省政府引导基金中，省级政府引导基金数量 21 只，所占比重为 23.33%，已到位资金规模 1 050.44 亿元，所占比重为 51.14%，资金到位率为 33.04%；地市级政府引导基金数量 35 只, 所占比重为 38.89%, 已到位资金规模 660.79 亿元, 所占比重为 32.17%, 资金到位率为 65.90%; 县区级政府引导基金数量 34 只, 所占比重为 37.78%, 已到位资金规模 342.89 亿元, 所占比重为 16.69%, 资金到位率为 59.30% (见表 1-14 和图 1-15)。①

表 1-14 截至 2016 年广东省政府引导基金设立级别分布情况

级别	基金数量（只）	目标规模（亿元）	已到位资金规模（亿元）
省级	21	3 179.26	1 050.44
地市级	35	1 002.7	660.79
县区级	34	578.27	342.89
总计	90	4 760.23	2 054.12

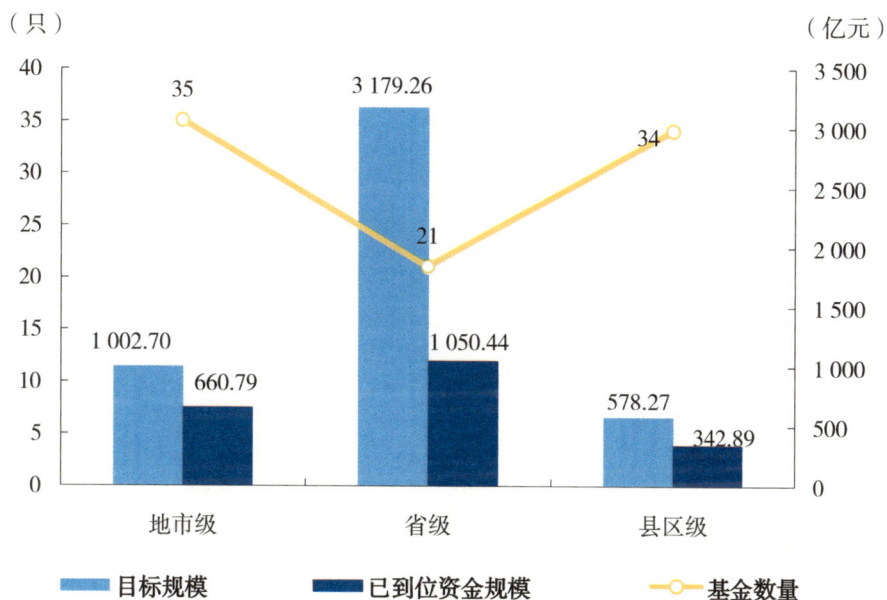

图 1-15 截至 2016 年广东省政府引导基金设立级别分布情况

由上述数据可以看出, 广东省政府引导基金中, 地市级和县区级政府引导基金的数量、资金规模均具备相当规模和一定比重, 同时其资金到位率要明显高于省级政府引导基金。由此说明相关政策的发布和国家级引导基金项目的落实有效调动了广东省地方各级政府和社会资本参与的积极性, 预计地市级和县区级政府将成为设立引导基金的主要力量。

① 数据来源: 清科研究中心私募通数据库。

四、政府引导基金地域分布情况

按照设立时所处的地域（地级市）划分，根据清科研究中心旗下的私募通数据库的相关统计数据，截至 2016 年，广东省共有 11 个地级市设立了政府引导基金（已披露，下同）（见表 1–15 和图 1–16）。①

从基金数量看，广州市设立的数量最多，为 23 只，所占比重为 25.56%，相比排名第二的深圳市（13 只，所占比重为 14.44%）多 10 只；东莞市有 12 只，所占比重为 13.33%；佛山市有 11 只，所占比重为 12.22%。其他地域的设立数量均低于 10 只，其中汕头市、韶关市、云浮市均只有 1 只（见表 1–15 和图 1–16）。②

从基金的已到位资金规模看，排名第一的广州市为 1 001.55 亿元，所占比重为 48.76%，资金到位率为 49.06%；规模排名第二的深圳市为 498.00 亿元，所占比重为 24.24%，资金到位率达到 77.81%；排名第三的珠海市为 345.63 亿元，所占比重为 16.83%，资金到位率为 31.83%。其他地区的已到位资金规模均小于百亿元，与前三名的差距巨大（见表 1–15 和图 1–16）。③

表 1–15　截至 2016 年广东省政府引导基金地域分布

地域	基金数量（只）	目标规模（亿元）	已到位资金规模（亿元）
汕头	1	2.60	1.70
韶关	1	2.00	2.00
云浮	1	0.00	0.00
梅州	3	15.50	0.65
江门	4	34.50	16.50
中山	4	21.50	16.50
未披露	8	677.95	137.75
珠海	9	1 086.01	345.63
佛山	11	179.20	24.99
东莞	12	59.50	8.85
深圳	13	640.00	498.00
广州	23	2 041.47	1 001.55
总计	90	4 760.23	2 054.12

---

① 数据来源：清科研究中心私募通数据库。
② 数据来源：清科研究中心私募通数据库。
③ 数据来源：清科研究中心私募通数据库。

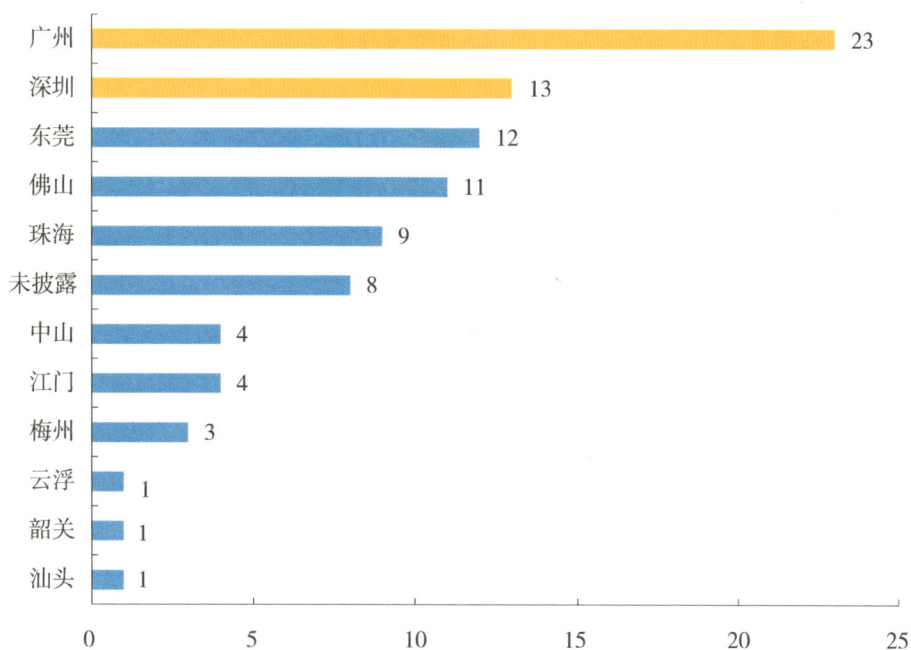

图 1-16　截至 2016 年广东省政府引导基金地域分布（按数量）

　　由以上数据可以明显发现，广东省政府引导基金在地域分布上（按已到位资金规模）呈现"三个梯队"的层次——广州市一马当先、深圳市和东莞市奋起直追、其他地域齐头并进。地域上高度集中和周边地区铺张——由珠三角地区的广州市引领其他地区以及更远的周边地区。这是由于广州市作为广东省省会和经济中心，在引导基金设立上有极大需求和便利条件。深圳市同为珠三角地区的经济、金融、科技中心，具备雄厚的发展基础。珠海市、东莞市、佛山市则为珠三角地区的新兴发展城市。而其他地区经济基础薄弱，创投行业的发展水平较低，因此政府引导基金设立数量和资金规模上较小甚至缺位。

第二章

广东省创业投资市场的投资情况

第一节　广东省创投市场投资行业分布

一、创投市场投资行业分布情况（按金额）

　　根据清科研究中心旗下私募通数据库的相关统计数据，从 2008 年到 2016 年，广东省创业投资市场的投资金额（已备案和未备案）从 3 851.06 百万元增长至 17 154.32百万元，经计算，增幅高达 345.44%，平均年增长率达 20.53%。在数据统计期内，广东省创投市场的投资金额（已备案和未备案）的规模变化呈现阶段性上升趋势。其中，2009 年至 2011 年为第一个上升阶段，2013 年至 2015 年为第二个上升阶段，上升阶段中的各年度投资金额相比上年均有大幅度增长。经计算，各年度投资金额较上一年增长率均在40%以上，但部分年度增长幅度的波动较大。值得关注的是，2015 年较上年出现跳跃式增长，增长率高达 86.90%，但至 2016 年增长率又回调至 −3.25% ;2012 年和 2013 年则是两个上升阶段间的调整期，当年投资金额相比上年均出现一定程度的下降。上述特征与广东省创投市场的案例数量的变动趋势基本一致。

　　从投资的细分行业看，截至 2016 年，广东省创投市场投资（已备案和未备案）的明细行业数量（除其他行业和未披露行业外）共 20 个。其中，投资金额达到 1 000 百万元以上的行业有 7 个，在 100 百万元至 1 000 百万元区间行业的有 10 个，不足 100 百万元的有 3 个。

　　在投资金额达到 1 000 百万元以上的 7 个行业中，规模最大的是互联网行业，金额高达 3 460.50 百万元，虽然较上年小幅下降了 12.41%，但遥遥领先于其他行业，增长趋势依然保持显著，所占比重为 20.17%，较上年下降 9.47%；投资金额位列其后的依次有电子及光电设备行业、生物技术/医疗健康行业、IT 行业，这三个行业的投资金额和所占比重较去年均有不同程度增长，其规模继续保持逐年增长的趋势；娱乐传媒行业的投资金额为 1 354.11 百万元，较上年增长率高达 1 090.74%，占比为 7.89%，较上年增幅达 1 132.81%，较往年实现了跨越式增长；电信及增值业务行业、金融行业的投资金额相比上年分别减少了 28.01% 和 56.42%，降幅明显，占比亦下降了 25.54% 和 54.98%，这两个行业投资金额占比近年来持续降低。

　　在投资金额处于 1 000 百万元以下的行业中，汽车行业、化工原料及加工行业、半导体行业的投资金额较上年增长率均在 100% 以上，所占比重的增幅亦均在 100% 以上，除汽车行业历年的规模增减波动较大外，化工原料及加工行业、半导体行业基本保持增长趋势；机械制造行业、连锁及零售行业、教育与培训行业、建筑/工程行业的投资金额相比上年均出现了不同程度的减少。除教育与培训行业外，占比较上年均降低 20% 以上的幅度，但其规模和占比的历年增减变化的波动较大；清洁技术行业、物流行业、纺织及服装行业、房地产行业的投资金额较上年亦实现了不同程度的增长（见表 2-1 和表 2-2，图 2-1)①

表 2-1　2008—2016 年广东省创投市场投资行业分布情况（按金额）（已备案和未备案）

单位：百万元

行业（一级）	2008 年	2009 年	2010 年	2011 年	2012 年	2013 年	2014 年	2015 年	2016 年
IT			201.76	389.84	157.91	404.43	598.38	1 129.95	1 489.20
半导体			23.08	9.83	30.29			20.00	136.67
传统行业	840.69	593.67							
电信及增值业务			536.69	545.98	627.12	334.60	1 178.27	2 034.56	1 464.59
电子及光电设备			415.30	715.92	653.00	642.72	820.20	2 496.50	2 503.13
房地产					733.20	183.46	149.27	96.98	169.33
纺织及服装				248.00	76.82	57.59	25.47	150.00	256.00
服务业	699.12	291.32							
广播电视及数字电视				1 937.34	198.28				8.00
广义 IT	1 522.07	1 083.12							
互联网			464.80	2 442.41	815.95	534.44	2 664.88	3 950.86	3 460.50
化工原料及加工			63.51	46.14	67.28	115.03	52.17	81.44	162.92
机械制造			258.38	442.29	211.16	201.40	652.94	1 059.26	790.06
建筑/工程			171.28	161.19	370.99	107.92		1 509.74	89.00
教育与培训			79.76	61.83	9.99			111.22	109.50

---

① 数据来源：清科研究中心私募通数据库。

（续上表）

行业 （一级）	2008 年	2009 年	2010 年	2011 年	2012 年	2013 年	2014 年	2015 年	2016 年
金融			115.92	103.94	332.26		1 037.81	2 295.97	1 000.51
连锁及 零售			102.21	704.40	324.10	147.99	102.62	586.23	163.57
能源及 矿产				213.51		9.15	0.60	5.56	
农/林/ 牧/渔			未披露	195.15	91.84	217.32		25.50	
汽车			未披露	209.30	668.52	43.69	26.73	9.75	235.75
清洁技术	378.40	137.69	295.16	421.42	368.51	233.42	374.32	377.67	544.90
生物技 术/医 疗健康	347.67	159.20	345.53	156.45	296.94	580.50	1 290.46	1 056.23	2 306.73
食品 & 饮料			186.77	36.80	374.79				62.80
物流				273.47	30.66	2 560.07	305.95	264.85	369.69
娱乐传媒			222.08	248.00	886.94	114.88	99.68	113.72	1 354.11
其他	63.11	10.50	230.66	378.55	425.47	87.19	107.30	177.93	464.00
未披露			25.88	364.29				177.04	13.36
合计	3 851.06	2 275.50	3 738.77	10 306.05	7 752.02	6 575.80	9 487.03	17 730.96	17 154.32

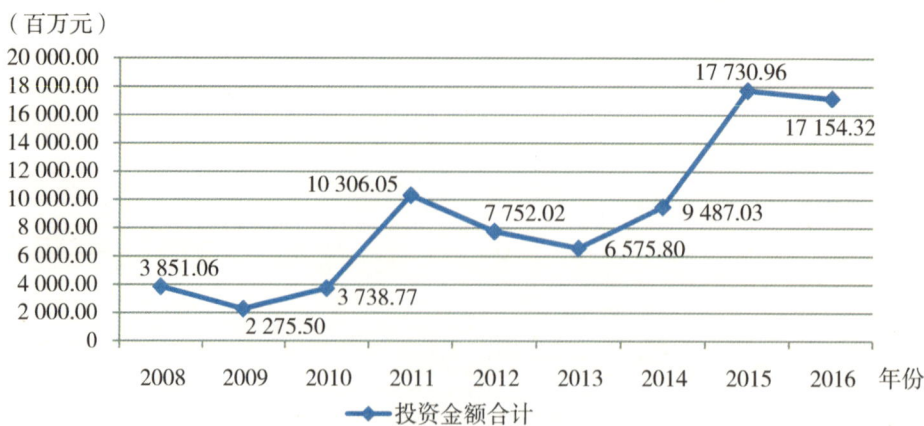

图 2-1　2008—2016 年广东省创投市场投资金额趋势图（已备案和未备案）

表 2-2　2008—2016 年广东省创投市场投资行业分布结构（按金额）（已备案和未备案）

单位:%

行业 （一级）	2008 年	2009 年	2010 年	2011 年	2012 年	2013 年	2014 年	2015 年	2016 年
IT			5.40	3.78	2.04	6.15	6.31	6.37	8.68
半导体			0.62	0.10	0.39			0.11	0.80
传统行业	21.83	26.09							
电信及 增值业务			14.35	5.30	8.09	5.09	12.42	11.47	8.54
电子及 光电设备			11.11	6.95	8.42	9.77	8.65	14.08	14.59
房地产					9.46	2.79	1.57	0.55	0.99
纺织及 服装				2.41	0.99	0.88	0.27	0.85	1.49
服务业	18.15	12.80							
广播电 视及数 字电视				18.80	2.56				0.05
广义 IT	39.52	47.60							
互联网			12.43	23.70	10.53	8.13	28.09	22.28	20.17
化工原料 及加工			1.70	0.45	0.87	1.75	0.55	0.46	0.95
机械制造			6.91	4.29	2.72	3.06	6.88	5.97	4.61
建筑/ 工程			4.58	1.56	4.79	1.64		8.51	0.52
教育与 培训			2.13	0.60	0.13			0.63	0.64
金融			3.10	1.01	4.29		10.94	12.95	5.83
连锁及 零售			2.73	6.83	4.18	2.25	1.08	3.31	0.95
能源及 矿产				2.07		0.14	0.01	0.03	
农/林/ 牧/渔			未披露	1.89	1.18	3.30		0.14	
汽车			未披露	2.03	8.62	0.66	0.28	0.05	1.37

（续上表）

行业 （一级）	2008 年	2009 年	2010 年	2011 年	2012 年	2013 年	2014 年	2015 年	2016 年
清洁技术	9.83	6.05	7.89	4.09	4.75	3.55	3.95	2.13	3.18
生物技术/医疗健康	9.03	7.00	9.24	1.52	3.83	8.83	13.60	5.96	13.45
食品＆饮料			5.00	0.36	4.83				0.37
物流				2.65	0.40	38.93	3.22	1.49	2.16
娱乐传媒			5.94	2.41	11.44	1.75	1.05	0.64	7.89
其他	1.64	0.46	6.17	3.67	5.49	1.33	1.13	1.00	2.70
未披露			0.69	3.53				1.00	0.08
合计	100.00	100.00	100.00	100.00	100.00	100.00	100.00	100.00	100.00

　　通过上述数据可以明显发现，在数据统计期内，广东省创投市场的投资金额（已备案和未备案）的规模变化呈现阶段性上升的趋势，但部分年度存在较大幅度的增减波动。其中，广东省创投市场的总体投资金额在 2015 年发生了大幅增长，但在 2016 年并没有延续这种增长势头，而是出现小幅下降的情况。

　　从细分行业看，截至 2016 年，一方面，大部分行业的投资金额相比上一年度均实现了不同程度的增长。其中，生物技术/医疗健康、娱乐传媒、汽车、化工原料及加工、半导体等行业的投资金额较上年增幅颇为显著，均在 100% 以上。除汽车行业历年的规模增减波动较大外，其他行业基本保持增长。电子及光电设备、生物技术/医疗健康、IT 等行业不仅投资金额的规模排名靠前，其所占比重近年来也呈现出逐渐上升的态势。

　　另一方面，部分行业的投资金额相比上年出现了一定程度的下降。其中，电信及增值业务、金融行业的投资金额依然保持较大的规模和占比，但相比上年均出现了明显的下降，近年来其所占比重呈现降低的趋势。此外，机械制造、连锁及零售、教育与培训、建筑/工程行业的投资金额相比上年均出现了不同程度的减少。值得关注的是，互联网行业虽然近年来投资金额和占比远远高于其他行业，但相比上年出现了一定程度的下降。

　　产生上述情况的原因可归纳如下：

　　第一，广东省创投市场总体投资金额的阶段性增长，来源于创业投资自 2014 年以来受"双创战略"、股权市场繁荣、金融市场改革、战略新兴产业政策、供给侧改革、引导基金设立等外部有利条件的直接和间接刺激。因此，2015 年出现了大幅增长的态势，到 2016 年又出现冲高触顶的现象。这是由于 2016 年上半年部分投资过热行业，如 O2O、P2P 行业，其创业企业经营管理不善，陷入财务、经营困境，出现了投资萎缩现象，导致当年投资金额和增幅稍有放缓，这属于创投行业生长周期、投资方向转变产生的正常波动现象。

第二，从细分行业的投资方向选择分析，2016 年发生了投资热点的转向和题材切换，部分大类产业（战略新兴产业）的投资热点发生内部切换，其中某个细分行业取代原先其他行业成为新的热点，原先的重点投资行业出现投资过热后降温的情况。

二、创投市场投资行业分布情况（按案例）

根据清科研究中心旗下私募通数据库的相关统计数据，从 2008 年到 2016 年，广东省创投市场的投资案例数量（已备案和未备案）从 94 个增长至 575 个，增幅高达 511.70%，年均增长率达 25.41%，累计总数高达 2 204 个。

从投资的细分行业看，截至 2016 年，广东省创投市场投资（已备案和未备案）的明细行业数量（除其他行业和未披露行业外）共 20 个。其中，案例数量达到 100 个以上的行业有 1 个，在 30 个至 100 个区间内的行业有 7 个，不足 30 个的行业有 12 个，三个区间段的案例数量的合计占比依次为 22.96%、60.17%、16.86%，可见案例主要集中在 30 个至 100 个区间内。

案例数量达到 100 个以上的行业是互联网行业，其案例数量为 132 个，虽然较上年下降了 28.65%，但仍然远高于其他行业，依然保持增长趋势，所占比重为 22.96%，较上年下降 27.39%。

案例数量在 30 个至 100 个区间内的行业按案例数量由多到少排列依次为 IT、生物技术/医疗健康、电信及增值业务、金融、电子及光电设备、机械制造、娱乐传媒行业。除了电信及增值业务、电子及光电设备行业的案例数量相比上年减少以外，其他行业的案例数量均不同程度增加，大体上呈现逐年增长的趋势。除了金融行业的案例所占比重逐年上升外，其他行业占比在各年间的增减变化波动较大，没有形成明确的增减趋势特征。值得注意的是，娱乐传媒行业的案例数量为 35 个，较上年大幅增加 218.18%，所占比重为 6.09%，较上年涨幅高达 223.94%。

案例数量不足 30 个的行业中，除了化工原料及加工、建筑/工程行业的案例数量较上年减少之外，其他行业案例数量较上年均有不同程度增加，总体上呈现增长态势。值得关注的是，汽车、半导体、纺织及服装行业的增幅在 200% 以上。除了连锁及零

售行业的历年占比呈现明显的下降趋势外，其他行业占比的趋势特征不明显（见表2-3和表2-4)①

表2-3　2008—2016年广东省创投市场投资行业分布情况（按案例）（已备案和未备案）

单位：个

行业（一级）	2008年	2009年	2010年	2011年	2012年	2013年	2014年	2015年	2016年
IT			10	12	14	15	32	66	95
半导体			1	1	2	1		1	4
电信及增值业务			9	18	22	29	54	86	44
电子及光电设备			17	23	24	20	18	44	40
房地产					1	3	1	3	6
纺织及服装				4	2	2	2	1	3
广播电视及数字电视				2	1				1
互联网			10	32	17	23	66	185	132
化工原料及加工			2	4	4	4	5	9	6
机械制造			10	13	8	9	14	31	39
建筑/工程			6	8	8	3		10	3
教育与培训			1	1	1			4	4
金融			2	3	4		16	38	42
连锁及零售			5	7	7	5	2	6	9

① 数据来源：清科研究中心私募通数据库。

（续上表）

行业（一级）	2008 年	2009 年	2010 年	2011 年	2012 年	2013 年	2014 年	2015 年	2016 年
能源及矿产				11		1	1	1	
农/林/牧/渔			1	6	3	3		3	
汽车			1	5	4	1	2	3	11
清洁技术	7	6	7	10	10	10	10	19	22
生物技术/医疗健康	7	9	6	6	14	15	34	46	51
食品＆饮料			3	2	3				3
物流				2	1	3	1	6	8
娱乐传媒			5	7	5	4	3	11	35
传统行业	25	16							
服务业	9	5							
广义IT	35	32							
其他	11	2	5	12	2	5	3	8	16
未披露			5	8				4	1
合计	94	70	106	197	157	156	264	585	575

表 2 - 4 2008—2016 年广东省创投市场投资行业分布结构（按案例）（已备案和未备案）

单位:%

行业（一级）	2008 年	2009 年	2010 年	2011 年	2012 年	2013 年	2014 年	2015 年	2016 年
IT			9.43	6.09	8.92	9.62	12.12	11.28	16.52
半导体			0.94	0.51	1.27	0.64		0.17	0.70
电信及增值业务			8.49	9.14	14.01	18.59	20.45	14.70	7.65

（续上表）

行业（一级）	2008 年	2009 年	2010 年	2011 年	2012 年	2013 年	2014 年	2015 年	2016 年
电子及光电设备			16.04	11.68	15.29	12.82	6.82	7.52	6.96
房地产					0.64	1.92	0.38	0.51	1.04
纺织及服装				2.03	1.27	1.28	0.76	0.17	0.52
广播电视及数字电视				1.02	0.64				0.17
互联网			9.43	16.24	10.83	14.74	25.00	31.62	22.96
化工原料及加工			1.89	2.03	2.55	2.56	1.89	1.54	1.04
机械制造			9.43	6.60	5.10	5.77	5.30	5.30	6.78
建筑/工程			5.66	4.06	5.10	1.92		1.71	0.52
教育与培训			0.94	0.51	0.64			0.68	0.70
金融			1.89	1.52	2.55		6.06	6.50	7.30
连锁及零售			4.72	3.55	4.46	3.21	0.76	1.03	1.57
能源及矿产				5.58		0.64	0.38	0.17	
农/林/牧/渔			0.94	3.05	1.91	1.92		0.51	
汽车			0.94	2.54	2.55	0.64	0.76	0.51	1.91
清洁技术	7.45	8.57	6.60	5.08	6.37	6.41	3.79	3.25	3.83
生物技术/医疗健康	7.45	12.86	5.66	3.05	8.92	9.62	12.88	7.86	8.87
食品＆饮料			2.83	1.02	1.91				0.52
物流				1.02	0.64	1.92	0.38	1.03	1.39
娱乐传媒			4.72	3.55	3.18	2.56	1.14	1.88	6.09

（续上表）

行业 （一级）	2008 年	2009 年	2010 年	2011 年	2012 年	2013 年	2014 年	2015 年	2016 年
传统行业	26.60	22.86							
服务业	9.57	7.14							
广义 IT	37.23	45.71							
其他	11.70	2.86	4.72	6.09	1.27	3.21	1.14	1.37	2.78
未披露			4.72	4.06				0.68	0.17
合计	100.00	100.00	100.00	100.00	100.00	100.00	100.00	100.00	100.00

第二节　广东省创投市场投资区域分布

一、创投市场投资区域分布情况（按金额）

根据清科研究中心旗下私募通数据库的相关统计数据，从 2008 年起至 2016 年，广东省创业市场的各区域（按副省级及地级市划分）投资金额情况（已备案和未备案）如下：已披露的 14 个地区和未披露地区的投资金额合计从 3 851.06 百万元增加至 17 154.32 百万元，增幅高达 345.44%，统计期内投资金额累计达 78 871.50 百万元，经计算年均增长率为 20.53%。统计期内投资金额累计达 10 000 百万元以上的地区有深圳、广州；其中，深圳的投资金额从 2 522.19 百万元增加至 11 326.10 百万元，增幅高达 349.06%，投资金额累计高达 50 826.66 百万元，经计算投资额年均增长率为 20.65%；广州的投资金额从 517.55 百万元增长至 3 632.73 百万元，增幅高达 601.91%，投资金额累计达 18 378.12 百万元，仅次于深圳，经计算投资额年均增长率为 27.58%；经计算，深圳和广州两地累计投资金额合计在广东省累计投资金额中所占比重高达 87.74%。统计期间内投资金额累计在 1 000 百万元以上、10 000 百万元以下的地区有东莞、珠海（未披露地区除外）；其中，东莞的投资金额从 123.36 百万元增加至 1 323.47 百万元，增幅高达 972.85%，投资金额累计高达 3 164.19 百万元，经计算投资额年均增长率为 34.53%，明显高于深圳和广州；珠海的投资金额从 100.77 百万元增长至 216.89 百万元，增幅高达 115.23%，投资金额累计达 1 604.18 百万元，经计算投资额年均增长率为 10.06%；经计算东莞和珠海两地累计的投资金额合计在广东省累计投资金额中所占比重为 6.05%。

统计期间内投资金额累计在 100 百万元以上、1 000 百万元以下的地区有 7 个，按由大到小顺序排列依次为佛山、中山、汕头、肇庆、惠州、湛江、潮州（未披露地区除外），经计算这些地区投资金额累计为 3 007.53 百万元，在广东省累计投资金额中所占比重仅为 3.81%。

统计期间内投资金额累计在 100 百万元以下的地区有 3 个，按由大到小顺序排列依次为清远、江门、河源（未披露地区除外），经计算这些地区投资金额累计仅为 37.27 百万元，在广东省累计投资金额中所占比重仅为 0.05%。

在数据统计期内，深圳的投资金额和所占比重遥遥领先于其他地区，与广州一起构成了广东省内创业投资的最主要地区。东莞、珠海等珠三角地区则位列其后，清远、河源等粤北地区列于末端。各地区投资金额的变化特征与广东省总体投资金额的变化特征基本保持一致，即呈现阶段性上升的态势。以深圳为例，2009 年至 2011 年、2013 年至 2015 年为投资金额的上升阶段，上升阶段中的各年度投资额相比上年均有明显增长，其他年度则为调整阶段，投资额相比上年有所下降。从投资金额的增速看，深圳、广州等珠三角部分地区总体增速较高，东莞的年均增长率甚至超过了深圳和广州，可见珠三角其他地区创投市场投资的增长势头强劲（见表 2 - 5 和表 2 - 6，图 2 - 2 和图 2 - 3）。[①]

表 2 - 5　2008—2016 年广东省创投市场投资区域分布情况（按金额）（已备案和未备案）

单位：百万元

城市	2008 年	2009 年	2010 年	2011 年	2012 年	2013 年	2014 年	2015 年	2016 年	总计
河源								5.00	3.00	8.00
湛江				162.21		60.97				223.18
清远						14.87				14.87
潮州	41.06			19.61		59.48			63.70	183.85
汕头	81.76					39.65	325.50	0.07	10.00	456.98
江门									14.40	14.40
中山	28.07	170.50	14.87	23.27		119.10	2.18	144.00	69.00	570.99
肇庆		13.59	47.39			141.52		25.09	75.00	302.59
惠州		29.97	85.26				19.81	12.50	133.00	280.54
佛山	76.91		48.42	208.52	78.95	71.94	254.02	93.40	157.04	989.20

---

①　数据来源：清科研究中心私募通数据库。

（续上表）

城市	2008 年	2009 年	2010 年	2011 年	2012 年	2013 年	2014 年	2015 年	2016 年	总计
珠海	100.77	140.88	139.30	249.60	289.57	175.48	9.39	282.30	216.89	1 604.18
东莞	123.36	130.94	66.88	208.75	147.38	265.73	305.95	591.73	1 323.47	3 164.19
广州	517.55	1 012.55	1 312.73	3 380.08	2 880.55	711.04	1 686.40	3 244.49	3 632.73	18 378.12
深圳	2 522.19	738.95	2 001.52	5 407.77	4 113.68	4 748.40	6 781.61	13 186.44	11 326.10	50 826.66
未披露	359.39	38.12	22.40	646.24	241.90	167.62	102.17	145.92	130.00	1 853.76
总计	3 851.06	2 275.50	3 738.77	10 306.05	7 752.03	6 575.80	9 487.03	17 730.94	17 154.32	78 871.50

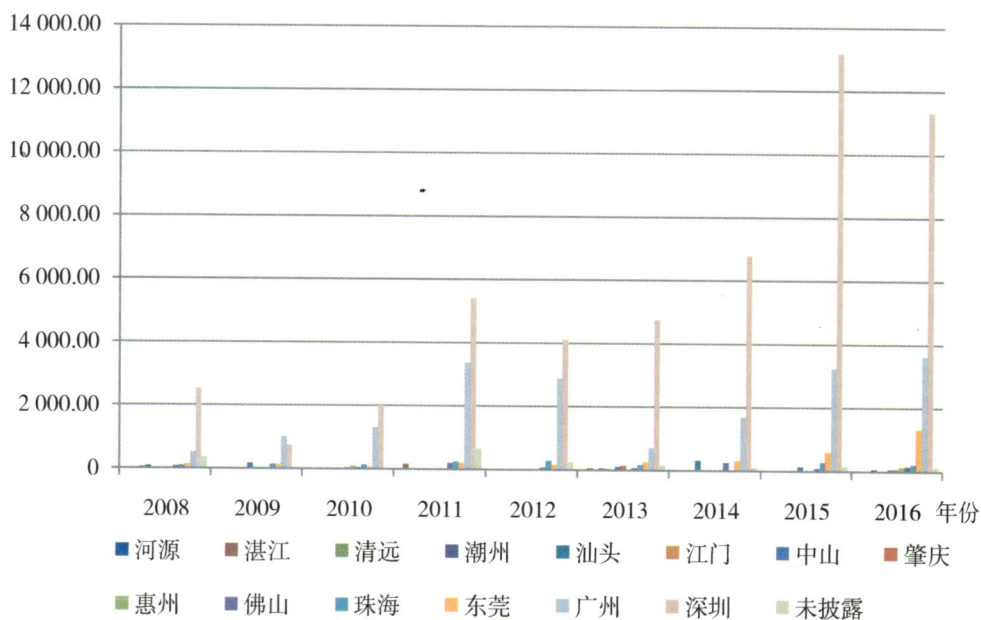

图 2-2 2008—2016 年广东省创投市场投资区域分布情况（按金额）（已备案和未备案）

表 2-6 2008—2016 年广东省创投市场投资区域分布结构（按金额）（已备案和未备案）

单位:%

城市	2008 年	2009 年	2010 年	2011 年	2012 年	2013 年	2014 年	2015 年	2016 年	总计
河源								0.03	0.02	0.01
湛江				1.57		0.93				0.28
清远						0.23				0.02
潮州	1.07			0.19		0.90			0.37	0.23
汕头	2.12					0.60	3.43		0.06	0.58

（续上表）

城市	2008 年	2009 年	2010 年	2011 年	2012 年	2013 年	2014 年	2015 年	2016 年	总计
江门									0.08	0.02
中山	0.73	7.49	0.40	0.23		1.81	0.02	0.82	0.40	0.72
肇庆		0.60	1.27			2.15		0.14	0.44	0.38
惠州		1.32	2.28				0.21	0.07	0.78	0.36
佛山	2.00		1.30	2.02	1.02	1.09	2.68	0.53	0.92	1.25
珠海	2.62	6.19	3.73	2.42	3.74	2.67	0.10	1.61	1.26	2.03
东莞	3.20	5.75	1.79	2.03	1.90	4.04	3.22	3.36	7.72	4.01
广州	13.44	44.50	35.11	32.80	37.16	10.81	17.78	18.45	21.18	23.30
深圳	65.49	32.47	53.53	52.47	53.07	72.21	71.48	74.99	66.02	64.44
未披露	9.33	1.68	0.60	6.27	3.12	2.55	1.08	0.83	0.76	2.35
总计	100.00	100.00	100.00	100.00	100.00	100.00	100.00	100.00	100.00	100.00

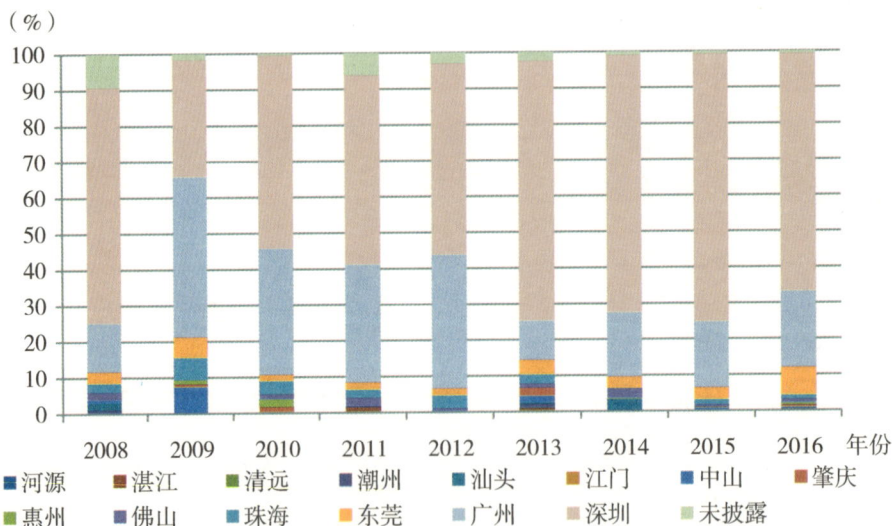

图 2-3　广东省创投市场投资区域分布结构（按金额）（已备案和未备案）

从上述数据可以看出，深圳创投市场发展遥遥领先，其投资金额和占比远远高于其他地区。其次是广州，珠三角其他地区如东莞、珠海、佛山、中山的创业投资市场具备一定规模。省内其他地区的投资金额和占比则基本保持在较低水平，形成了以广州、深圳两市为双核心，珠三角地区协同、快速发展，其他地区小规模、广泛参与的区域格局。

该格局分布的形成原因是深圳、广州作为广东省经济最发达地区，是改革开放、创新创业的前沿阵地，是人才人口净流入区域，具备创业投资发展的雄厚的经济实力、扎实的科研基础、良好的社会环境、完善的资本市场、配套的政策条件，是珠三角乃至整个广东省创投行业的发展引擎。两者向周边辐射，起到明显的带动作用。东莞、珠海、佛山、中山等地作为珠三角经济区的重要组成部分，本身具备一定的经济基础，受益于广州、深圳的直接经济辐射，其创投行业虽然起步较晚，但发展较快，具备一定规模水平。而清远、河源等地区经济基础相对薄弱，创投行业起步晚、发展慢，虽然创业投资初步具备一定规模，但发展水平较低，与珠三角地区仍然存在较大差距。

二、创投市场投资区域分布情况（按案例）

依据清科研究中心旗下私募通数据库的相关统计数据，从 2008 年起至 2016 年，广东省创业市场的各区域（按副省级及地级市划分）投资案例情况（已备案和未备案）的如下：

已披露的 14 个地区和未披露地区的投资案例数量合计从 94 个增加至 575 个，增幅高达 511.70%，统计期内投资案例累计达 2 204 个，经计算年均增长率为 25.41%。

统计期内投资案例数量累计达 100 个以上的地区有深圳、广州。其中，深圳的投资案例从 60 个增加至 372 个，增幅高达 520.00%，投资案例累计高达 1 362 个，经计算投资案例数量年均增长率为 25.62%；广州的投资案例从 11 个增长至 140 个，增幅高达 1 172.73%，投资案例累计达 526 个，仅次于深圳，经计算投资额年均增长率为 37.43%，高于深圳；经计算深圳和广州两地累计投资案例数量在广东省投资案例累计数量中所占比重高达 85.66%。

统计期间内投资案例数量累计在 10 个以上、100 个以下的地区有 5 个，按由大到小顺序排列依次为东莞、珠海、佛山、中山、惠州（未披露地区除外）。经计算，其中东莞（34.17%）、珠海（26.36%）、佛山（23.75%）的投资案例数量年均增长率均在 20% 以上。这 5 个地区投资案例数量累计为 203 个，在广东省投资案例累计数量中所占比重为 9.21%。

统计期间内投资案例数量累计在 10 个以下的地区达 7 个，按由大到小顺序排列依次为汕头、肇庆、潮州、河源、湛江、江门、清远（未披露地区除外）。经计算这些地区投资案例数量累计仅为 27 个，在广东省投资案例累计数量中所占比重仅为 1.23%。

在数据统计期内，深圳的投资案例数量和所占比重远高于其他地区，广州次之，两者共同构成广东省内创业投资的最活跃地区。东莞、珠海、佛山等珠三角地区以一定差距处于其后。汕头、肇庆等珠三角以外的其他地区的投资案例数量长期处于较低水平。各地区的投资案例数量的变化特征与广东省总体投资案例数量和各地区投资金额的变化特征基本保持一致,即呈现阶段性增长的态势。以深圳为例,2009 年至 2011 年、2014 年至 2016 年处于投资案例数量的增长阶段,增长阶段中的各年度投资案例数量相比上年均有不同幅度增长,其中 2015 年较上年实现增幅达 114.29% 的跳跃式增长,在其他年度则处于调整阶段,投资案例数量相比上年有所下降。从投资案例数量的增速看,深圳、广州、东莞、珠海、佛山的总体增速较高,经计算其年均增长率均在 20% 以上(见表 2－7 和表 2－8,图 2－4 和图 2－5)。[①]

表 2－7　2008—2016 年广东省创投市场投资区域分布情况(按案例)(已备案和未备案)

单位:个

城市	2008 年	2009 年	2010 年	2011 年	2012 年	2013 年	2014 年	2015 年	2016 年	总计
河源	1							1	1	3
湛江				2		1				3
清远						1				1
潮州	1			2		1			1	5
汕头	1					1	3	1	1	7
江门									2	2
中山	2	3	1	1		1	1	4	4	17
肇庆		1	2			1		1	1	6
惠州		1	3				1	4	4	13
佛山	2		2	6	1	4	8	7	11	41
珠海	2	4	6	9	7	6	1	12	13	60
东莞	2	2	1	4	5	8	7	22	21	72
广州	11	20	23	26	34	37	72	163	140	526
深圳	60	36	64	120	94	88	168	360	372	1 362
未披露	12	3	4	27	16	7	3	10	4	86
总计	94	70	106	197	157	156	264	585	575	2 204

---

① 数据来源:清科研究中心私募通数据库。

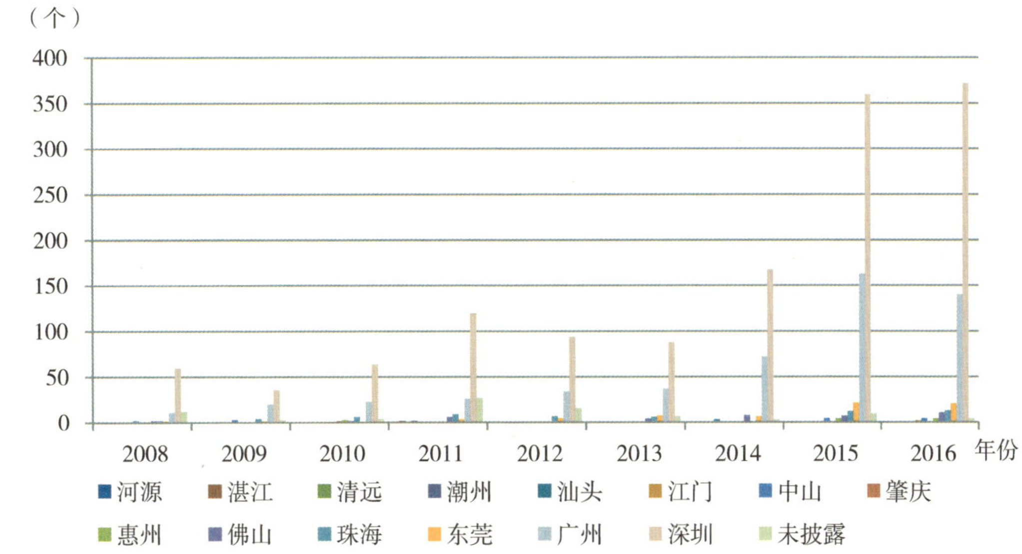

（个）

图 2－4 2008—2016 年广东省创投市场投资区域分布情况（按案例）（已备案和未备案）

表 2－8 2008—2016 年广东省创投市场投资区域分布结构（按案例）（已备案和未备案）

单位：%

城市	2008 年	2009 年	2010 年	2011 年	2012 年	2013 年	2014 年	2015 年	2016 年	合计
河源	1.06							0.17	0.17	0.14
湛江				1.02		0.64				0.14
清远						0.64				0.05
潮州	1.06			1.02		0.64			0.17	0.23
汕头	1.06					0.64	1.14	0.17	0.17	0.32
江门									0.35	0.09
中山	2.13	4.29	0.94	0.51		0.64	0.38	0.68	0.70	0.77
肇庆		1.43	1.89			0.64		0.17	0.17	0.27
惠州		1.43	2.83				0.38	0.68	0.70	0.59
佛山	2.13		1.89	3.05	0.64	2.56	3.03	1.20	1.91	1.86
珠海	2.13	5.71	5.66	4.57	4.46	3.85	0.38	2.05	2.26	2.72
东莞	2.13	2.86	0.94	2.03	3.18	5.13	2.65	3.76	3.65	3.27
广州	11.70	28.57	21.70	13.20	21.66	23.72	27.27	27.86	24.35	23.87
深圳	63.83	51.43	60.38	60.91	59.87	56.41	63.64	61.54	64.70	61.80
未披露	12.77	4.29	3.77	13.71	10.19	4.49	1.14	1.71	0.70	3.90
总计	100.00	100.00	100.00	100.00	100.00	100.00	100.00	100.00	100.00	100.00

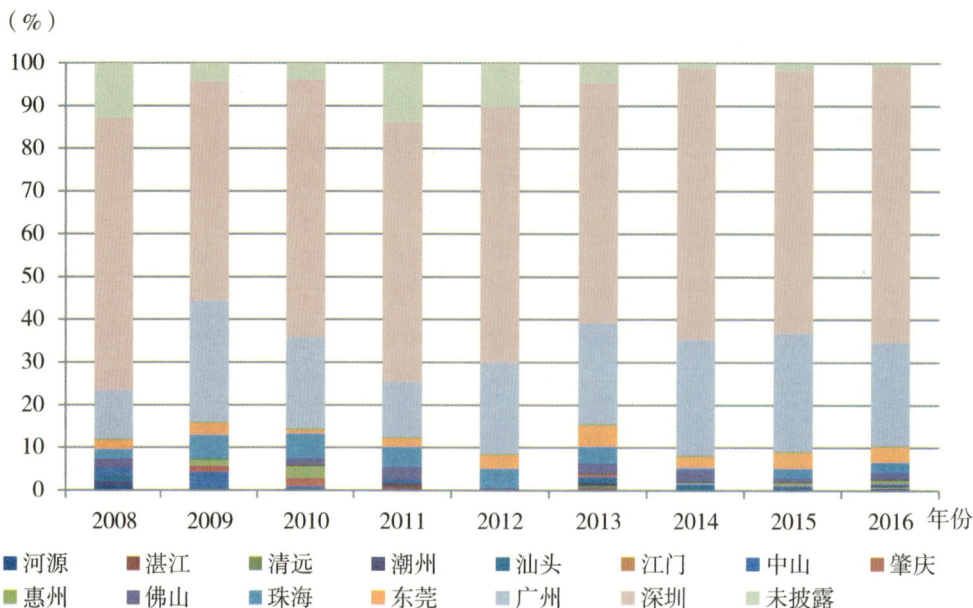

图 2 - 5　2008—2016 年广东省创投市场投资区域分布结构（按案例）（已备案和未备案）

　　从上述数据可以看出，从案例数量方面衡量，深圳创投市场发展规模长期领跑全省，广州位列其次，珠三角中东莞、珠海、佛山等其他地区的创业投资市场发展具备一定规模，省内其他地区市场规模仍处于较低水平。

　　值得一提的是，从上述数据可以看出，省内创业投资的区域间市场存在活跃度不平衡的问题。珠三角地区创投案例的数量和增速长期高于省内其他地区，反映出创业企业、创业项目以及创投资本长期集中于珠三角地区，尤其是集中于深圳和广州两地。深圳着力打造华南科研创新基地和创业基地，提供极为优惠的政策条件，不断促进当地创投项目的产生。广州则凭借其省内政治和经济地位，不断吸纳创投项目和资本。长此以往，深圳、广州与其他地区，珠三角与省内其他地区的差距将有可能进一步拉大。

第三节　广东省创投市场投资阶段环节

一、创投市场投资阶段环节分布情况（按金额）

　　根据清科研究中心旗下私募通数据库的相关统计数据，从 2008 年起至 2016 年，广东省创业投资市场中对所处各个阶段环节的创业企业的投资金额（已备案和未备案）情况如下：

初创期的投资金额从 383.26 百万元增加至 5 606.54 百万元，经计算增幅高达 1 362.86%，年均增长率达 39.85%，所占比重由 9.95% 增长至 32.68%，增幅达 228.40%。

扩张期的投资金额从 2 708.76 百万元增加至 4 474.36 百万元，经计算增幅为 65.18%，年均增长率为 6.47%，所占比重由 70.34% 大幅下降至 26.08%，降幅达 62.92%。

成熟期的投资金额从 591.40 百万元增加至 5 864.95 百万元，经计算增幅高达 891.71%，年均增长率达 33.21%，所占比重由 15.36% 增长至 34.19%，增幅达 122.63%。

此外，种子期已披露的 2015 年和 2016 年投资金额分别为 1 618.26 百万元和 1 039.69 百万元，所占比重分别为 9.13% 和 6.06%，两年间投资金额和占比的增减幅度不大。

在数据统计期内，广东省创业投资市场中各个投资阶段环节（除种子期以外）投资金额（已备案和未备案）在各年度的变动情况呈现出阶段性上升的态势，大体在 2009 年至 2011 年、2013 年至 2015 年处于上升阶段，上升阶段中的各年度投资额相比上年均有不同程度的增长，在其他年度则处于调整阶段，其投资额相比上年有所下降。

从所占比重的变动情况看，在 2011 年以前，扩张期投资金额占比一直保持在 50% 以上的水平，但其占比并没有随着投资金额大小的增加而上升，反而呈现下降的态势，至 2016 年下降至仅占 26.08% 的比重。与此相反的是，初创期和成熟期的投资金额占比在前期虽然基本处于 30% 以下水平，却呈现增长的趋势，至 2016 年两者占比均在 30% 以上，甚至已经高于扩张期投资金额的占比（见表 2 - 9 和表 2 - 10，图 2 - 6 和图 2 - 7）。①

表 2 - 9　2008—2016 年广东省创投市场投资阶段环节分布情况（按金额）（已备案和未备案）

单位：百万元

投资阶段	2008 年	2009 年	2010 年	2011 年	2012 年	2013 年	2014 年	2015 年	2016 年
种子期								1 618.26	1 039.69
初创期	383.26	199.44	444.71	1 163.65	2 395.98	1 051.78	2 828.28	4 345.33	5 606.54
扩张期	2 708.76	1 253.65	2 939.39	5 876.41	2 406.42	1 389.78	4 486.14	5 923.76	4 474.36
成熟期	591.40	482.18	327.39	3 128.25	2 904.66	4 134.25	2 071.03	5 596.55	5 864.95
未披露	167.64	340.23	27.28	137.74	44.97		101.58	247.04	168.79
总计	3 851.06	2 275.50	3 738.77	10 306.05	7 752.03	6 575.81	9 487.03	17 730.94	17 154.33

① 数据来源：清科研究中心私募通数据库。

（百万元）

图 2－6　2008—2016 年广东省创投市场投资阶段环节分布情况（按金额）（已备案和未备案）

表 2－10　2008—2016 年广东省创投市场投资阶段环节分布结构（按金额）（已备案和未备案）

单位:%

投资阶段	2008 年	2009 年	2010 年	2011 年	2012 年	2013 年	2014 年	2015 年	2016 年
种子期								9.13	6.06
初创期	9.95	8.76	11.89	11.29	30.91	15.99	29.81	24.51	32.68
扩张期	70.34	55.09	78.62	57.02	31.04	21.13	47.29	33.41	26.08
成熟期	15.36	21.19	8.76	30.35	37.47	62.87	21.83	31.56	34.19
未披露	4.35	14.95	0.73	1.34	0.58		1.07	1.39	0.98
总计	100.00	100.00	100.00	100.00	100.00	100.00	100.00	100.00	100.00

（%）

图 2－7　2008—2016 年广东省创投市场投资阶段环节分布结构（按金额）（已备案和未备案）

由上述数据可以发现，广东省创投行业经过多年的发展探索，不仅各个阶段的投资金额规模日益增加，而且各阶段环节投资金额分布安排的资金投资策略正逐步走向成熟稳健。从各阶段投资金额占比的变化趋势看，广东省创投企业由过去偏好将创投资本集中投资于创业企业扩张期逐步转变为分散投资于创业企业各个发展阶段，使得目前初创期、扩张期、成熟期投资金额的比例相对均衡。但对种子期的创业企业的投资规模仍然维持在一个较低水平。产生这种现象的原因是：初创期、扩张期、成熟期的创业企业已经在种子期经过市场筛选，初步具备成熟的产品和商业模式，自身定位和未来规划逐步清晰，具有企业规模扩张和进一步融资的强烈意愿，创投企业可以有效地发现其价值潜力，识别潜在风险，进行恰当的投资操作。

二、创投市场投资阶段环节分布情况（按案例）

依据清科研究中心旗下私募通数据库的相关统计数据，从 2008 年起至 2016 年，广东省创业投资市场中对各个阶段创业企业的投资案例数量（已备案和未备案）情况如下：

初创期的案例数量从 22 个增加至 254 个，经计算增幅高达 1054.55%，年均增长率达 35.77%，所占比重由 23.40% 增长至 44.17%，增幅达 88.74%。

扩张期的案例数量从 51 个增加至 152 个，经计算增幅高达 198.04%，年均增长率为 14.63%，所占比重由 54.26% 下降至 26.43%，降幅达 51.28%。

成熟期的案例数量从 12 个增加至 78 个，经计算增幅高达 550.00%，年均增长率为 26.36%，所占比重由 12.77% 小幅增长至 13.57%，增幅为 6.26%。

此外，种子期已披露的 2015 年和 2016 年案例数量分别为 125 个和 84 个，所占比重分别为 21.37% 和 14.61%，两年间案例数量和占比的增减幅度不大。

在数据统计期内，广东省创业投资市场中各个投资阶段（除种子期以外）投资案例数量（已备案和未备案）在各年度的变动情况呈现不同趋势，初创期的案例数量（除 2009 年和 2010 年以外）保持逐年增长的趋势，扩张期和成熟期的案例数量则呈现阶段性上升的态势，即在 2009 年至 2011 年、2013 年至 2015 年处于上升阶段，上升阶段中的各年度案例数量相比上年均有不同程度的增长，在其他年度中则处于调整阶段，其案例数量相比上年有所下降。

从所占比重的变动情况看，在 2011 年以前，扩张期案例数量占比一直保持在 50% 以上的水平，但从 2010 年开始，其占比随着案例数量的逐年增加，反而呈现逐年下降的趋势，至 2016 年下降至仅占 26.43% 的比重；与之相反的是，初创期案例数量占比总体上保持增长趋势，至 2016 年占比达到 44.17%，明显高于其他阶段；成熟期案例数量占比（除 2012 年以外）基本保持在 10% 至 20% 的区间内，各年度间增减变化的幅度较小（见表2-11和表2-12，图2-8和图2-9）。①

表2-11　2008—2016年广东省创投市场投资阶段环节分布情况（按案例）（已备案和未备案）

单位：个

投资阶段	2008年	2009年	2010年	2011年	2012年	2013年	2014年	2015年	2016年
种子期								125	84
初创期	22	12	12	30	32	68	145	196	254
扩张期	51	35	80	122	75	57	75	172	152
成熟期	12	9	11	39	47	31	38	81	78
未披露	9	14	3	6	3		6	11	7
总计	94	70	106	197	157	156	264	585	575

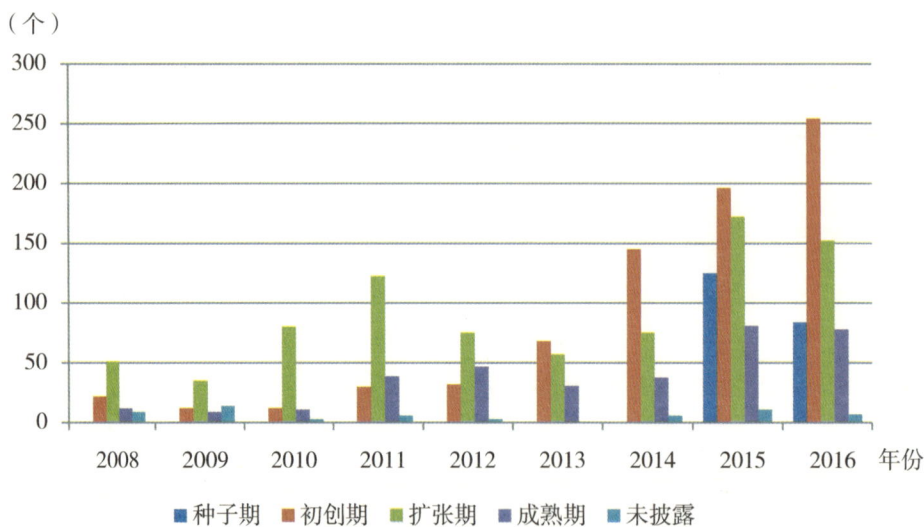

图2-8　2008—2016年广东省创投市场投资阶段环节分布情况（按案例）（已备案和未备案）

表2-12　2008—2016年广东省创投市场投资阶段环节分布结构（按案例）（已备案和未备案）

单位：%

投资阶段	2008年	2009年	2010年	2011年	2012年	2013年	2014年	2015年	2016年
种子期								21.37	14.61
初创期	23.40	17.14	11.32	15.23	20.38	43.59	54.92	33.50	44.17
扩张期	54.26	50.00	75.47	61.93	47.77	36.54	28.41	29.40	26.43

---

① 数据来源：清科研究中心私募通数据库。

（续上表）

投资阶段	2008 年	2009 年	2010 年	2011 年	2012 年	2013 年	2014 年	2015 年	2016 年
成熟期	12. 77	12. 86	10. 38	19. 80	29. 94	19. 87	14. 39	13. 85	13. 57
未披露	9. 57	20. 00	2. 83	3. 05	1. 91		2. 27	1. 88	1. 22
总计	100. 00	100. 00	100. 00	100. 00	100. 00	100. 00	100. 00	100. 00	100. 00

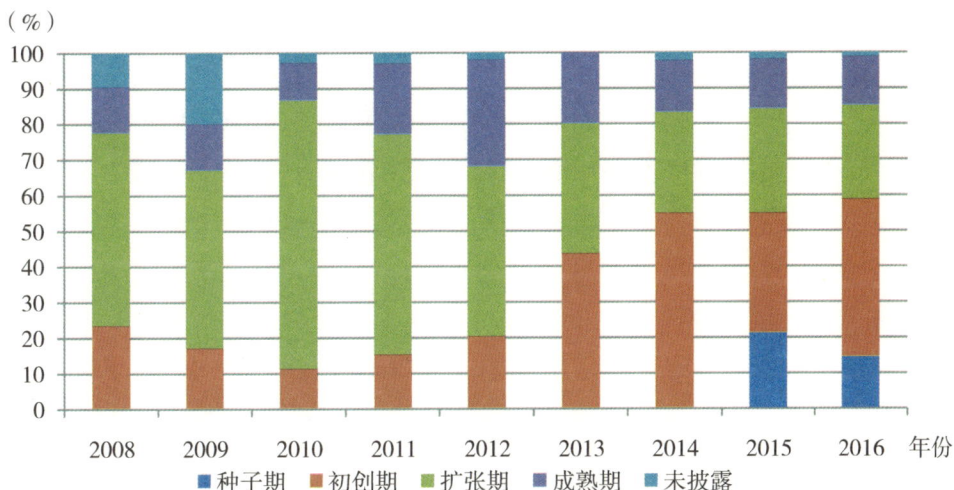

图 2 - 9　2008—2016 年广东省创投市场投资阶段环节分布结构（按案例）（已备案和未备案）

由上述数据可以发现，广东省创投行业经过多年的发展探索，不仅各个阶段的投资案例数量日益增加，而且处于何种阶段环节的创投企业（项目）进行投资的项目选择策略正逐步转型，这与由投资金额所反映的结论存在一定差异。

从各阶段投资案例数量的变化趋势看，初创期案例的数量基本保持逐年增长的趋势，而扩张期和成熟期的案例数量则呈现阶段性上升的趋势。受市场影响，各年份存在一定程度的增减波动，且年均增长速度均低于初创期。从各阶段案例数量所占比重的变化趋势看，初创期案例占比总体上逐年上升，扩张期案例占比整体上下降，成熟期和种子期案例数量占比基本稳定在较低水平，至 2016 年各阶段案例数量占比按由高到低排序（见表 2 - 12 和 2 - 8）[①]，依次为初创期（44.17%）、扩张期（26.43%）、种子期（14.61%）、成熟期（13.57%），逐步形成了层次分明的阶段体系。

上述情况表明，广东省创投企业由过去偏好投资于扩张期这一阶段的项目选择策略，逐步转变为以选择初创期创业企业（项目）为主、扩张期为辅、种子期和成熟期次之的项目选择策略。

①　数据来源：清科研究中心私募通数据库。

第四节　广东省创投企业投资轮次

一、创投企业投资轮次分布情况（按金额）

根据清科研究中心旗下私募通数据库的相关统计数据，从 2008 年起至 2016 年，广东省创业投资企业各投资轮次的投资金额（已备案和未备案）情况如下：

天使轮的投资金额从 2014 年至 2016 年，由 159.58 百万元增加至 800.38 百万元，增幅高达401.55%，年均增长率为123.95%，所占比重由1.68%上升至4.67%，增幅达 177.38%。

Pre – A 轮的投资金额在 2016 年为 1 396.45 百万元，所占比重为 8.14%。

A 轮的投资金额从 2008 年至 2016 年，由 1 795.98 百万元增加至 7 150.42 百万元，增幅高达298.13%，年均增长率为18.85%，所占比重由46.64%下降至41.68%，降幅为 10.62%。

B 轮的投资金额从 2008 年至 2016 年，由 973.16 百万元增加至 2 974.41 百万元，增幅高达205.64%，年均增长率为14.99%，所占比重由25.27%上升至17.34%，降幅为 31.38%。

C 轮的投资金额从 2008 年至 2016 年，由 494.58 百万元小幅减少至 457.46 百万元，降幅为 7.50%，年均增长率为 – 0.97%，所占比重由 12.84% 下降至 2.67%，降幅为 79.24%。

D 轮的投资金额从 2012 年至 2016 年，由 144.04 百万元大幅减少至 20.00 百万元，降幅为 86.11%，年均增长率为 – 38.96%，所占比重由 1.86% 下降至 0.12%，降幅为 93.73%。

E 轮的投资金额从 2012 年至 2016 年，由 18.86 百万元大幅增加至 255.50 百万元，增幅高达 1 254.72%，年均增长率高达 91.85%，所占比重由 0.24% 增长至 1.49%，增幅高达 512.20%。

G 轮的投资金额从 2014 年至 2015 年，由 121.94 百万元大幅下降至至 8.00 百万元，降幅高达93.44%，所占比重由1.29%增长至0.05%，降幅达96.49%。

PIPE 轮的投资金额从 2014 年至 2016 年，由 728.69 百万元大幅增长至 2 754.30 百万元，增幅高达 277.98%，年均增长率高达 94.42%，所占比重由 7.68% 增长至 16.06%，增幅高达 109.04%。

新三板定增轮投资金额在 2016 年为 969.58 百万元，所占比重为 5.65%。

在 2008 年至 2016 年的数据统计期内，广东省创业投资企业对各个投资轮次的投资金额（已备案和未备案）在各年度（未披露年度和 2016 年除外）的变动趋势总体上均呈现增长态势，但存在明显的增减波动，且年均增长率、波动幅度在不同轮次间存在一定差异。其中，天使轮、E 轮、PIPE 轮投资金额的年均增长率均在 90% 以上，远高于其他轮次，但规模较小；A 轮、B 轮投资金额的年均增长率则在 10% 至 20% 之间，次于上述轮次，但规模较大；C 轮、D 轮的投资金额自 2014 年开始逐年下降，致使其年均增长率降为负值。

从各个轮次投资金额所占比重看，截至 2016 年，A 轮占比达 41.68%，远超其他轮次，B 轮和 PIPE 轮的占比在 15% 至 20% 的区间，其他轮次占比均不足 10%，不同轮次投资金额规模的层次区别较为明显。此外，不同轮次的占比变动特征存在一定差异，各年度间的波动均较大。其中，A 轮占比自 2013 年开始呈现下降态势，D 轮占比自 2012 年以来逐年下降，C 轮占比自 2014 年开始呈现下降趋势，E 轮占比长期稳定在 2% 以下的低水平，B 轮和 PIPE 轮的占比则均呈现明显上升的趋势，天使轮占比亦有升高（见表 2-13 和表 2-14，图 2-10 和图 2-11）。[①]

表 2-13　2008—2016 年广东省创业投资企业投资轮次分布情况（按金额）（已备案和未备案）

单位：百万元

投资轮次	2008 年	2009 年	2010 年	2011 年	2012 年	2013 年	2014 年	2015 年	2016 年
天使轮							159.58	1 618.26	800.38
Pre-A									1 396.45
A	1 795.98				4 793.16	4 328.90	3 503.34	9 412.29	7 150.42
B	973.16				1 434.37	477.32	1 564.93	3 162.25	2 974.41
C	494.58				177.69	67.27	1 932.04	1 214.81	457.46
D					144.04		148.76	158.38	20.00
E					18.86	29.74	102.33	46.57	255.50
G							121.94	8.00	
PIPE							728.69	1 883.08	2 754.30
新三板定增									969.58
未披露	587.34				1 183.91	1 672.57	1 225.42	227.30	375.82
总计	3 851.06				7 752.03	6 575.80	9 487.03	17 730.94	17 154.32

① 数据来源：清科研究中心私募通数据库。

（百万元）

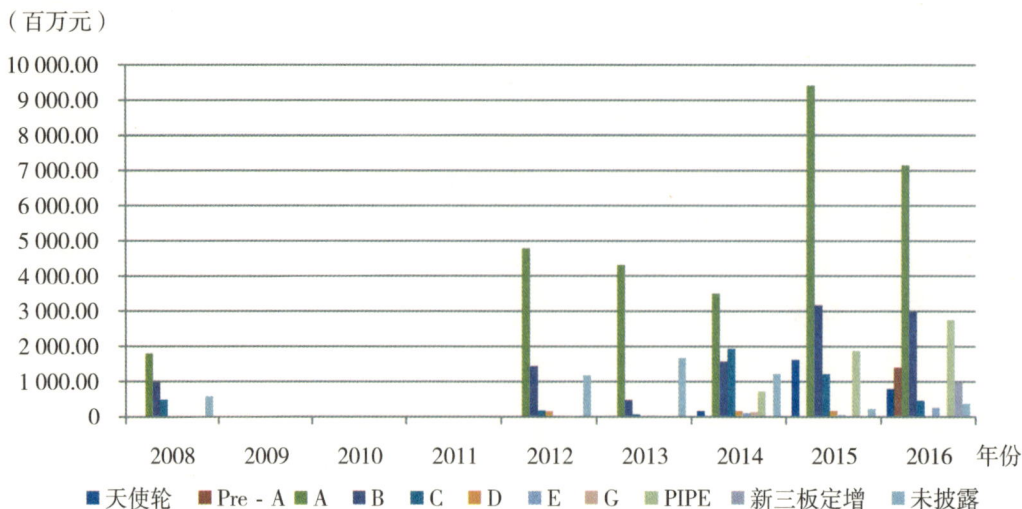

图 2 – 10 2008—2016 年广东省创业投资企业投资轮次分布情况（按金额）（已备案和未备案）

表 2 – 14 2008—2016 年广东省创业投资企业投资轮次分布占比（按金额）（已备案和未备案）

单位:%

投资轮次	2008 年	2009 年	2010 年	2011 年	2012 年	2013 年	2014 年	2015 年	2016 年
天使轮							1.68	9.13	4.67
Pre – A									8.14
A	46.64				61.83	65.83	36.93	53.08	41.68
B	25.27				18.50	7.26	16.50	17.83	17.34
C	12.84				2.29	1.02	20.37	6.85	2.67
D					1.86		1.57	0.89	0.12
E					0.24	0.45	1.08	0.26	1.49
G							1.29	0.05	
PIPE							7.68	10.62	16.06
新三板定增									5.65
未披露	15.25				15.27	25.44	12.92	1.28	2.19
总计	100.00				100.00	100.00	100.00	100.00	100.00

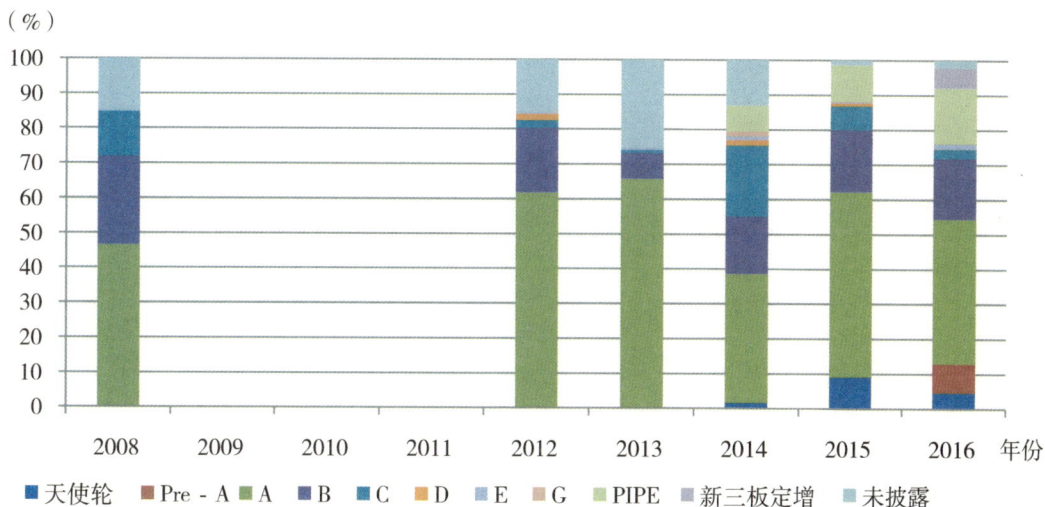

图 2－11　2008—2016 年广东省创业投资企业投资轮次分布占比（按金额）（已备案和未备案）

由上述数据可以看出，截至 2016 年，广东省创投企业（已备案和未备案）的投资已广泛涉及创业企业的各个轮次。从投资金额规模分布和占比看，创投资本大部分选择在创业企业的 A 轮、B 轮融资中进入，并且最主要集中在 A 轮。创投资本对融资轮次中属于早期的天使轮、Pre－A 轮和相对偏后期的 C 轮、D 轮、E 轮等轮次的参与程度较低。从投资金额及其占比的变动特征看，近几年来，创投资本积极参与布局常规融资轮次之外的 PIPE、新三板定向增发，并且以 PIPE 为主，极大拓展了创投资本的投资范围。

二、创投企业投资轮次分布情况（按案例）

根据清科研究中心旗下私募通数据库的相关统计数据，从 2008 年起至 2016 年，广东省创业投资企业各轮次的投资案例数量（已备案和未备案）情况如下：

天使轮的案例数量从 2014 年至 2016 年，由 35 个增加至 97 个，增幅高达 177.14%，年均增长率达 66.48%，所占比重由 13.26% 上升至 16.87%，增幅达 27.24%。

Pre－A 轮的案例数量在 2016 年为 58 个，所占比重为 10.09%。

A 轮的案例数量从 2008 年至 2016 年，由 49 个增加至 244 个，增幅高达 397.96%，年均增长率达 22.22%，所占比重由 52.13% 下降至 42.43%，降幅为 18.59%。

B 轮的案例数量从 2008 年至 2016 年，由 15 个增加至 78 个，增幅高达 420.00%，年均增长率为 22.89%，所占比重由 15.96% 下降至 13.57%，降幅为 14.99%。

C 轮的案例数量从 2008 年至 2016 年，由 4 个增加至 17 个，增幅高达 325.00%，年均增长率为 19.83%，所占比重由 4.26% 下降至 2.96%，降幅为 30.52%。

D 轮的案例数量从 2012 年至 2016 年，由 2 个增加至 4 个，增幅为 100%，年均增长率为 18.92%，所占比重由 1.27% 下降至 0.70%，降幅为 45.39%。

E 轮的案例数量从 2012 年至 2016 年，由 1 个增加至 2 个，增幅为 100%，年均增长率为 18.92%，所占比重由 0.64% 下降至 0.35%，降幅为 45.39%。

G 轮的案例数量从 2014 年至 2015 年，由 1 个增加至 2 个，增幅为 100%，所占比重由 0.38% 下降至 0.34%，降幅为 9.74%。

PIPE 轮的案例数量从 2014 年至 2016 年，由 4 个增长至 10 个，增幅高达 150.00%，年均增长率高达 58.11%，所占比重由 1.52% 增长至 1.74%，增幅为 14.78%。

新三板定增轮案例数量在 2016 年为 47 个，所占比重为 8.17%。

在 2008 年至 2016 年的数据统计期内，广东省创业投资企业各个投资轮次的案例数量（已备案和未备案）在各年度（未披露年度和 2016 年除外）的变动趋势在总体上均呈现增长态势，但存在一定的增减波动，且年均增长率、波动幅度在不同轮次间存在一定差异。其中，天使轮、PIPE 轮案例数量的年均增长率均在 50% 以上，远高于其他轮次；A 轮、B 轮案例数量的年均增长率约为 22%，次于上述轮次，但规模可观；C 轮、D 轮、E 轮的案例数量年均增长率均在 20% 以下。

从各个轮次案例数量所占比重看，截至 2016 年，A 轮占比达 42.43%，远高于他轮次，天使轮、Pre – A 轮和 B 轮的占比在 10% 至 20% 的区间，其他轮次占比均不足 10%，不同轮次案例数量规模的层次区别十分明显。此外，不同轮次的占比变动特征存在一定差异，各年度间的波动均较大。其中，A 轮占比 2008 年至 2015 年基本维持在 53% 左右水平，但于 2016 年骤降至 42.43%；B 轮占比自 2013 年以来呈现下降趋势；天使轮占比自 2014 年以来逐年升高，其他轮次占比则基本保持与较低水平或于某些年度略有波动（见表 2 – 15 和表 2 – 16，图 2 – 12 和图 2 – 13）。[①]

---

① 数据来源：清科研究中心私募通数据库。

表 2 – 15　2008—2016 年广东省创业投资企业投资轮次分布情况（按案例）（已备案和未备案）

单位：个

投资轮次	2008 年	2009 年	2010 年	2011 年	2012 年	2013 年	2014 年	2015 年	2016 年
天使轮							35	125	97
Pre – A									58
A	49				84	81	140	320	244
B	15				27	24	26	78	78
C	4				5	4	17	27	17
D					2		4	9	4
E					1	1	2	3	2
G							1	2	
PIPE							4	11	10
新三板定增									47
未披露	26				38	46	35	10	18
总计	94				157	156	264	585	575

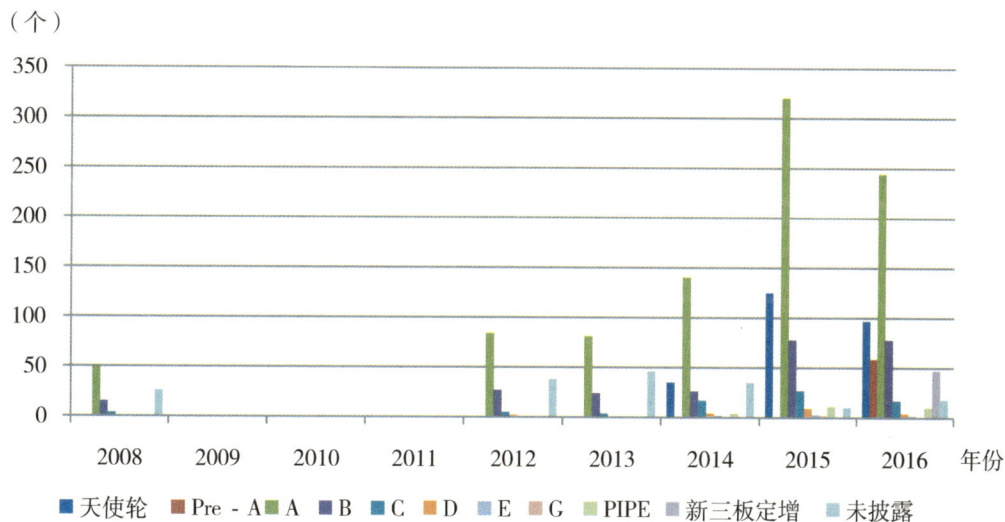

图 2 – 12　2008—2016 年广东省创业投资企业投资轮次分布情况（按案例）（已备案和未备案）

表 2-16　2008—2016 年广东省创业投资企业投资轮次分布占比（按案例）（已备案和未备案）

单位:%

投资轮次	2008 年	2009 年	2010 年	2011 年	2012 年	2013 年	2014 年	2015 年	2016 年
天使轮							13.26	21.37	16.87
Pre－A									10.09
A	52.13				53.50	51.92	53.03	54.70	42.43
B	15.96				17.20	15.38	9.85	13.33	13.57
C	4.26				3.18	2.56	6.44	4.62	2.96
D					1.27		1.52	1.54	0.70
E					0.64	0.64	0.76	0.51	0.35
G							0.38	0.34	
PIPE							1.52	1.88	1.74
新三板定增									8.17
未披露	27.66				24.20	29.49	13.26	1.71	3.13
总计	100.00				100.00	100.00	100.00	100.00	100.00

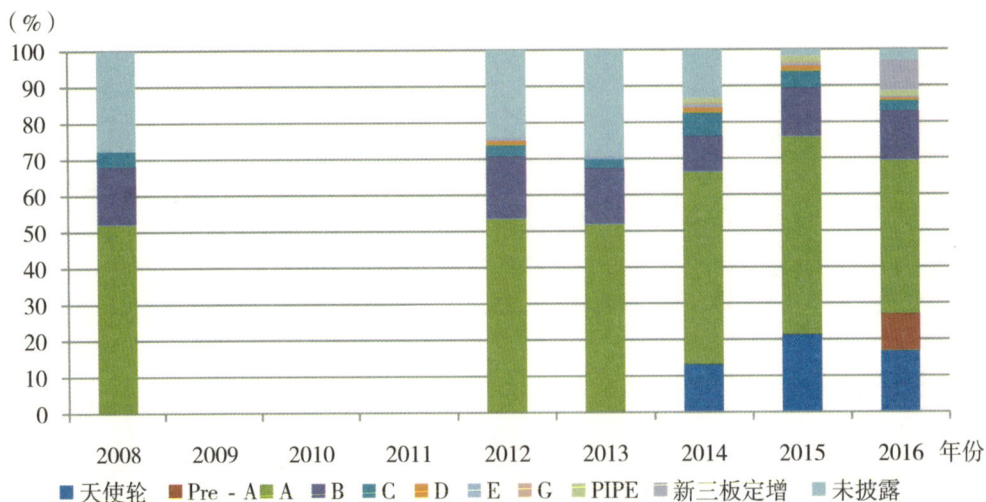

图 2-13　2008—2016 年广东省创业投资企业投资轮次分布占比（按案例）（已备案和未备案）

　　由上述数据可以看出，截至 2016 年，广东省创投企业（已备案和未备案）的投资已广泛参与创业企业的各个轮次。从案例数量规模的分布和占比看，创投企业偏好选择处于天使轮、Pre－A 轮、A 轮、B 轮融资阶段的投资项目，并且以 A 轮投资项目为主。创投企业对融资轮次中属于相对偏后期的 C 轮、D 轮、E 轮等轮次项目的参与程度较低。从案例数量及其占比的变动特征看，近几年来，创投企业除参与了一级市场常规融资轮次的投资项目外，还积极参与 PIPE、新三板定向增发的投资项目，并且以新三板定向增发的项目为主，这极大拓展了创投企业的投资范围。

第三章

广东省创业投资的退出

　　不同于传统性质的投资方式，创业投资作为一种具有较大风险性并且聚焦于资本长期增值的权益性投资，其在促进科技成果转化、发展创业型企业、培育新型产业等方面都发挥了重要的作用。它不仅需要一批专职的创业投资家来负责运作，而且需要在成熟的资本市场环境和特定的激励约束机制条件下进行活动。因此，面对复杂多变的市场环境，选择恰当的退出时间和退出区域、退出方式就显得尤为重要。

　　本章将从退出行业、退出区域、退出方式等方面来分析广东省创业投资企业的退出情况。

第一节　广东省创业投资退出的基本情况

　　2017 年 3 月 5 日，李克强总理在第十二届全国人民代表大会第五次会议上所作的政府工作报告中明确提出，要发展多层次资本市场，加大股权融资力度，完善主板市场基础性制度，积极发展创业板、新三板，规范发展区域性股权市场。这表明了政府在为股权投资市场的健康有序发展创造有利条件。

　　作为创业投资资金运作的最后一个阶段，创业投资的退出至关重要。一方面，资本退出为持有股份的创业投资机构和管理层人员提供激励，将其利益与企业未来的发展状况联系在一起；另一方面，创业投资机构一般会在标的企业上市后选择将之前的投资变现，初创企业具有回购的优先权，能够通过对股权的重新分配来保持对企业的控制。

　　截至 2016 年，我国的创业投资机构数量超过了 10 000 家，管理资本规模超过了 7 万亿元，其中广东省的创业投资机构数量为 8 414 家，位居全国第二。[①] 随着投资市场的繁荣发展，广东省创业投资的全年退出项目的规模也呈现出增长趋势。

表 3 - 1　2012—2016 年广东省创业投资机构实现退出的案例数量

年份	创业投资退出案例数量（个）
2012	50
2013	53
2014	87
2015	312
2016	336
总计	838

---

　　① 数据来源：清科研究中心私募通数据库。

（个）

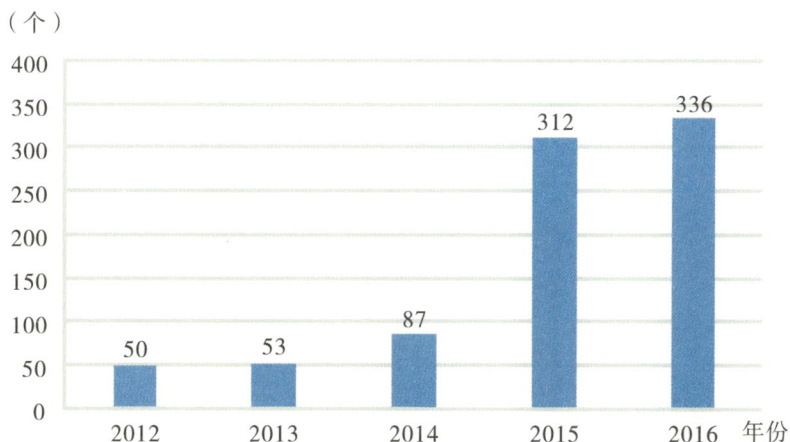

图 3 - 1　2012—2016 年广东省创业投资机构实现退出的案例数量

表 3 - 1 和图 3 - 1 展示了 2012 年至 2016 年期间广东省创业投资机构实现退出的案例数量。[①] 总体来看，在 2012 年至 2016 年期间，广东省创业投资机构实现退出的案例数量呈现出递增的趋势，特别是在 2015 年出现了爆发式的增长，其退出案例数量是上一年的 3.6 倍。其原因可能有以下两点：第一，我国多层次资本市场的推进，特别是中小板、创业板的完善，新三板的扩容以及国家对并购重组的大力倡导，使得退出方式更加多样，这就为创业投资企业实现资本退出提供了更大空间。第二，广东省政府的有效引导和高度重视为创业投资企业创造了良好的政策环境，培育了大量的优质企业，进而获得了良好的投资效益。

表 3 - 2　2012—2016 年广东创业投资退出平均回报倍数

年份	2012	2013	2014	2015	2016
广东	2.40	2.65	3.13	3.81	4.29

---

① 数据来源：清科研究中心私募通数据库。

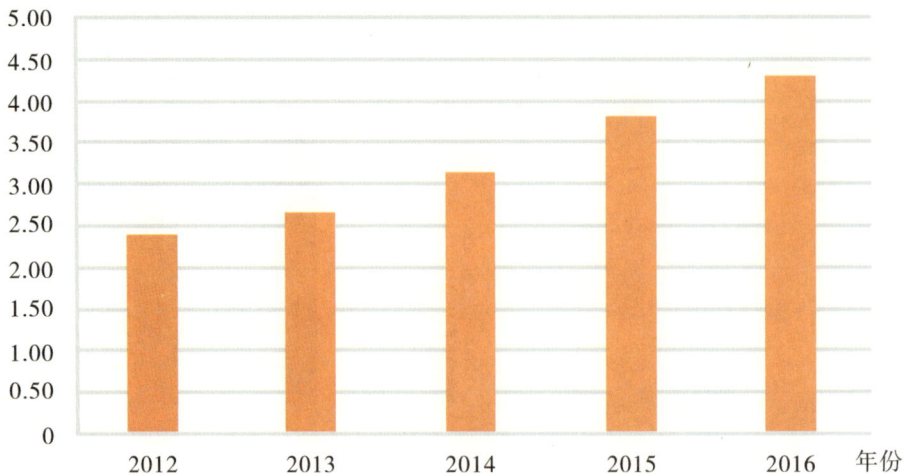

图 3 - 2 2012—2016 年广东创业投资退出平均回报倍数

表 3 - 2 和图 3 - 2 展示了 2012 年至 2016 年期间广东省创业投资退出的平均回报倍数情况。[①] 总体来看，创投项目的平均回报倍数呈现出逐年递增的趋势，在 2016 年已经达到了 4.29 倍，比 2012 年增长了近一倍。这可能是因为随着我国资本市场的逐渐完善与发展，创业投资的退出渠道逐渐拓宽，创业投资企业获得的投资收益在逐渐增长。

表 3 - 3 2012—2016 年广东创业投资项目平均退出年限

单位：年

年份	2012	2013	2014	2015	2016
广东	3.33	2.32	3.45	2.97	2.77

[①] 数据来源：清科研究中心私募通数据库。

（年）

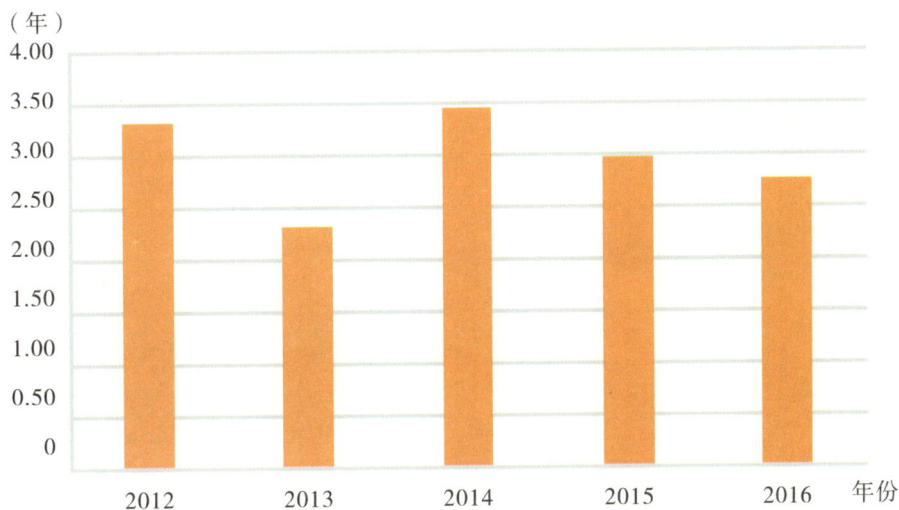

图 3 - 3　2012—2016 年广东创业投资项目平均退出年限

　　表 3 - 3 和图 3 - 3 展示了 2012 年至 2016 年广东省创业投资项目的平均退出年限。[①] 总体来看，广东省创业投资项目的退出时间保持在 2～3 年的水平，从 2014 年开始表现出逐年降低的趋势。这可能是由于退出渠道的多样化导致创投资本的退出更加便捷，新兴行业的不断发展也吸引着创投资本的进入，导致平均退出时间不断减少，但总体上仍然集中在中期投资阶段。

第二节　广东省创业投资资本退出的行业分布

　　近年来，随着我国宏观经济步入新常态以及国民经济的结构性调整，诸多行业都呈现出增长放缓的态势。与此同时，随着科技的飞速发展，一些新兴行业开始崭露头角。部分创业投资机构由于缺乏对新兴行业背景的了解，过早地退出了相关行业，从而失去了宝贵的投资机遇。因此，不同行业选择退出的时机应结合该行业的特性，充分了解该行业的发展背景，把握最佳的退出时机以实现收益的最大化。

---

① 数据来源：清科研究中心私募通数据库。

表3-4　2012—2016年广东省创投企业资本退出案例行业分布

行业	项目	2012 年	2013 年	2014 年	2015 年	2016 年
IT	案例（个）	3	8	12	27	39
	比例（%）	6	15	14	9	12
半导体	案例（个）	0	0	2	3	0
	比例（%）	0	0	2	1	0
电信及增值业务	案例（个）	9	9	1	34	15
	比例（%）	18	17	1	11	4
电子及光电设备	案例（个）	13	11	13	50	27
	比例（%）	26	21	15	16	8
房地产	案例（个）	0	0	0	2	0
	比例（%）	0	0	0	1	0
纺织及服装	案例（个）	0	0	7	1	12
	比例（%）	0	0	8	0	4
广播电视及数字电视	案例（个）	0	0	1	0	12
	比例（%）	0	0	1	0	4
互联网	案例（个）	7	5	1	22	30
	比例（%）	14	9	1	7	9
化工原料及加工	案例（个）	4	1	5	9	11
	比例（%）	8	2	6	3	3
机械制造	案例（个）	2	3	3	42	69
	比例（%）	4	6	3	13	21
建筑/工程	案例（个）	0	2	6	16	14
	比例（%）	0	4	7	5	4
教育与培训	案例（个）	0	0	0	1	1
	比例（%）	0	0	0	0	0.3
金融	案例（个）	0	3	6	7	10
	比例（%）	0	6	7	2	3
连锁及零售	案例（个）	0	2	4	14	17
	比例（%）	0	4	5	4	5
能源及矿产	案例（个）	2	0	1	2	4
	比例（%）	4	0	1	1	1
农/林/牧/渔	案例（个）	0	2	1	3	4
	比例（%）	0	4	1	1	1

（续上表）

行业	项目	2012 年	2013 年	2014 年	2015 年	2016 年
其他	案例（个）	0	1	0	7	7
	比例（%）	0	2	0	2	2
汽车	案例（个）	0	1	5	13	4
	比例（%）	0	2	6	4	1
清洁技术	案例（个）	7	0	2	18	19
	比例（%）	14	0	2	6	6
生物技术/医疗健康	案例（个）	3	2	6	22	17
	比例（%）	6	4	7	7	5
食品及饮料	案例（个）	0	0	3	8	2
	比例（%）	0	0	3	3	0.7
物流	案例（个）	0	1	0	2	5
	比例（%）	0	2	0	1	1
娱乐传媒	案例（个）	0	2	8	9	17
	比例（%）	0	4	9	3	5

如表 3 - 4 所示，[1] 本部分将 2012 年至 2016 年的广东创业投资退出案例按照不同的行业进行了划分。从不同行业的投资案例分布来看，在 2012 年至 2015 年期间，电子及光电设备行业的退出案例总数一直保持在第一的位置，但其所占比例却呈现出下降的趋势，在每年的退出案例数量中均保持在 15% 以上，最高在 2012 年达到了 26%，这可能是由于近几年互联网行业的快速发展吸引了大量创投资金，影响到电子及光电设备这些传统行业的资本流入。尽管比例逐年下降，其数量却呈现出上涨的趋势，并在 2015 年达到了最高值 50 个，甚至超过了前三年该行业退出数量的总和。

退出案例总数最低的行业是能源及矿产行业，在 2012 年至 2016 年期间一直保持低于 4% 的占比，数量也维持在较低水平。这可能是因为能源与矿产属于国家战略资源，进入门槛较高，且其初期资本需求较大，受政策影响较强，创投资本的进入难度相对较大。

另外，随着互联网科技的不断发展以及智能手机的普及，网络产业和软件产业依靠其灵活多变的运营模式以及广阔的市场前景实现了大幅增长。IT 行业一直保持着较高的增长速度，2016 年，其退出案例个数达到了 39 个，成了 2016 年退出案例数量第二多的行业。与此同时，得益于近两年互联网行业的快速发展，特别是在 2015 年吸引

---

[1] 数据来源：清科研究中心私募通数据库。

了大量的创投资本之后，互联网行业和 IT 行业必将迎来更大的发展空间，其退出案例的数量预计在今后几年将出现明显增长。

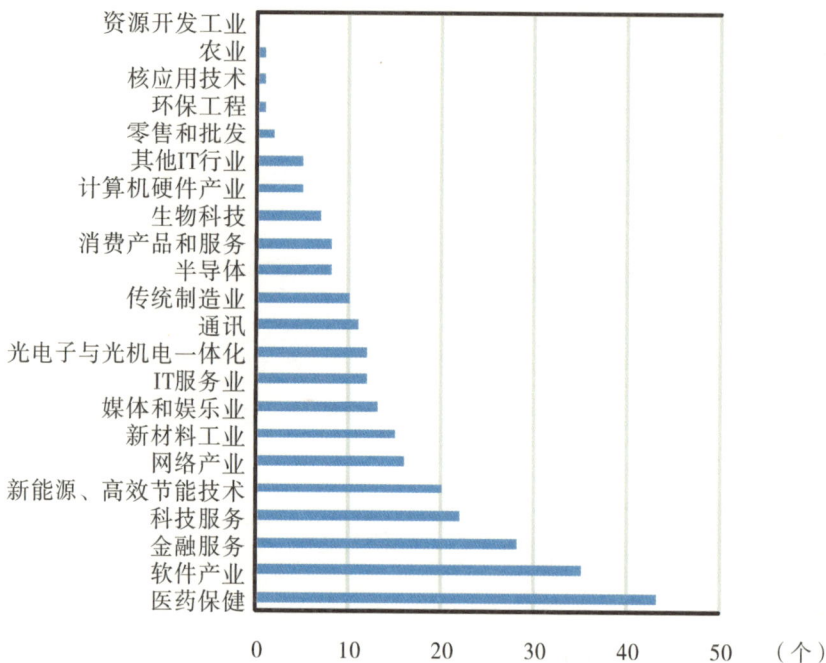

图 3 - 4　2016 年广东省创业投资退出项目行业分布

图 3 - 4 展示的是 2016 年广东省创业投资机构退出项目的行业分布，[①] 我们可以看出，医药保健行业在案例数量上以绝对的优势位居第一，软件产业和金融服务行业紧跟其后，分别排在第二、第三位；退出案例数量最少的三个行业分别是资源开发工业、农业与核应用技术。网络产业和 IT 服务业有了明显的下降。2016 年广东创业投资机构的主要退出案例集中在医药保健、软件产业、金融服务、科技服务和新能源、高效节能技术五个行业，其退出案例数量之和超过了退出案例总数量的一半。

第三节　广东省创业投资资本退出的区域分布

一般而言，从要素类型来看，创业投资机构会选择市场成熟程度较高、政策环境宽松活跃、融资渠道多样、人力资源较为丰富的地区进行投资和退出。从整体上看，广东省内各个区域在这些要素方面的发展并不均衡。因此，创业投资资本的退出在广

---

① 数据来源：清科研究中心私募通数据库。

东省内的区域分布上呈现出较强的地域性特征。

表 3 - 5 展示了广东省 2016 年创业投资企业投资金额的区域分布。① 投资规模方面，由清科研究中心私募通数据库的统计数据可知，在 2016 年，深圳市的创投资本投入规模最大，为 113.26 亿元，超过了其他所有地区创业投资资本的总和。广州市排名第二，创投资本规模为 36.32 亿元；东莞市位居第三，创业投资的资本规模为 13.23 亿元；珠海、佛山、惠州较为接近，其投资规模为 1 亿~2 亿元；肇庆、中山、潮州、江门、汕头、河源等地区创投资本投入规模较小，加起来仅为数亿元。

表 3 - 5　2016 年广东省创业投资企业投资金额区域分布

城市	投资额（百万元）
深圳	11 326.097 92
广州	3 632.730 099
东莞	1 323.470 535
珠海	216.892
佛山	157.036
惠州	133
肇庆	75
中山	69
潮州	63.7
江门	14.396 04
汕头	10
河源	3
未披露	130
总计	17 154.322 59

从整体来看，广东省创业投资的投资区域分布大致呈现出"两大多小，高度集中"的格局。深圳、广州作为珠三角地区的核心城市，具有经济发达、市场化程度高、人力资源丰富、融资环境宽松、资本交易活动活跃、资本市场较为成熟的特点，因此这两个地区无疑会成为创业投资资本的集中区域。由于两者在起步时间、市场基础、政策便利、科技发展、智力集聚等方面具备先天优势，加之交易成本较低，因此，创业投资企业更加愿意将资本投入这两个城市，以期获得更大的投资收益。

---

① 数据来源：清科研究中心私募通数据库。

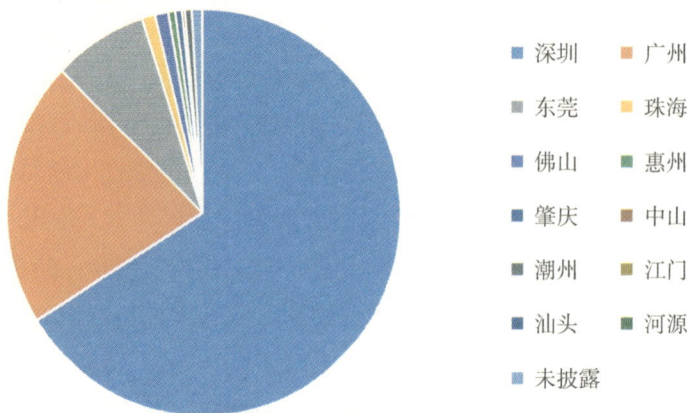

图3-5　2016年广东省创业投资企业投资金额区域分布

如图3-5所示，尽管在各项创业投资数据上广州都要远远低于深圳，但作为华南地区的金融中心，广州创业投资行业有着巨大的发展潜力。首先，在教育上，广州拥有2所985高校和2所211高校，是中国高等教育最发达的城市之一，也是中国南方高校最密集的城市之一。其次，广州市金融业实现直接融资占比居全国第一。全市直接融资余额达1.35万亿元，在大城市中仅次于上海（1.49万亿元），占全省（含深圳）的60.7%。最后，相较于深圳市拥有深圳证券交易所的独特优势，广州市在2017年正式落户了中证报价系统南方运营中心，其融资额达7 500亿元，是新三板市场融资额的三倍。该项目的落地标志着两所（沪深交易所）、两系统（全国股转系统、中证报价系统）在京沪广深形成四足鼎立的局面，广州结束了缺乏全国性金融交易平台的历史。因此，整体来看，虽然广州市创业投资行业的发展不及深圳，但在政府的合理引导助推下，其发展空间巨大，前景向好。

东莞、佛山、珠海和惠州作为珠三角地区当前发展速度较快的新兴城市，虽然当地的创业投资企业发展起步较晚，数量相对深圳和广州来说较少，但其灵活的政策配给、逐步成熟的市场环境以及日益增多的人力资源使其具有相当程度的后发优势。基于发展潜力和市场前景考量，创业投资企业的关注点将会逐渐转移到这些城市。

以肇庆、云浮和梅州为代表的广东省其他地区，由于其经济实力较为薄弱、交通和基础设施建设不足、市场环境欠缺成熟以及人力资源流失严重等不利因素的影响，创业投资机构的发展较为缓慢。因此，这些地区迫切地需要在制度环境、交通基础设施建设以及人力资源的引进等方面进行大刀阔斧的改革，以期实现行业环境的改善和提升。

第四节 广东省创业投资的资本退出方式

创业投资的资本退出主要是通过并购、IPO（首次公开发行募股）、股权转让、回购和清算这五种方式进行退出获得收益。

并购退出是指创投机构投资标的企业之后，通过其他企业对标的企业的收购而实现其收益的退出方式。其具有退出周期短、受市场波动影响小、不受企业发展规模和财务业绩状况的限制的优势。

IPO（首次公开发行募股）退出是指创投机构等到其投资的标的企业上市之后，通过减持股票来获得回报的退出方式。通常由于其高额的回报收益率而受到众多创投机构的青睐。

股权转让是指创投机构将自己的股东权益转让给他人，并以此来实现套现的一种退出方式。股权转让与并购的区别在于并购后并购方可以获得企业的控制权，而股权转让则不一定能拿到企业的控制权。常见的股权转让方式包括协议转让、公开挂牌转让等。股权转让的优势在于可以快速退出、政府部门对其大力倡导以及交易自主性较强；同时，股权转让也存在着内部决议过程复杂、法律程序烦琐、估值定价方面存在障碍等缺点。尽管如此，股权转让仍然是全球范围内较为流行的退出方式之一。

回购退出可以分为管理层回购和股东回购两种，分别指被投资公司的管理层和所有者从创业投资机构手中回购自己公司的股份，属于一种比较稳定的退出方式。对被投资企业来说，回购可以很好地保持企业的独立性，避免了创投机构的资本退出给创业者的日常企业运营所带来的不确定性；对创投公司来说，回购所带来的退出收益不受股权市场波动的影响。但回购退出的劣势在于其为创投公司所带来的回报率要远远低于IPO，并且对于创业者来说，回购对资金的要求很高，需要企业管理层或者股东找到很好的融资杠杆。

清算是减少创投机构损失的退出方式，当创投机构已经确认了投资项目的失败，便可以采用清算的方式来实现退出，从而最大限度地收回剩余的资本，进而投资其他新的项目以挽回损失。清算退出的法律程序复杂，耗时较长且存在破产成本等缺点，所以只有创投机构确认其收回的资本足够抵消申请清算的成本以及清偿债务时才会被提出。

表 3 – 6   五种资本退出方式的对比

退出方式	优点	缺点	适用情况
并购	1. 交易自主性较强 2. 退出周期短 3. 受市场波动影响小	1. 投资回报率低于 IPO 2. 被投资企业容易失去自主权 3. 需要寻找到合适的并购方	1. IPO 受限 2. 被投资企业不满足上市的要求，但创业投资机构准备撤资退出
IPO	1. 退出的回报收益率较高 2. 有利于被投资企业在资本市场上的进一步融资，提高企业的知名度	对被投资企业的各方面指标有严格的要求，耗时较长，程序烦琐，成本高	1. 资本市场活跃，股市良好，估值较高 2. 被投资企业的各方面指标都表现良好
股权转让	1. 退出周期短 2. 交易自主性强 3. 政府提倡鼓励	1. 内部决议过程繁杂，法律程序烦琐 2. 估值定价缺乏完善的制度体系 3. 退出回报率低	1. IPO 受限 2. 被投资企业不满足上市的要求，但创业投资机构准备撤资退出
回购	1. 有利于保持被投资企业的独立性 2. 所获得的收益回报不受股权市场波动的影响	1. 对资金的要求很高，需要被投资企业找到很好的融资杠杆 2. 回报率远低于 IPO	1. 创业者不愿意因创业投资机构的资本退出而给企业的日常运营带来不确定性 2. 被投资企业希望获得自主权
清算	1. 及时止损，最大限度地收回资本 2. 还清债务	1. 申请破产的成本 2. 耗时长，法律程序复杂 3. 对创业投资机构造成不好的影响	1. 收回的资本足够抵消申请清算的费用 2. 有大量债务需要偿还

一、创业投资的主要退出渠道——IPO

目前，随着新三板市场的逐步完善，我国将逐步形成包括主板、创业板、场外柜台交易网络和产权市场在内的多层次资本市场体系。作为最受欢迎的退出方式，IPO（首次公开发行募股）以其高额的回报优势一直受到创业投资机构的青睐。在美国等成熟的资本市场中，IPO 是创投机构首选的退出方式，而在中国，一级市场与二级市场之间存在的巨大套利空间进一步扩大了 IPO 在回报方面的优势。随着国内 IPO 的重启开闸，创业投资机构开始迎来收获期。

作为国内创业投资最为活跃的省份之一，广东省创业投资资本无论在退出数量还是退出规模上都较为可观。表3-7展示了2011年至2016年期间广东省创业投资通过IPO退出项目的情况，[①] 据统计，在此期间广东省共有98个项目通过IPO的方式实现退出。

表3-7　2011—2016年广东省创业投资IPO退出情况

退出方式	数量（个）	平均退出年限（年）	平均回报倍数
境内主板上市	14	1.35	4.06
境内中小板上市	34	2.28	4.32
境内创业板上市	46	1.57	3.61
境外上市	4	2.27	2.86

其中，境内创业板仍然是创业投资机构退出的主要渠道，46.94%的项目通过境内创业板退出；其次是中小板，34.69%的项目通过境内中小板退出；14.29%的项目通过境内主板退出，只有4.08%的项目是通过境外退出。从平均回报倍数来看，通过境内中小板退出的平均回报倍数最高，可以达到4.32倍，但其平均退出年限也是最高的，有2.28年；通过境内主板市场退出虽然平均回报率不是第一，只有4.06倍，但其平均退出年限最短，只有1.35年。综合来看，通过境内主板退出是创业投资机构的最佳选择，退出年限最短，而回报倍数也不会太低。

二、创业投资的其他退出渠道

相较于传统的IPO退出，新三板最大的特点就是作为一种灵活的退出方式，相比于在主板上市，创业投资公司可以支持其投资的企业先在新三板挂牌，之后通过交易退出。新三板退出具有以下几点优势：第一，新三板的机制较主板而言更加灵活，挂牌时间短，成本低。第二，新三板市场的市场化程度很高并且发展迅速。第三，新三板拥有国家政策的大力支持。这也是自2014年新三板扩容并正式实施做市转让方式后新三板退出逐渐受到创业投资机构追捧的原因。

表3-8和图3-6展示了2012年至2016年广东省创业投资市场退出方式的分布，[②] 可以看出，自2015年开始，新三板就成了创业投资资本退出总数中占比最高的

---

① 数据来源：清科研究中心私募通数据库。
② 数据来源：清科研究中心私募通数据库。

退出方式，其案例数量超过了其他几种退出方式的案例数量总和。

表3-8　2012—2016年广东创业投资市场退出方式分布

单位：个

退出方式	2012年	2013年	2014年	2015年	2016年
新三板	0	0	0	929	1 230
IPO	144	33	172	257	277
股权转让	44	58	70	197	223
并购	31	76	111	280	155
管理层收购	18	43	46	58	35
借壳上市	0	0	20	15	14
回购	3	15	0	19	14
清算	1	0	6	2	1
其他	2	5	12	25	0
未披露	3	0	7	31	52

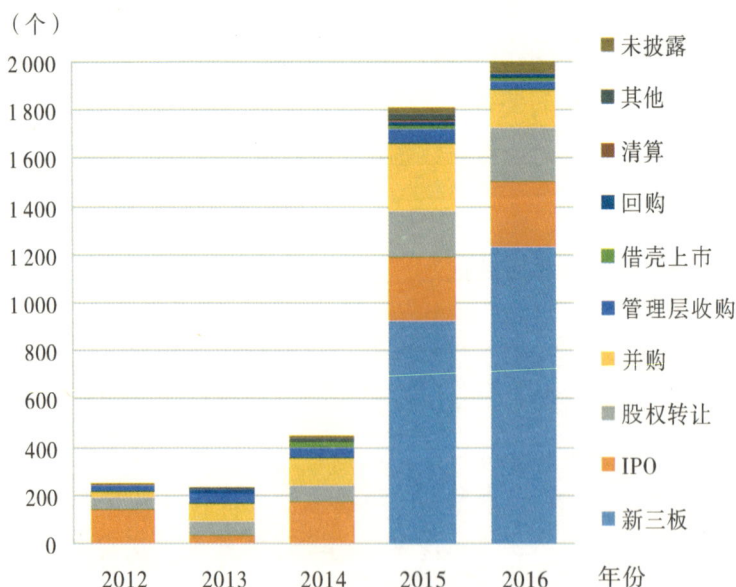

图3-6　2012—2016年广东创业投资市场退出方式分布

当市场处于较为低迷的状态时，并购退出就成了主要的退出方式，与国外的成熟市场相比，国内创业投资市场的"并购退出"仍然处于发展的初级阶段。近几年国内的创业投资经验表明，并购退出在市场低迷、IPO受限时的优势将会变得更加明显。

以 2013 年为例，由于 IPO 暂停，广东省创业投资当年通过并购实现退出的项目有 76 个，成为最主要的退出方式，相比之下，同期创业投资机构通过 IPO 实现退出的项目只有 33 个。据清科研究中心私募通数据库统计，广东省创业投资机构在近五年内通过并购的方式实现退出的平均回报倍数为 1.57 倍，仅次于通过 IPO 进行退出，排名第二。此外，通过并购退出项目的平均退出年限仅为 0.73 年，远低于通过 IPO 退出的项目平均年限。①

通过股权转让来实现创业投资企业的资本退出是一种在全球范围内流行的退出方式。由于当前国内金融市场还不太成熟，估值定价体系也不够完善，在国内市场上，股权转让方式无法发挥其自身的优势，在创业投资的退出案例中一直占比较小。据统计，广东省创业投资机构在近五年内通过股权转让方式实现退出的项目仅占退出项目总数的 7.14%，其平均退出年限为 1.42 年，平均退出回报仅为 1.18 倍。②

回购退出是创业者最青睐的一种创投资本退出方式。在国内的创业氛围的影响下，创业者往往更希望能够将公司的控制权牢牢把握在自己手中，而回购退出无疑是最有利于保持创业企业独立性的一种方式。回购退出对资金要求较高，需要创业者找到很好的融资杠杆，因此在创业投资机构的退出项目中占比很低，在近五年的广东创业投资退出案例中通过回购退出的案例仅占 3.57%，平均回报倍数也仅为 1 倍。③

---

① 数据来源：清科研究中心私募通数据库。
② 数据来源：清科研究中心私募通数据库。
③ 数据来源：清科研究中心私募通数据库。

第四章

广东省创业投资政策梳理

第一节　广东省创业投资税收优惠政策梳理

从国际经验来看，创业投资企业的投资对象主要为初创企业和中小企业，这在增加社会就业、促进创新、推动产业升级、提升企业核心竞争力等方面发挥着不可或缺的作用。为了支持中小企业创业活动，促进创业投资企业发展，国家及各地市在近几年出台了多项创业投资税收优惠政策，对促进创投行业的发展起到了助推器的作用。

国家层面，2016年5月12日，国务院办公厅印发《关于建设大众创业万众创新示范基地的实施意见》，提出："在示范基地内探索鼓励创业创新的税收支持政策。抓紧制定科技型中小企业认定办法，对高新技术企业和科技型中小企业转化科技成果给予个人的股权奖励，递延至取得股权分红或转让股权时纳税。有限合伙制创业投资企业采取股权投资方式投资于未上市中小高新技术企业满2年的，该有限合伙制创业投资企业的法人合伙人可享受企业所得税优惠。居民企业转让5年以上非独占许可使用权取得的技术转让所得，可享受企业所得税优惠。"同年9月，国务院印发的《关于促进创业投资持续健康发展的若干意见》中规定："按照税收中性、税收公平原则和税制改革方向与要求，统筹研究鼓励创业投资企业和天使投资人投资种子期、初创期等科技型企业的税收支持政策，进一步完善创业投资企业投资抵扣税收优惠政策，研究开展天使投资人个人所得税政策试点工作。"此外，2017年6月9日，财政部和国家税务总局发布的《关于创业投资企业和天使投资个人有关税收试点政策的通知》中提到："公司制创业投资企业采取股权投资方式直接投资于种子期、初创期科技型企业（以下简称初创科技型企业）满2年（24个月，下同）的，可以按照投资额的70%在股权持有满2年的当年抵扣该公司制创业投资企业的应纳税所得额；当年不足抵扣的，可以在以后纳税年度结转抵扣。"

与此同时，地方层面制定了符合当地发展情况的相关创业投资税收优惠政策，其中主要的政策集中在对企业所得税的优惠减免方面。表4-1展示了广东省近几年有关创业投资税收方面的政策情况。

表4-1　广东省对创业投资企业的税收优惠政策梳理

<table>
<tr>
<td rowspan="3">税收
优惠
政策</td>
<td>

企业所得税:

　　私募股权投资基金、私募股权投资基金管理企业、私募证券投资基金管理企业,自获利年度起,前两年按照企业(合伙人)缴纳所得税区级留成部分100%的标准给予经营经费扶持;从第三年开始至第五年则为50%。

　　股权投资基金、股权投资基金管理企业采取股权投资方式投资于未上市中小高新技术企业2年以上(含2年),凡符合《国家税务总局关于实施创业投资企业所得税优惠问题的通知》(国税发〔2009〕87号)规定条件的,可按其对中小高新技术企业投资额的70%抵扣企业的应纳税所得额。

　　合伙制股权投资基金和合伙制股权投资基金管理企业不作为所得税纳税主体,采取"先分后税"方式,由合伙人分别缴纳个人所得税或企业所得税。合伙制股权投资基金从被投资企业获得的股息、红利等投资性收益,属于已缴纳企业所得税的税后收益,该收益可按照合伙协议约定直接分配给法人合伙人,其企业所得税按有关政策执行。

　　按照本规定设立与运作的创业投资机构,其投资于国家税收法规规定定期减、免企业所得税的企业,所获得的投资收益按规定减免企业所得税。

个人所得税:

　　管理企业高级管理人才和骨干人员,在南海区连续工作满一年以上且在南海区依法缴纳个人所得税的,前两年内按其上一年度缴纳个人所得税区级留成部分的100%给予奖励,后三年为50%。

　　合伙制股权投资基金和股权投资基金管理企业,执行有限合伙企业合伙事务的自然人普通合伙人,按照"个体工商户的生产经营所得"项目,适用5%~35%的五级超额累进税率计征个人所得税。不执行有限合伙企业合伙事务的自然人有限合伙人,其从有限合伙企业取得的股权投资收益,按照"利息、股息、红利所得"项目,按20%的比例税率计征个人所得税。

营业税:

　　合伙制股权投资基金的普通合伙人,以无形资产、不动产投资入股,参与接受投资方利润分配,共同承担投资风险的行为,不征收营业税;股权转让不征收营业税。

　　创业投资机构的年度经营利润,可先用于抵补前3年因投资于创业企业而发生的亏损。创业投资机构投资指南确定的高技术产业项目,从投资之日起5年内,上缴的营业税、企业所得税、增值税的地方分成部分,由同级财政安排同等数额的专项资金给予扶持;之后2年,给予减半扶持。

</td>
</tr>
</table>

政策来源:

1.《佛山市南海区促进私募基金发展扶持办法》(南府〔2011〕251号)

2.《深圳市关于促进股权投资基金业发展的若干规定》(深府〔2010〕103号)

3.《东莞市促进股权投资基金业发展的若干意见》(东府办〔2012〕99号)

4.《广东省促进创业投资发展暂行规定》(粤府办〔2003〕11号)

第二节 广东省创业投资扶持、补贴、奖励政策梳理

除了税收优惠外，国家还制定了一系列扶持、补贴和奖励政策来提高创投企业的投资积极性，促进创业投资企业投资创业项目，进而推动创投行业壮大发展。在各地区的创业投资扶持政策当中，主要的奖励政策集中在对企业进行一次性奖励且数额较大，同时确保企业在一段时间内不会离开。此外，不同地区都会出台相应政策来确保相关企业高管家属的就业、就学以及医疗等方面的保障。表4－2展示了广东省各地区近几年来在创业投资扶持、补贴和奖励方面的政策情况。

表4－2　广东省对创业投资企业的扶持、补贴、奖励政策梳理

	一次性奖励、资助：
扶持、补贴、奖励政策	对新设立或新迁入的金融机构实现的营业收入形成开发区地方财力，每年给予一定比例的扶持金资助，资助3年。对金融机构的经营团队给予一次性100万元至299万元资助。符合高新技术企业认定条件的金融机构，可申请认定为广州市高新技术企业，可享受高新技术企业相关优惠政策。 以公司制形式设立的股权投资基金，根据其注册资本的规模，给予一次性落户奖励：注册资本达5亿元的，奖励500万元；注册资本达15亿元的，奖励1 000万元；注册资本达30亿元的，奖励1 500万元。 以合伙制形式设立的股权投资基金，根据合伙企业当年实际募集资金的规模，给予合伙企业委托的股权投资基金管理企业一次性落户奖励：募集资金达到10亿元的，奖励500万元；募集资金达到30亿元的，奖励1 000万元；募集资金达到50亿元的，奖励1 500万元。 股权投资基金投资于本市的企业或项目，可根据其对我市经济贡献，按其退出后形成地方财力的30%给予一次性奖励，但单笔奖励最高不超过300万元。 对具有融资和投资功能，投资于科技企业孵化器内初创期科技型中小微企业的公司制或有限合伙制创业投资机构，给予创业投资风险补偿资金。 政府用于科技新产品试制、中间实验和重大科研项目的补助经费，应当对创业资本投资企业的有关项目予以优先支持。创业投资机构可以运用其全部资产进行投资。创业投资机构可以按当年总收益的5%提取风险补偿金，用于补偿以前年度和当年投资性亏损；风险补偿金余额可以结转下年度，但其总额不得超过创业投资机构当年年末净资产的10%。 鼓励创业投资机构重点投资处于初创阶段、属于核心技术开发、具有产业化前景的项目或者企业；政府用于科技新产品试制、中间试验和重大科研项目的补助经费，对创业资本投资的企业的有关项目予以优先支持。

（续上表）

扶持、补贴、奖励政策	一次性奖励、资助： 　　政府鼓励创业投资机构对列入省发展计划委员会和省科技厅共同制定的《广东省当前优先发展的高技术产业化重点领域指南》（以下简称《指南》）的项目进行投资。创业投资机构投资于《指南》规定范围项目的资金，超过其对外投资总额 70% 的，经省发展计划主管部门会省科技行政主管部门认定，享受省级高新技术企业地方优惠政策。认定办法由省发展计划主管部门会省科技行政主管部门另行制定，报省政府同意后公布。 　　创业投资机构可以按当年总收入的 10% 提取风险补偿金，用于补偿以前年度和当年投资性亏损。 办公住房补贴： 　　股权投资基金企业、股权投资基金管理企业因业务发展需要新购置本部自用办公用房，按购房房价给予不超过 1.5% 的一次性补贴，最高补贴金额为 500 万元，享受补贴的办公用房 10 年内不得对外租售；新租赁自用办公用房的，连续 3 年给予租房补贴，每年按房屋租金市场指导价的 30% 给予补贴，补贴总额不超过 100 万元。 　　股权投资基金、股权投资基金管理企业新租赁自用办公用房的，给予连续 3 年的租房补贴，补贴标准为房屋租金市场指导价的 30%，补贴总额不超过 100 万元。 高管、人才奖励： 　　企业高级管理人员，经深圳市人力资源保障部门认定符合条件的，可享受深圳市关于人才引进、配偶就业、子女就业、医疗保障等方面的相关政策。 　　股权投资基金、股权投资基金管理企业以及私募证券投资基金管理企业的高级管理人员，经市人力资源、新莞人服务、社保、计生等部门认定符合条件的，可享受东莞市关于人才引进、人才奖励、配偶就业、子女教育、医疗保障等方面的相关政策。 　　创业资本所投资的企业，其高新技术成果出资入股的比例不受限制，并可以实行技术分红、股份期权、年薪制等智力要素参与收益分配的制度。

政策来源：

1. 《深圳市关于促进股权投资基金业发展的若干规定》（深府〔2010〕103 号）

2. 《关于促进广州市股权投资市场规范发展暂行办法（修订）》（穗府办〔2015〕5 号）

3. 《广州开发区鼓励发展金融产业办法》（〔2007〕27 号）

4. 《广东省科学技术厅、广东省财政厅关于科技企业孵化器创业投资及信贷风险补偿资金试行细则》（粤科规财字〔2015〕21 号）

5. 《深圳经济特区创业投资条例》

6. 《东莞市促进股权投资基金业发展的若干意见》（东府办〔2012〕99 号）

7. 《广东省促进创业投资发展暂行规定》（粤府办〔2003〕11 号）

第三节　广东省创业投资引导基金政策梳理

除了以上的优惠鼓励和补贴政策，为引导民间资本合理投入、带动社会投资扶持创业企业的发展，国家鼓励各地设立政府引导基金。相关数据显示，截至2016年底，国内共成立901只政府引导基金，总规模达23 960.60亿元，平均单只基金规模约为26.60亿元。[①]

2005年11月，国家十部委颁布的《创业投资企业管理暂行办法》中提到："国家与地方政府可以设立创业投资引导基金，通过参股和提供融资担保等方式扶持创业投资企业的设立与发展。"2015年11月，财政部颁布的《政府投资基金暂行管理办法》指出"应规范政府投资基金的设立、运作和风险控制、预算管理等工作"，让政府引导基金更加规范、健全化。与此同时，各省市也在跟进引导基金的建设。一般来说，政府引导基金的份额都不会超过30%，且不以盈利为目标，主要是为了鼓励更多社会资本的进入。表4-3列举了广东省关于创投的政府引导基金相关政策的情况。

表4-3　广东省关于创投的政府引导基金相关政策梳理

政府引导基金政策	除对基金管理机构支付管理费外，参股创业投资基金还要对基金管理机构实施业绩奖励。业绩奖励按照"先回本后分利"的原则，原则上将参股创业投资基金增值收益（回收资金扣减参股基金出资）的20%奖励基金管理机构，剩余部分由引导基金和其他出资人按照出资比例进行分配。 每只基金募集资金总额不低于2.5亿元人民币；主要发起人的注册资本或净资产不低于5 000万元人民币；除参股基金管理机构外的单个出资人出资额不低于1 000万元人民币；除政府出资人外的其他出资人数量一般多于3个（含），不超过10个（含）；所有投资者均以货币形式出资，且全部出资须在3年内到位。管理和投资运作规范，具备严格合理的投资决策程序和风险控制机制以及健全的财务管理制度。参股创业投资基金应在设立的6个月内到创业投资备案管理部门备案并接受监管。 各地级以上市人民政府可以根据创业投资发展需要和财力状况设立引导基金，支持创业投资发展，充分发挥政府资金的杠杆放大效应。 支持广州市创业投资引导基金参股或合作设立创业投资企业，促进高端自主创新资源集聚，加快培育战略性新兴产业。 鼓励市、区、镇（街道）各级政府建立引导基金或母基金，重点投向孵化期、初创期、早中期科技型企业，通过阶段参股、跟进投资等方式，引导股权投资行业规范发展。引导基金形成的投资收益，可按一定的比例奖励给管理企业。

[①] 投中研究院《2016年政府引导基金专题研究报告》。

（续上表）

| 政府引导基金政策 | 市财政整合相关专项资金，成立股权投资引导基金，通过筛选，由引导基金择优与市内民营资本或市外资本按照市场化合作的形式成立股权投资基金，并委托国内资信好、有基金管理经验，管理运作规范的基金管理公司负责基金的运营管理。

母基金原则上以引导为主，以较小的资金引导社会资本参与投资。母基金的投资比例原则上不超过子基金注册资本或实际出资额的30%，且不成为子基金的第一大出资人；单项最高出资额原则上不超过5 000万元人民币；对于区政府鼓励发展的产业及基金，经管委会批准可适当放宽标准。子基金的存续期限原则上为5~10年（对并购基金可适当缩短存续期限）。

引导基金参股的产业创业投资企业，对引导资金不收取管理费，引导资金让渡不超过总投资收益（弥补亏损后的净收益）的50%；引导资金参股投资市内项目收益，特别提取该部分收益20%奖励其他股东和管理人。引导基金参股的产业创业投资企业，对引导资金不收取管理费，对引导基金采用保本加固定收益合作模式的，引导资金年化收益不低于8%。引导基金参股的产业创业投资企业，对引导资金按不超过投资余额的2.5%收取管理费，引导资金让渡不超过总投资收益（弥补亏损后的净收益）的20%；引导资金参股投资市内项目收益，特别提取该部分收益20%奖励其他股东和管理人。

引导基金采用跟进投资方式形成的股权一般在5年内退出，企业上市情形除外，共同投资的产业创业投资机构不得先于引导基金退出其在被投资企业的股权。被跟进产业创业投资企业、被投资企业购买引导基金跟进投资形成的股权，根据有关协议执行，原则上产业创业投资企业与引导基金管理公司签订的回购协议，承诺不低于同期贷款基准利率的收益进行回购。对市内被跟进投资项目，引导资金投资收益让渡50%给被跟进产业创业投资企业。

对于子基金投资于香洲区重点扶持发展的战略产业项目，经领导小组同意，可从引导基金中划拨在该项目上形成的投资收益的20%作为子基金管理机构的特殊奖励，以引导、鼓励参股子基金支持香洲区战略产业发展。

引导基金参股设立的创业投资企业稳定运营以后，可在适当时机通过公开转让股权或到期后清算等方式退出。通过公开转让方式退出的，创业投资企业原股东可在同等条件下优先受让。参股设立创业投资企业的其他股东购买引导基金在创业投资企业中的股权，在引导基金参股3年内，转让价格按引导基金原始投资额确定；超过3年、不足5年，转让价格按引导基金原始投资额与转让时中国人民银行公布的同期贷款基准利率计算的收益之和确定。超过5年的，引导基金采取同股同酬的方式退出。非创业投资企业股的投资者购买引导基金在参股创业投资企业中的股权，可按上述转让价格为基价，以公开拍卖方式进行转让。

管理费：按照国家有关规定，国家资金与地方政府资金、社会资金共同按创业投资基金章程规定支付基金管理机构管理费用（一般按照每年1.5%~2.5%）。

业绩分成：每只子基金将净收益的20%~30%奖励给参股创投企业投资管理团队或管理公司。

特别奖励：对参股创投企业投资于广州地区的项目，根据具体运作情况，经管委会同意，从引导基金在参股创投企业所分配的投资收益中安排一定比例作为参股创投企业投资管理团队或管理公司的特殊奖励，以引导、鼓励参股创投企业支持广州地区的科技型中小企业发展。 |

（续上表）

政府引导基金政策	为控制风险，同时引导、鼓励社会资本进入风险投资领域，引导基金也可以要求享有优先清偿权，保证政府出资的本金安全，以最大限度控制引导基金的资产风险。如引导基金要求优先清偿权，则采取"保本＋固定回报"的方式参股创投企业；当子基金有盈利但低于同期存款利息或同期国债利息时，政府出资方与子基金其他股东按出资比例分配子基金的净利润；当子基金有盈利且超过同期存款利息或同期国债利息时，政府出资部分按照同期存款利息或同期国债利息获取固定收益。参股创投企业发生破产清算，按照法律程序清偿债权人的债权后，剩余财产首先清偿引导基金。 　　除对参股基金管理机构支付管理费外，参股基金企业还要对参股基金管理机构实施业绩奖励。业绩奖励采取"先回本后分利"的原则，原则上将参股基金增值收益（回收资金扣减参股基金出资）的20%奖励参股基金管理机构，剩余部分由财政资金和其他出资人按照出资比例进行分配。

政策来源：

1.《广东省战略性新兴产业创业投资引导基金管理暂行办法》（粤财工〔2013〕281号）

2.《广东省关于发展创业投资促进产业转型升级的意见》（粤发改高技术〔2013〕410号）

3.《关于促进广州市股权投资市场规范发展暂行办法（修订）》（穗府办〔2015〕5号）

4.《佛山市人民政府办公室关于修订扶持股权投资行业发展的若干意见的通知》（佛府办〔2013〕87号）

5.《广东省创业引导基金申报指南》

6.《肇庆市人民政府关于加快引进和发展股权投资行业的实施意见》（肇府函〔2014〕238号）

7.《东莞市促进股权投资基金业发展的若干意见》（东府办〔2012〕99号）

8.《东莞市产业升级转型及创业投资引导基金管理暂行办法》（东府办〔2012〕98号）

9.《香洲区创业投资引导基金管理办法》（珠香府办〔2014〕15号）

10.《广州市创业投资引导基金实施方案》（穗科信字〔2010〕93号）

11.《广州市战略性新兴产业创投引导资金参股创业投资基金管理暂行办法》（穗发改高技〔2014〕61号）

第五章

广东省创业投资案例

开拓"蓝海"是传统行业挑战行业现有竞争格局的利器，拥有高新技术是新兴行业具备竞争力的有效保障。不管是高新技术产业，还是传统产业，投资者总能从中挖掘到投资价值，找到投资亮点。本章在前文对广东省创投行业的分析基础上，根据投资行业、投资阶段、退出方式的不同，选取了几个具有一定代表性的投资案例进行分析。[①]

第一节　新材料企业——岱勒新材料科技股份有限公司

一、公司简介

岱勒新材料科技股份有限公司成立于 2009 年，是一家专业从事金刚石线的研发、制造和服务的高新技术企业，为晶体硅、蓝宝石、磁性材料、精密陶瓷等硬脆材料切割提供专业工具与完整解决方案；也是国内第一家掌握金刚石线研发、生产技术并大规模投入生产的企业，在金刚石工具行业具有核心竞争力。公司主要产品为电镀金刚石线，产品广泛应用于太阳能、LED、半导体、精密光学仪器、国防军工等行业，产销量及市场占有率居国内行业前列。公司生产的金刚石线目前已出口至中国台湾、俄罗斯、韩国等地区，覆盖全球一百多家知名光伏、蓝宝石加工企业。典型客户包括隆基股份、晶龙集团、阳光能源、申和热磁、江苏协鑫、台湾友达、英利能源、昱辉阳光能源、俄罗斯 Monocrystal 等全球知名光伏、蓝宝石加工企业。该公司规模优势与"快速推进、全方位满足"的市场服务理念能满足客户的深层次需求。

二、投融资过程

（一）投资过程

表 5 - 1　案例概况

投资时间	投资方	被投资方	一级行业	二级行业	投资金额
2013	上海祥禾、启程青年、江苏高投等	岱勒新材料科技股份有限公司	工业	制造业	数千万元人民币

[①] 本章案例主要根据微投网和清科研究中心提供的材料整理而成。

2010 年，时任江苏高投中小企业创业投资有限公司（"江苏高投"）新材料部总经理的朱继满先生基于对公司产品品质及产品应用的坚定看好，主导岱勒新材的第一笔融资。2012 年朱继满先生加入清控银杏，联合清控银杏旗下多个基金再次主导增资岱勒新材，2013 年朱继满先生出任清控银杏广州合伙人，以启程青年基金第三次增资岱勒新材。清控银杏的合伙人团队认为，岱勒新材的上市将对现有业务的扩展和提高产生十分深远的战略意义，一方面公司原有产能的扩展和技术研发能力将得到较大提升；另一方面有利于提升公司核心竞争力，提高盈利水平，实现发展战略目标。

（二）投资前企业情况

投资前的企业情况见表 5-2：

表 5-2　投资前岱勒新材料科技股份有限公司融资情况

投资时间	轮次	阶段	融资金额	投资机构
2010—2012	A/B	发展	数千万元人民币	上海鸿华、江苏高投、麓谷创投、北京启迪、华创策联等

（三）投资后企业情况

2014 年，在全球光伏行业不景气的情况下，公司仿佛走到了岔路口。作为投资人，清控银杏一直在帮助企业寻找新方向。最终，岱勒新材以敏锐的眼光战略性地将产品转战蓝宝石行业，迎来了转型发展期。到了 2015 年，随着光伏行业的持续复苏，良好的经营使岱勒新材产品市场需求量倍增，原有产能已经不能满足市场需求。公司建成年产 12 亿米的金刚石切割线生产基地，使公司产品能够迅速占领市场，成为真正的行业领导者。同年底，清控银杏支持岱勒新材冲刺创业板，并递交了 IPO 申请。2016 年岱勒新材实现营业收入 1.85 亿元人民币，净利润 3 930 万元人民币。2017 年秋天，岱勒新材成功登陆创业板，股票代码 300700。在这个收获的季节，清控银杏终于等到了瓜熟蒂落的这一天。

三、投融资启示

光伏行业作为新能源的主要力量，是国家政策重点扶持的对象之一。近三年来，我国出台的产业扶持政策中，有 60% 以上与太阳能光伏电站有关。我国通过建设光伏电站、建设光伏最下游的应用系统来带动上游的产能消耗从而达到扶持光伏产业的目的。凭借节能环保的先天优势，LED 产业成为启动绿色照明革命的强力引擎，被誉为"新光源和新能源的黄金交叉点"，持续得到国家和各级地方政府的支持。在消费电子领域，消费需求不断升级，政策鼓励蓝宝石等新材料的应用，为行业创新与发展带来了巨大的活力。金刚石线制造行业是太阳能光伏和 LED 两大行业的重要组成，新兴消费电子应用制造的配套加工行业，以及新型切片技术的核心，这些行业出台的扶持政策给金刚石线制造行业带来了新的发展机遇。国家的各项扶持政策将有效推动下游光伏和 LED 照明、消费电子制造企业在技术攻关、设备研发、工艺改进等方面的投入，从而增加对金刚石线的需求。该公司作为金刚石线行业的国内龙头企业，也将受益于国家扶持政策所营造出的产业环境，良好的行业政策将进一步推动公司的快速发展。

第二节　互联网科技企业——优视科技有限公司

一、公司简介

优视科技有限公司成立于 2007 年 5 月 18 日，注册资本 5 000 万美元，是中国领先的移动互联网软件技术及应用服务提供商，也是中国第一家在手机浏览器领域拥有核心技术及完整知识产权的公司。自 2007 年创立以来，以技术为本，公司致力于帮助手机用户快捷上网，构建开放的一站式移动互联网用户服务平台。公司始终以卓越的市场前瞻力和技术创新力推动着移动互联网领域的发展进程，致力于帮助全世界一半以上的人通过手机享受开放、便捷的互联网服务。

公司旗下核心产品 UC 浏览器覆盖了 Android、Symbian、iOS、Windows Phone、Windows Mobile、Win CE、Java、MTK、Brew 等主流移动操作系统的 200 多个著名品牌、超过 3 000 款手机终端及平板电脑终端，帮助用户获取互联网资讯、娱乐、电子商务等各类服务。国际化方面，公司目前服务于 150 个以上的国家和地区，发布了英文、俄文等多个国际语言版本产品。目前 UC 浏览器海外用户超过 1 亿，在亚洲、非洲与俄罗斯等地区取得了市场领先，在全球第二大人口国家印度的市场份额超过 30%。为了进一步推动产品的本地化，加强上下游合作，公司已先后在印度新德里和美国硅谷设立了运营平台。

二、投融资过程

（一）投资过程

表 5 - 3　案例概况

投资时间	投资方	被投资方	一级行业	二级行业	投资金额
2010 - 03 - 30	诺基亚成长伙伴基金、纪源资本	优视科技有限公司	IT	互联网	6 000 万美元

2010 年 3 月 30 日，优视科技与诺基亚旗下风险投资基金诺基亚成长伙伴达成战略融资协议，共同拓展移动互联网市场。纪源资本（GGV Capital）也参与了本轮投资，投资额共计 6 000 万美元（见表 5 - 3）。在获得融资之后，UC 宣布了 2010 年度战略目标，表示今后公司将继续专注于移动互联网领域，不断追求技术创新，构建中国最优秀的移动互联网技术团队，并加快开放与合作的步伐，携手更多合作伙伴共同推动移动互联网产业的快速成长。

（二）投资前企业情况

表 5 - 4　投资前优视科技有限公司融资事件

投资时间	轮次	阶段	融资金额	投资机构	投资人	投资金额	所占股份
2009 - 06 - 03	B	扩张期	1 200 万美元	阿里资本、策源创投、晨兴资本	刘芹等	400 万美元、400 万美元、400 万美元	
2007 - 08 - 01	A	扩张期	1 000 万美元	策源创投、晨兴资本	刘芹等	500 万美元、500 万美元	
2006 - 01 - 01	天使轮	种子期	400 万元人民币	天使投资人、不公开的投资人	雷军等	100 万元人民币、100 万元人民币、200 万元人民币	10.00%

2006 年 1 月，雷军等知名人士以天使投资人的身份为优视科技注资 400 万元人民币，对公司发展给予了大力支持。获得天使投资后，团队快速放弃企业级业务，只聚焦个人市场，此后取得了飞速发展。到 2007 年 8 月，优视科技又获得了晨兴资本和策源创投合计 1 000 万美元投资，接下来的 7 个月时间，优视科技的估值增长了十几倍。2009 年 6 月，优视科技正式接受阿里巴巴集团等机构的战略投资。同时，优视科技和阿里巴巴双方此后将在多层面开展战略合作，共同打造移动电子商务平台（见表 5 - 4）。

（三）投资后企业情况

表 5 - 5　投资后优视科技有限公司融资事件

投资时间	轮次	阶段	融资金额	投资机构	投资人	投资金额	所占股份
2011 - 01 - 11	D	扩张期	5 000 万美元	纪源资本	李宏玮	5 000 万美元	

2011 年 1 月，纪源资本在优视科技 D 轮融资中再次入资 5 000 万美元。同年 6 月，优视科技发布了自主研发的全新手机浏览器内核——U3。新一代 U3 内核不仅能完美呈现桌面全页面浏览效果，还兼顾高速、安全、智能及更强扩展性能，在完美还原桌面全页面浏览效果的情况下，能将页面流量压缩超过 60%，再次引领新一代手机浏览革命（见表 5 - 5）。2012 年 1 月，优视科技正式受邀加入 W3C（World Wide Web Consortium，万维网联盟），成为中国首个受邀加入该国际组织的中国移动互联网企业，未来将参与互联网技术标准讨论与制定，推动以 HTML5 为代表的新技术标准在中国落地。同时，优视科技先后荣获周光召基金会授予的"技术创新奖"、"2011 年度中国通信学会科学技术一等奖"等业内权威技术奖项。2012 年 6 月，优视科技与全球第一大移动运营商中国移动达成战略合作，UC 浏览器正式成为中国移动独家定制浏览器。2013 年 7 月，优视科技发布"UC + 开放平台"战略，该战略包含 UC 网页应用中心、UC 插件平台以及 UC 应用书签平台三部分，标志着 UC 的移动互联网平台战略走向成熟，生态系统建设日趋完善。同年阿里巴巴开始着手收购 UC。2014 年 6 月 11 日，阿里巴巴正式全资收购 UC，组建 UC 移动事业群。UC 董事长俞永福担任事业群总裁，并进入阿里集团战略决策委员会（见表 5 - 6）。

表5-6 投资后优视科技有限公司并购事件

并购时间	并购方	被并购方	是否 VC/PE 支持	融资金额	所占股份
2013-03-01	阿里巴巴	优视科技	是	313 000 万元人民币	
2013-12-01	阿里巴巴	优视科技	是	110 000 万元人民币	
2013-12-07	优视科技	铁人网络	是	10 000 万元美元	100.00%
2014-06-11	阿里巴巴	优视科技	是		34.00%

三、投融资启示

2007年4月的艾瑞新经济年会上,信息产业部通信科技委员会委员侯自强在谈到3G商用化发展趋势的问题上,表示移动互联网将会成为未来移动网发展的主流。目前,移动互联网竞争进入白热化阶段,但龙头企业尚未出现,因此市场越发成熟的同时仍然存在许多投资机会,投资拥有创新能力和巨大发展潜力,且致力于开发聚合式超级 APP 手机浏览器入口的新兴中小企业仍然是可行的选择。

第三节 电子商务企业——唯品会

一、公司简介

唯品会全称广州唯品会信息科技有限公司,2008年8月成立于广东,同年旗下网站唯品会(vipshop)上线,两位创始人沈亚和洪晓波都是来自温州的传统商人,此前曾合伙做电子外贸生意。另外唯品会还有三位创始投资人,都是沈亚和洪晓波在长江商学院的同学,五人共筹集了3 000万元人民币作为创始资金。唯品会的商业模式为"名牌折扣+限时抢购+正品保险",即"闪购"模式,开山鼻祖为法国 Vente Privee 公司,其成立于2001年,而后美国网站 Gilt 对这种商业模式进行了改造,专注于奢侈品品牌的打折销售。唯品会创业早期也在奢侈品品牌折扣销售方面做过尝试,但奢侈品网购在中国受用户群小以及奢侈品消费习惯的影响,并不是最佳的网络打折商品。因此在2008年底,唯品会开始推国内二、三线品牌的服装,订单开始逐年上升。此后企业迎来快速增长,2009年唯品会的订单增至7.1万单,2010年更是剧增至92.7万单。截至2017年3月31日,唯品会已连续18个季度实现盈利。目前唯品会已成为中国第三大电商。唯品会在美国零售行业杂志 *Stores* 联合德勤发布的《2017 全球 250 强零售商排行榜》中蝉联"全球增速最快的零售商"。在 BrandZ 发布的《2017 年最具价值中国品牌 100 强》中，唯品会排名第 40 位，并获"最佳新晋中国品牌"称号。

二、投融资过程

（一）投资过程

表 5 - 7　广州唯品会信息科技有限公司融资事件

投资时间	轮次	阶段	融资金额	投资机构	投资人	投资金额
2010 - 12 - 01	A	初创期	2 000 万美元	红杉中国、DCM 资本	林欣禾	1 000 万美元、1 000 万美元
2011 - 01 - 01	A	扩张期	2 022 万美元	红杉中国、DCM 资本		919 万美元、1 103 万美元
2011 - 04 - 01	B	扩张期	4 124 万美元	红杉中国、DCM 资本		400 万美元、1 198 万美元、2 526 万美元
2011 - 05 - 30	B	扩张期	5 000 万美元	红杉中国、DCM 资本		2 500 万美元、2 500 万美元

2010 年 12 月，唯品会获得 DCM 资本和红杉中国的联合风险投资，融资金额为 2 000 万美元，此为国内电子商务第一轮风投融资的最大金额。2011 年 1 月，DCM 资本和红杉中国以 1 美元/普通股的价格向唯品会共购买了 20 212 500 股 A 轮优先股，其中，DCM 资本的份额是 11 025 000 股，红杉中国为 9 187 500 股。2011 年 4 月，唯品会获得 B 轮融资，总额为 4 124 万美元，投资方仍为红杉中国和 DCM 资本，以 5.05 美元/优先股的价格，红杉中国买入 5 002 084 股，DCM 资本买入 3 164 583 股优先股。紧接着在 2011 年 5 月，唯品会再次获得红杉中国和 DCM 资本的联合风险投资 5 000 万美元（见表 5 - 7）。

（二）投资后企业情况

2012 年 2 月 18 日，唯品会向美国 SEC 提交上市申请，同年 3 月 23 日登陆纽约证券交易所，发行价 6.5 美元，融资约 7 153 万美元（见表 5 - 8）。此后，唯品会增发 800 万普通股（400 万 ADS）筹集资金约 9 140 万美元。

表5-8 广州唯品会信息科技有限公司上市事件

上市时间	筹资额	发行价	发行量	股本	上市类型
2012-03-23	7 153 万美元	6.50 美元	11 004 600		IPO

2014年2月，唯品会投资1.125亿美元，战略入股乐蜂网75%的股份；投资5 580万美元，购入乐蜂网母公司东方风行集团23%股份。同年7月，《财富》发布中国500强企业排行榜，唯品会首次上榜，位居第421名。此外，唯品会首个海外研发中心也在美国硅谷正式成立。后期并购情况如表5-9所示。

表5-9 投资后广州唯品会信息科技有限公司并购事件

并购时间	并购方	被并购方	是否VC/PE支持	融资金额（万美元）	所占股份（%）
2014-02-17	唯品会	乐蜂网	是	11 250	75.00
2014-02-21	唯品会	东方风行	否	5 580	23.00
2015-05-16	唯品会	贝联科技	是	2 000	
2015-04-14	唯品会	Ensogo Ltd.	否	500	
2015-03-06	唯品会	辣妈帮科技	是		
2015-05-08	唯品会	麦乐购	否		
2015-07-01	唯品会	优集品	是		

三、投融资启示

顺应互联网发展趋势，在深入分析行业发展前景、企业发展规划以及核心竞争力的情况下，红杉中国与DCM资本自2010年起投资于唯品会，资金供给涉及初创期和扩张期，弥补了唯品会初创时的资金缺口，同时也给予了唯品会在快速发展阶段所需的大量资金。及时的资金资助加上企业自身发展方向、过程的正确性，让唯品会在B2C市场占领相当的市场份额。同时，唯品会的成长也给创投机构通过IPO退出提供了条件，最终取得双赢。电商行业的赢者通吃法则，使得所有电商企业都想在需要的时候以最快的时间融得最多的资金，再以资本占领的方式迅速占据行业内领先地位，因此该行业许多中小企业的资金需求量不容小觑。

第四节　人工智能企业——SpeakIn 势必可赢

一、公司简介

广州势必可赢网络科技有限公司在 2015 年创建于美国硅谷，目前总部位于中国深圳。SpeakIn 是一家行业领先的声纹识别与身份安全解决方案提供商。本着"美国技术、中国研发、全球市场"的理念，SpeakIn 面向全球提供领先的方案与服务，成立至今已为国内多个地区的公安、金融、社保、安防等机构和知名企业量身定制了多种基于声纹识别的身份安全解决方案。这些方案可以帮助公安系统利用电话语音鉴别、防范电信诈骗，保障当地人民的财产安全；在金融领域中，SpeakIn 创新技术可帮助企业通过客服电话系统识别出已有记录的"老赖"及骗贷人员，降低金融坏账率，保护企业利润；在社保机构中，SpeakIn 的技术服务可以让退休老人足不出户，利用手中的电话即可完成远程身份验证，领取养老金，同时能提高社保机构对老年人生存情况的核实效率，提升养老金的利用效率，保护国家公共资源。

二、投融资过程

（一）投资过程

表 5 - 10　案例概况

投资时间	投资方	被投资方	一级行业	二级行业	投资金额
2017 - 05 - 02	IDG、弘治资本、福鱼资本	广州势必可赢网络科技有限公司	IT 服务	人工智能	数千万元人民币

2017 年 5 月 2 日，SpeakIn 宣布获得 IDG、弘治资本、福鱼资本数千万人民币 A 轮融资。在获得融资之后，SpeakIn 创始人兼首席执行官陈昊亮表示，此轮融资将会加速声纹识别底层技术的创新和产品研发的迭代，加大市场拓展与培育投入，利用人工智能不断创新，努力不断提升自己的能力为大众做好服务（见表 5 - 10）。

（二）投资前企业情况

表5－11　投资前广州势必可赢网络科技有限公司融资事件

投资时间	轮次	阶段	融资金额	投资机构	投资人	投资金额	所占股份
2016－05	天使轮	种子期	数千万元人民币	弘治资本		数千万元人民币	
2016－05	种子轮	种子期	数百万元人民币		雷雨资本创始人俞文辉	数百万人民币	

如表5－11所示，投资前SpeakIn已获得弘治资本数千万元人民币的天使投资。

（三）投资后企业情况

2017年6月22日，在深圳召开的"2017云＋未来峰会"上，融合了SpeakIn核心声纹识别技术的腾讯云小微智能服务系统的小Q机器人第二代亮相。实现了全球首创的基于声纹生物信息ID的"闻声识人"功能，从而精准地识别用户身份，并为之提供个性化内容与服务。这也是SpeakIn首次将其工业级的声纹识别技术成功应用到消费领域，帮助包括不同年龄层在内的广大家庭消费群体更好地享受智能化的生活方式。SpeakIn创始人兼首席执行官陈昊亮表示，未来还将继续在消费级领域展开更深入的投入和研发。

三、投融资启示

2016年7月，国务院印发的《"十三五"国家科技创新规划》中，人工智能作为新一代信息技术中的一项被列入规划，得到政策认可。在资本市场，人工智能的发展前景也越发被看好，根据乌镇智库发布的数据，2015年中国人工智能领域投资达到146笔，融资规模达到26亿美元。从资本市场的活跃程度来看，可预见人工智能即将迎来新的发展局面。IDG、弘治资本和福鱼资本在此基础上选择国内行业领先的声纹识别与身份安全解决方案提供商——SpeakIn，并给予了丰富的行业资源支持，体现了资本市场对企业的认可以及期待。SpeakIn在获得融资后，也不断加快技术创新和产品的迭代，加大对市场的拓展，不断拉大和竞争对手的距离。国内人工智能属于起步阶段，新一代的人工智能巨头仍值得期待。投资拥有创新能力和巨大发展潜力的人工智能企业仍然是可行的选择。

第五节　汽车新零售企业——广州易捷好车

一、公司简介

易捷好车全称广州易捷好车信息科技有限公司，成立于2014年10月，注册资金1 560万元，是国内汽车产业互联网、汽车供应链知名电商平台。易捷好车专注于解决全国数十万家中小微车商供应链痛点需求——优质车源匹配供应、100%交易资金担保、批量定制或直接进口汽车产品直供、快捷垫资提车配套供应链金融服务、丰富的汽车金融产品整合授权，以及商家认证与评级等。

易捷好车现已立足广东，走向全国，业务覆盖全国1 000多个县级市场，直达3万多家汽车综合展厅门店，约30万车商伙伴。经过不到两年的快速发展，易捷好车已获得雷雨资本、清风云起资本天使轮融资，某上市公司高管Pre - A轮融资以及太平洋网络、九域汇的A轮融资。

未来，易捷好车仍将坚持打造立体式、线上线下全汽车供应链电商平台，永续为车企、小微车商、汽车金融、汽车售后和相关产业链合作伙伴、消费者带来价值服务，助力中国汽车行业的转型升级，促进小微车商供应链交易环节从混乱的"黄牛制"变革为先进的"平台分销制"。

二、投融资过程

（一）投资过程

表5－12　案例概况

投资时间	投资方	被投资方	一级行业	二级行业	投资金额
2017－09－18	太平洋网络、九域汇	广州易捷好车信息科技有限公司			数千万元人民币

2017年9月18日，易捷好车宣布获得太平洋网络、九域汇A轮数千万元人民币融资。易捷好车首席执行官潘英表示，新一轮融资将着重用于优化易捷好车汽车新零售技术平台，加强大数据、云计算与人工智能等技术应用，帮助经销商进行系统化、

品牌化升级。未来还会与太平洋网络和九域汇对接相关资源，不断整合优质金融、物流等供应链资源，提升汽车流通产业效率，为汽车流通行业创造长期价值。

（二）投资前企业情况

表 5 - 13 投资前广州易捷好车信息科技有限公司融资事件

投资时间	轮次	阶段	融资金额	投资机构	投资人	投资金额	所占股份
2014 - 10	天使轮	种子期	260 万元人民币	雷雨资本、清风云起资本		未透露	
2016 - 08	Pre - A	扩张期	未透露	某上市公司高管		未透露	

2014 年 10 月，雷雨资本创始人俞文辉与清风云起资本参与易捷好车天使轮投资，对公司的发展给予了大力支持。获得天使投资后，易捷好车团队取得快速发展。不到一年时间，2016 年 8 月，易捷好车又获得某上市公司高管的 Pre - A 轮融资，在资本的助推下，易捷好车业务覆盖全国 1 000 多个县级市场，直达 3 万多家汽车综合展厅门店，约 30 万车商伙伴。

第六节　新能源电池企业——瑞能实业

一、公司简介

深圳市瑞能实业股份有限公司（以下简称"瑞能实业"）专业设计生产电池检测设备、电池化成设备和相关配套设备，是集研发、生产、销售、售后服务于一体的国家级高新技术企业。主要产品有：移动电源测试系统、动力电池测试系统、PCBA & BMS 测试系统、电池自动化生产系统以及智能充电机和智能电池测试解决方案。

随着智能手机、平板电脑市场需求持续高增长，动力锂电池在新能源汽车获国家支持的大好形势下已经迎来爆发期，国内锂电池产业链配套已经逐渐成熟，竞争力不断增强，在手机数码领域已经具备国际竞争力，同时正在向笔记本电脑、平板电脑、电动汽车市场快速渗透，全球锂电池产业向国内转移趋势明显。

二、竞争优势

相较于竞争对手，瑞能实业的优势在于其产品系列十分丰富，并且拥有行业内较强的研发实力，产品性能稳定、售后完售，同时具备各行业大客户服务经验，拥有华南地区大部分的市场份额。ATL 等国内动力新能源领域知名厂商，比亚迪等汽车动力电池新能源工厂，LENOVO 等电池的主要 OEM 工厂都是其客户。

三、投资过程

深圳市力合创业投资有限公司决定由旗下管理的基金深圳力合新能源创业投资基金有限公司投资瑞能实业。2015 年 12 月 18 日，瑞能实业正式挂牌新三板，2016 年 8 月 1 日，瑞能实业向深圳力合新能源创业投资基金有限公司和自然人郭剑等定向增发 1 989 460 股，每股发行价格 19 元人民币。

投资前后公司股份变化情况如下：

表 5 - 14　瑞能实业股权结构投资前后变化

股东名称	持股数量（万股）	持股比例（%）
投资前瑞能实业股权结构		
毛广甫	1 200	80.00
李莉	150	10.00
深圳市能瑞通达创新合伙企业（有限合伙）	150	10.00
总计	1 500	100.00
投资后瑞能实业股权结构		
毛广甫	1 200	75.05
李莉	150	9.38
深圳市能瑞通达创新合伙企业（有限合伙）	150	9.38
深圳力合新能源创业投资基金有限公司	78.946	4.95
张晓琴	5	0.31
郭剑	5	0.31
李合银	5	0.31
杨健	5	0.31
总计	1 598.946	100.00

四、投资效果和影响

　　本次投资自 2016 年 2 月投资当月开始到目前为止，投资已经增值 1.63 倍。目前公司经营状况良好，2017 年净利润预计超出预期的 4 000 万。公司已经终止新三板挂牌，正准备申报 IPO，深圳力合新能源创业投资基金有限公司拟在项目公司上市后退出，达到利益最大化。而瑞能实业作为国内新能源电池细分行业的龙头，如果能够借上市的机会成功募集资金投入对锂电池自动化系统的持续研发，有机会成为国际领先的细分行业龙头，继而对中国汽车行业通过新能源行业发展实现整体弯道超车做出重大贡献。

第六章

广东省创业投资发展与
北京、上海、浙江、江苏的比较

　　自创业投资行业在我国发展以来，相关投融资事件在京津冀、长三角、珠三角地区形成聚集态势。清科数据显示在 2016 年，创业投资集中于"北上广"及东部沿海省市。在股权投资及资本退出的地域分布中，京津冀、长三角、珠三角这三个地区同样最受青睐①。考虑到发展阶段的相似性，这些地区中部分主要省（市）创投发展情况对广东省具有重要的参考价值。因此本章选取北京、上海、浙江、江苏作为比较对象，分析广东现阶段在国内创业投资领域的发展水平及地位，并探究广东创投未来发展的方向。

第一节　创业投资环境比较②

一、经济环境比较

（一）地区生产总值（GDP）

　　2016 年，广东、北京、上海、浙江、江苏五个省市的 GDP 排名如图 6 - 1 所示，广东以 7.95 万亿元位列第一，延续了自 1989 年以来连续 28 年 GDP 第一的位置。江苏紧随其后以 7.61 万亿元产值排名第二。浙江、上海、北京三个地区的产值也均位于全国前 12 名。

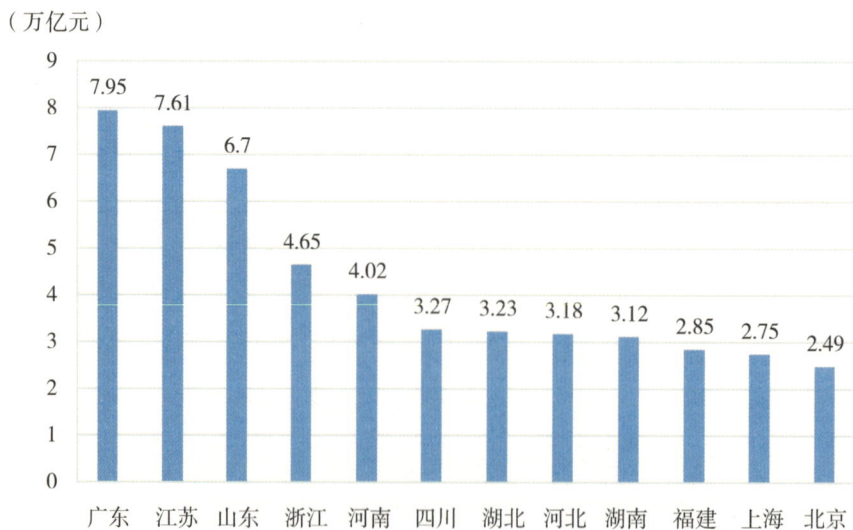

（万亿元）

省市	GDP
广东	7.95
江苏	7.61
山东	6.7
浙江	4.65
河南	4.02
四川	3.27
湖北	3.23
河北	3.18
湖南	3.12
福建	2.85
上海	2.75
北京	2.49

图 6 - 1　2016 年全国各省、直辖市 GDP 前十二名情况

---

　　① 数据来源：清科研究中心私募通数据库。
　　② 本小节数据均来源于广东省、浙江省、江苏省、北京市、上海市统计局网站公布的统计年鉴、统计公报、统计分析、统计信息、统计快讯、统计报表等。

从人均产值来看，虽然五个省市属于前 12 名，但是广东、北京、上海三地排名变化较大。广东省以人均 7.33 万元的产值位于第六名。北京、上海的人均产值跃居第一、二位，广东与之相比产值差距达到超 4 万元。（见图 6-2）江苏省排名变动较小，仅从第二位降到第三位。浙江省排名未发生变化。

（万元）

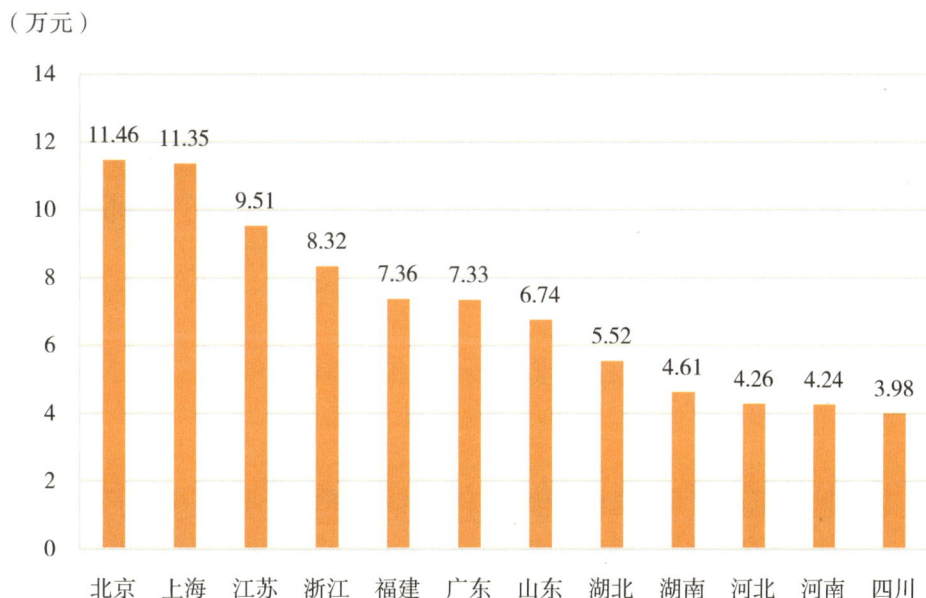

图 6-2　2016 年全国各省、直辖市人均 GDP 前十二名情况

就三次产业在 GDP 中的占比情况而言，所列地区中，北京市第三产业占比最大，且增长趋势明显。上海市和浙江省第二产业比重均有所下降，第三产业发展空间巨大。广东省、江苏省第二、三产业占比有所波动。广东省第三产业比重在 2011、2012 年增加之后，2014 年出现减少的态势，紧接着 2015 年比重有所回调，到 2016 年由于第一产业明显增加，第三产业比重出现下降。江苏省第三产业占比 2015 年有所下降，随后在 2016 年达到最大（见图 6-3 至图 6-7）。

（％）

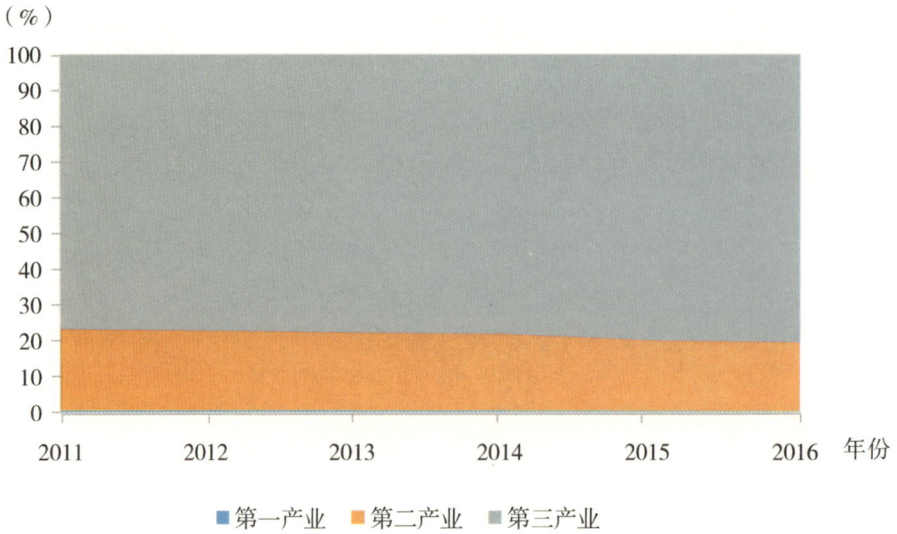

图6-3　北京市2011—2016年产业结构变化

（％）

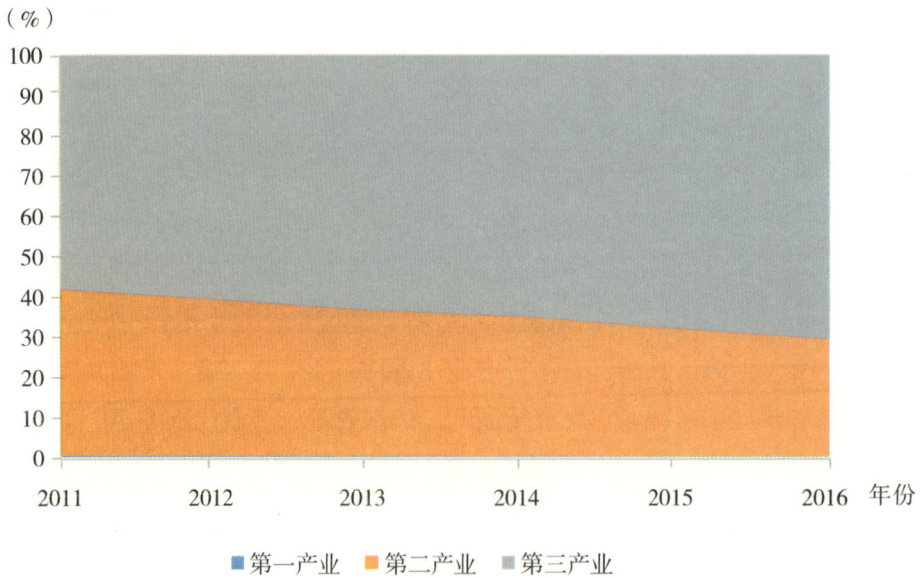

图6-4　上海市2011—2016年产业结构变化

（%）

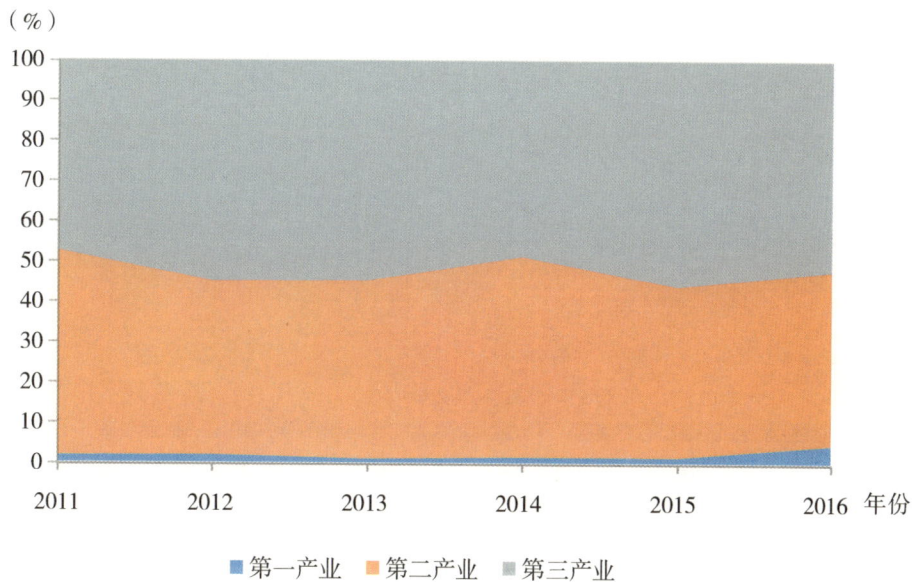

图 6 - 5　广东省 2011—2016 年产业结构变化

（%）

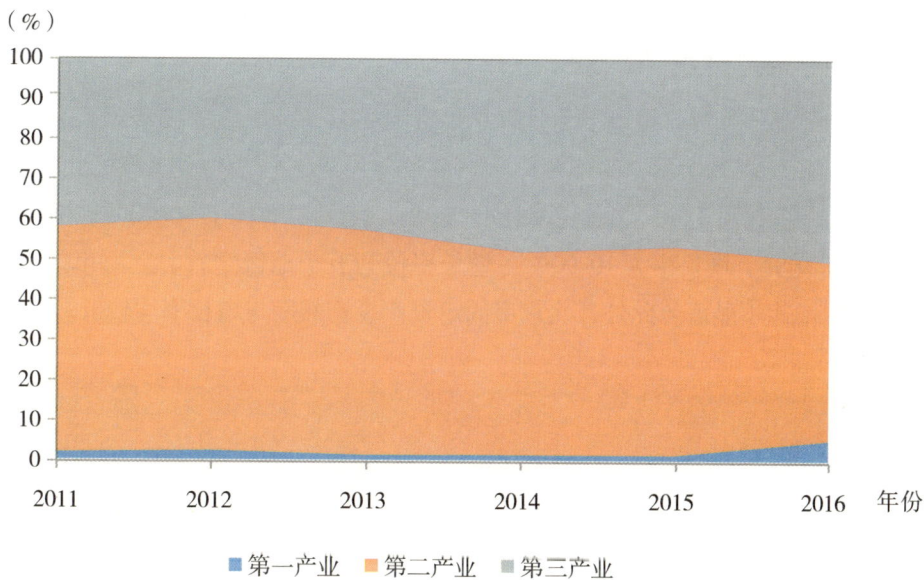

图 6 - 6　江苏省 2011—2016 年产业结构变化

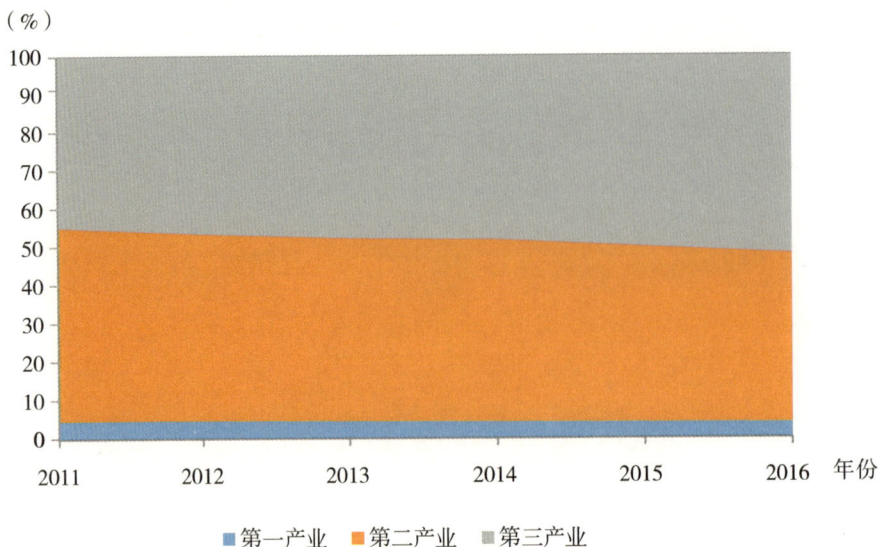

图6-7 浙江省2011—2016年产业结构变化

（二）固定资产投资

此部分固定资产投资口径范围为计划总投资500万元及以上的投资项目和全部房地产开发投资。如图6-8所示，2016年，江苏省固定资产投资总额达4.94万亿元，增长率超过上海。广东省固定资产投资总额位列第二，较上年增长了10.00%。浙江省投资总额为2.96万亿元，增长率为10.90%，增长率位列五个地区之首。上海市投资总额为0.68万亿元，增速不显著。此外，北京市固定资产投资额度与增长率均较低。

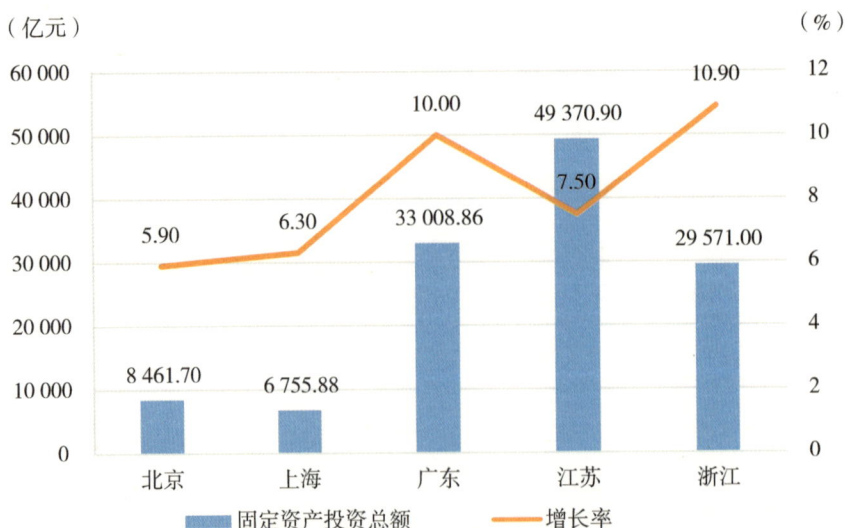

图6-8 2016年五个地区固定资产投资总额及增长率

　　具体而言，北京市固定资产投资中对第三产业的投资占比达到90.28%，位居第一。其次为上海市、浙江省，所占比例分别为85.39%和67.89%。广东省占比略低于浙江省，为65.06%。江苏省对第三产业的投资份额接近总额的一半，为49.43%（见图6-9）。

（%）

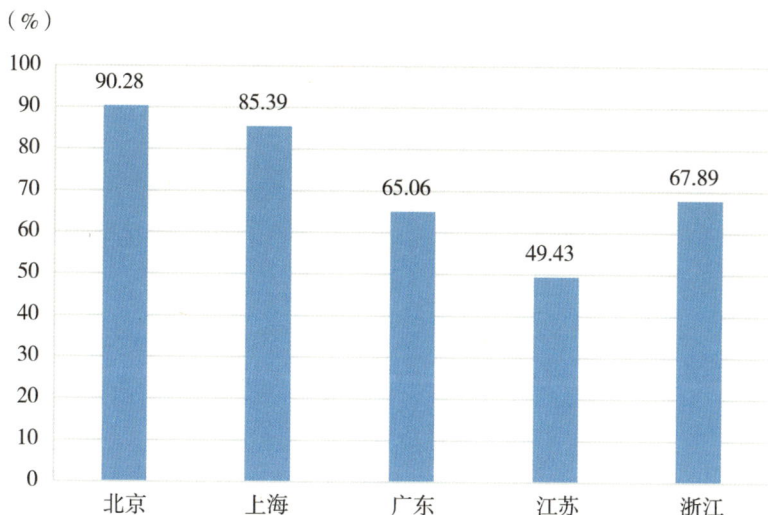

图6-9　2016年五个地区第三产业固定资产投资占固定资产投资总额的比率

　　由于各地区统计局目前尚未公布2016年固定资产投资资金来源相关数据，所以本部分分析2015年的情况。除去自筹和其他资金，固定资产投资资金来源数据显示五个地区国内贷款所占比例均最高，其中上海和北京使用国内贷款的份额明显高于其他区域。江苏省利用外资的比例大于国家预算资金，其余地区情况相反。上海、浙江、广东在利用国家预算资金方面多于北京、江苏（见图6-10）。

（%）

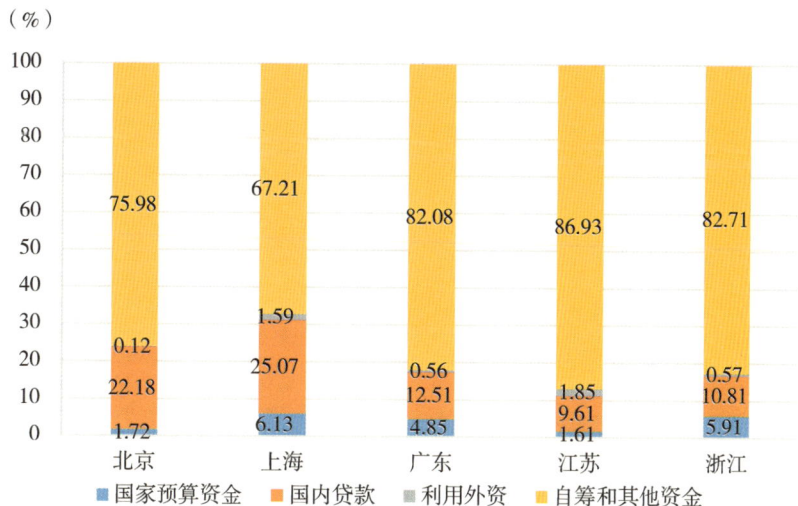

图6-10　2015年五个地区固定资产投资资金来源占比

（三）财政收入与支出

2016 年五个地区财政收入与支出差额均为负，其中广东省逆差值达到 - 3 057.09 亿元，绝对数额居五个地区首位。相比而言，广东省财政收入与支出金额相较最高，其次为江苏。上海市收入大于浙江省，但支出情况相反。此外，北京市的收入和支出金额在五个地区中最低，分别为 5 081.30 亿元、6 406.70 亿元。

增长率方面，上海市在收入与支出两方面表现突出，增长率分别为 16.10%、11.70%。北京市支出增长率与上海持平，但收入增长率仅排在倒数第二位。广东省虽然赤字明显，但支出增长率仅有 5.00%。江苏省收入与支出增长率均排名末位，分别为 5.00%、3.10%（见图 6 - 11、图 6 - 12）。

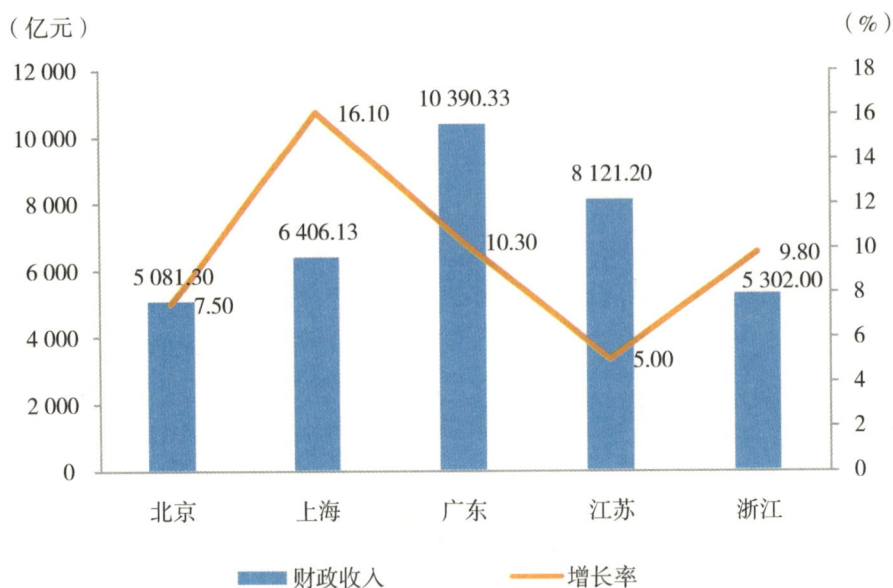

图 6 - 11　2016 年五个地区财政收入与增长率

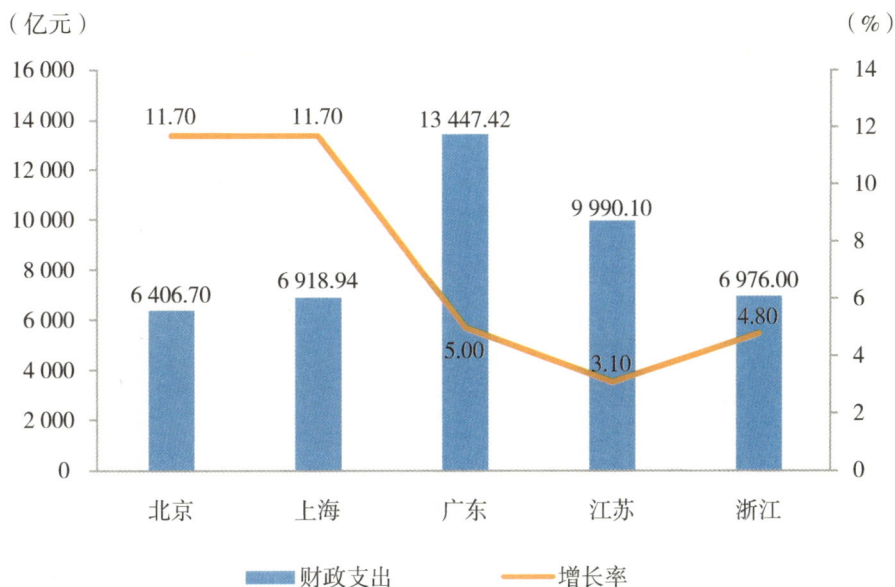

图 6-12 2016 年五个地区财政支出与增长率

由于部分地区目前尚未公布 2016 年财政支出细分到各行业的具体数据，所以以下将针对 2015 年的财政收入和支出情况作出相关分析。

2015 年除浙江省财政收入多于支出之外，北京、上海、广东、江苏均出现财政赤字。其中广东省收入支出差额为 -3 461.02 亿元，绝对数值远高于其余四个地区。此外，广东省在收入和支出两方面都居于第一位，支出增长率达 40.10%（见图 6-13、图 6-14）。

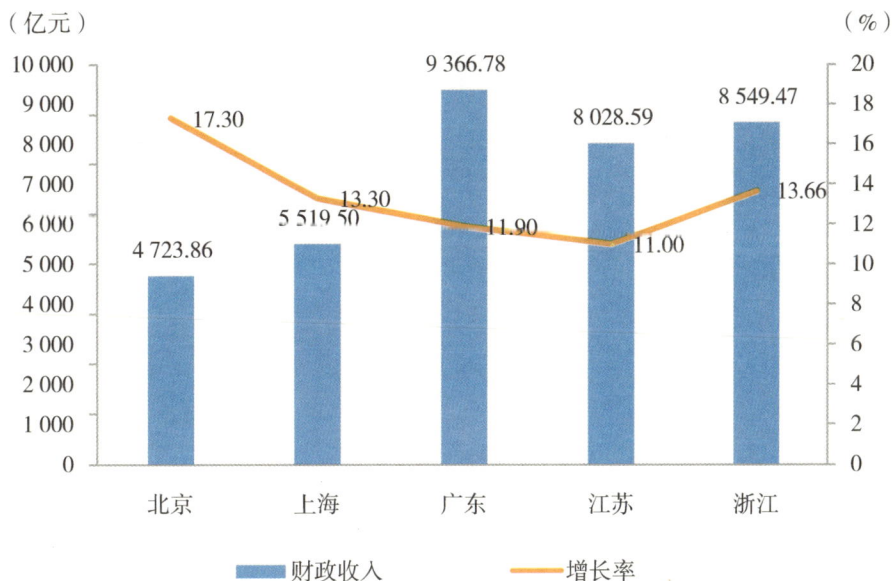

图 6-13 2015 年五个地区财政收入与增长率

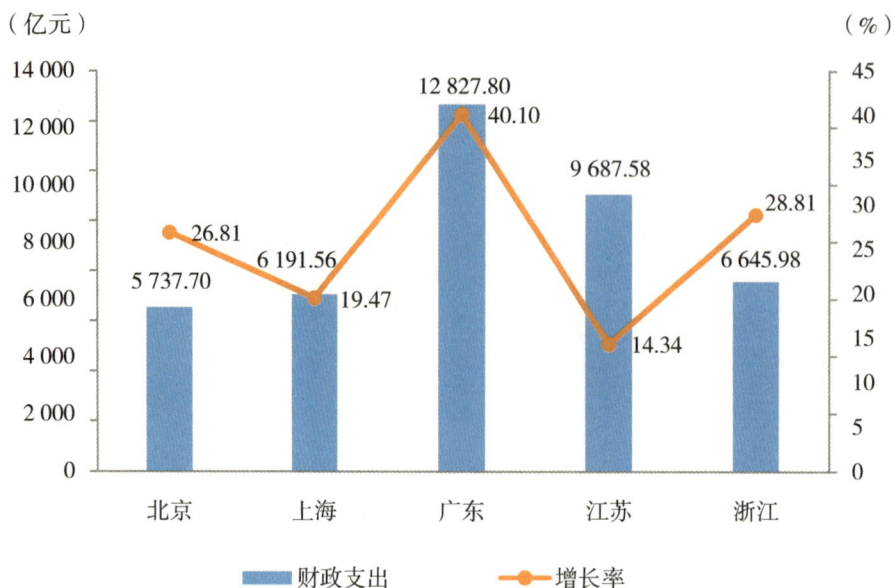

图6-14 2015年五个地区财政支出与增长率

具体到对科技和教育的支出情况。广东省在2015年对科学技术领域的支出显著增加，增幅达到107.61%，占总支出的比重为4.44%。北京市科技支出占比为5.02%，位于五个地区首位，但增幅不明显。教育方面，浙江省教育支出增幅以及占比均位列第一。上海市教育支出增长仅为0.44%，以致其教育占比排名末位（见表6-1、图6-15）。

表6-1 2015年五个地区科技与教育支出比较

地区	科技占总支出比例（%）	教育占总支出比例（%）	科技支出增幅（%）	教育支出增幅（%）
北京	5.02	14.91	1.80	15.31
上海	4.39	12.39	3.64	0.44
广东	4.44	15.91	107.61	12.81
江苏	3.84	18.03	13.71	16.04
浙江	3.77	19.03	20.58	22.69

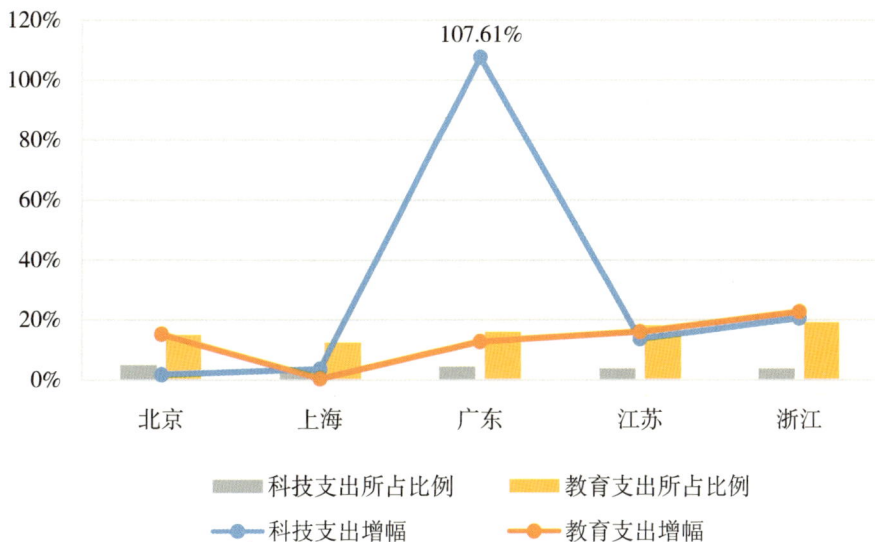

图 6 – 15　2015 年五个地区科技与教育支出比较

　　总体来看，五个地区在教育支出方面均高于科技支出。广东省在一般公共服务、教育、科学技术、社会保障和就业以及医疗卫生领域的支出金额均高于其他四个地区。北京、上海针对科学技术的支出并未特别突出，仅略高于浙江省（见图 6 – 16）。

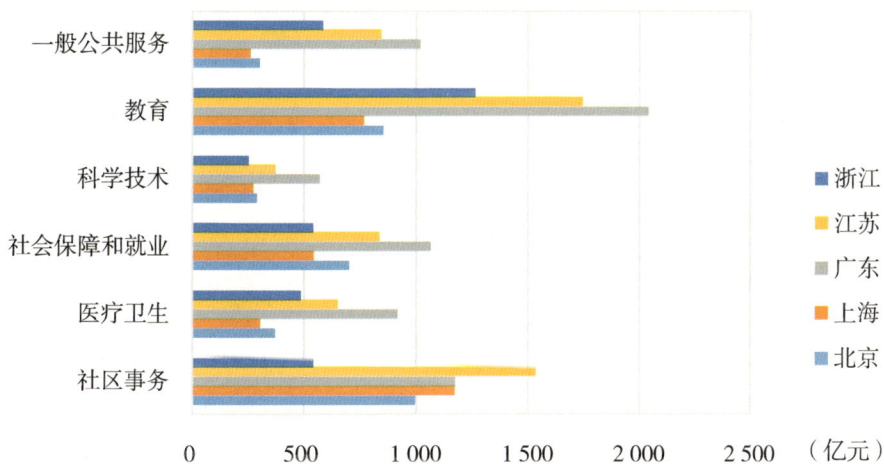

图 6 – 16　2015 年五个地区财政支出按行业分类

二、科技环境比较

（一）规模以上工业企业有 R&D 活动的企业数

由于部分地区统计局尚未公布 2016 年规模以上工业企业 R&D（参与研究开发）活动情况，因此本部分考察 2015 年的数据。江苏省规模以上工业企业有 R&D 活动的企业数量显著高于其他地区，为 18 872 家，占该地区全部规模以上工业企业比重达 38.92%。北京市有 R&D 活动的企业数虽然不多，但其占比达到 32.16%。广东省参与研究开发（R&D）的企业数量远低于排名第二的浙江省，占工业企业比重仅为 11.88%（见图 6 – 17）。

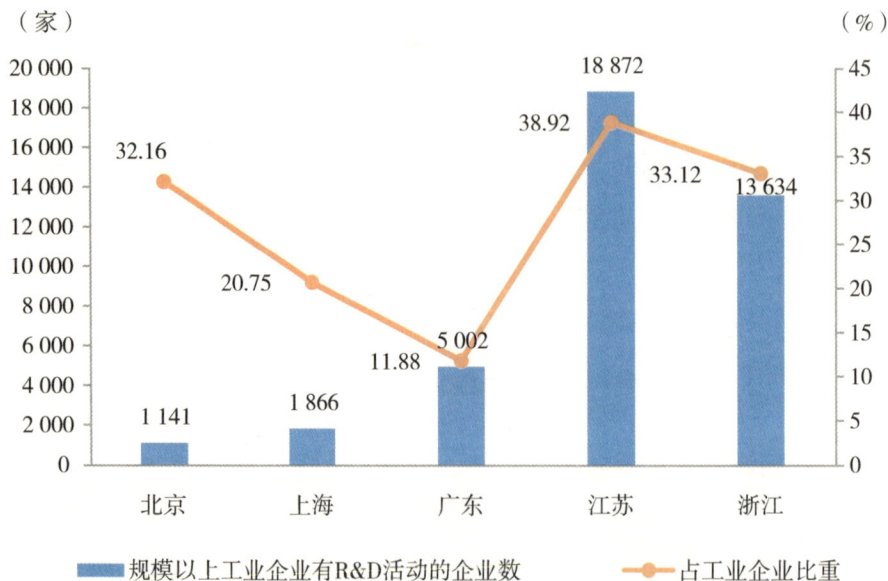

图 6-17　2015 年五个地区规模以上工业企业有 R&D 活动的企业数及占比

（二）R&D 人员数量[1]

由于部分地区统计局尚未公布 2016 年 R&D 人员数量信息，所以本部分就 2015 年相关数据进行分析。2015 年，江苏省和广东省科研人员数量均超过 60 万人，但是江苏省相关人员的增长率出现负增长，广东省增长率也只有 0.75%。浙江省虽然人员绝

---

[1]　即 R&D 人员折合全时当量。

对数量不存在优势，但增长率高达 7.84%。上海市 R&D 人员增长态势明显，增长率位列第二（见图 6 – 18）。

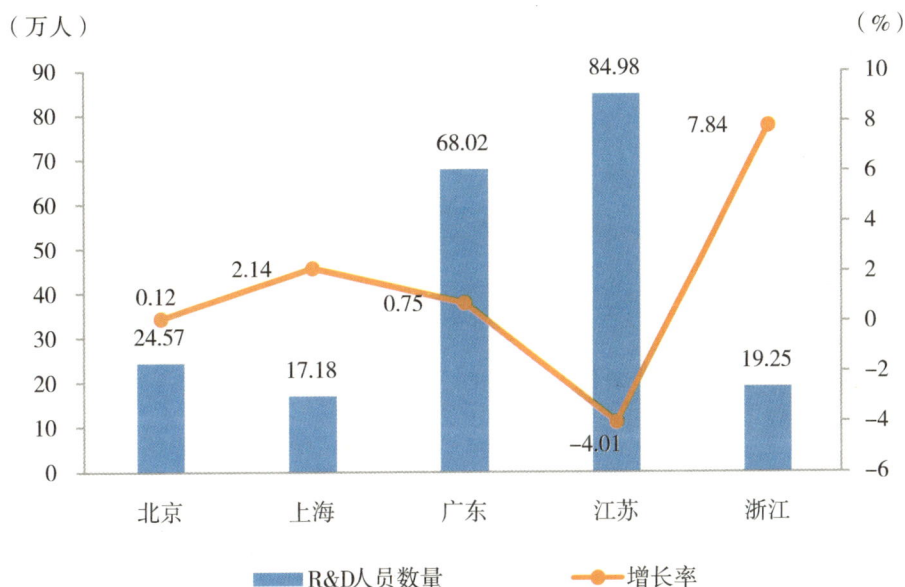

图 6 – 18　2015 年五个地区 R&D 人员数量及增长率

（三）R&D 经费内部支出情况

2011—2016 年，五个地区在研究与开发经费内部支出上均呈现上升态势。广东省 R&D 经费支出额度稳居第一，其与第二名江苏省的差距逐渐缩小。江苏省与北京市研发支出差距有所扩大。浙江与上海方面，二者经费支出额度接近，浙江省略高于上海市（见表 6 – 2、图 6 – 19）。

表 6 – 2　五个地区 2011—2016 年 R&D 经费支出变化

单位：亿元

年份	北京	上海	广东	江苏	浙江
2011	936.64	597.71	1 045.49	964.39	612.93
2012	1 063.36	679.46	1 236.15	1 080.31	722.59
2013	1 185.05	776.78	1 443.45	1 239.57	817.27
2014	1 268.80	861.95	1 605.45	1 376.54	907.85
2015	1 384.02	936.14	1 798.17	1 506.51	1 011.18
2016	1 479.80	1 030.00	2 003.00	1 985.00	1 130.00

（亿元）

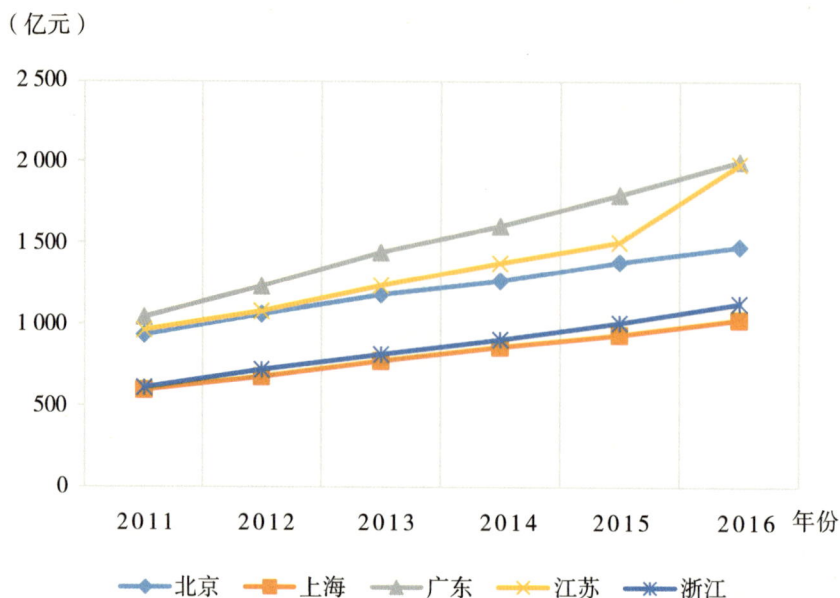

图6-19　五个地区2011—2016年R&D经费支出变化

在R&D经费支出占本地区生产总值比例上，北京市最高，为5.94%。其次是上海市，为3.80%。广东、江苏、浙江三个地区所占比重相近，分别为2.52%、2.61%、2.43%（见图6-20）。

（%）

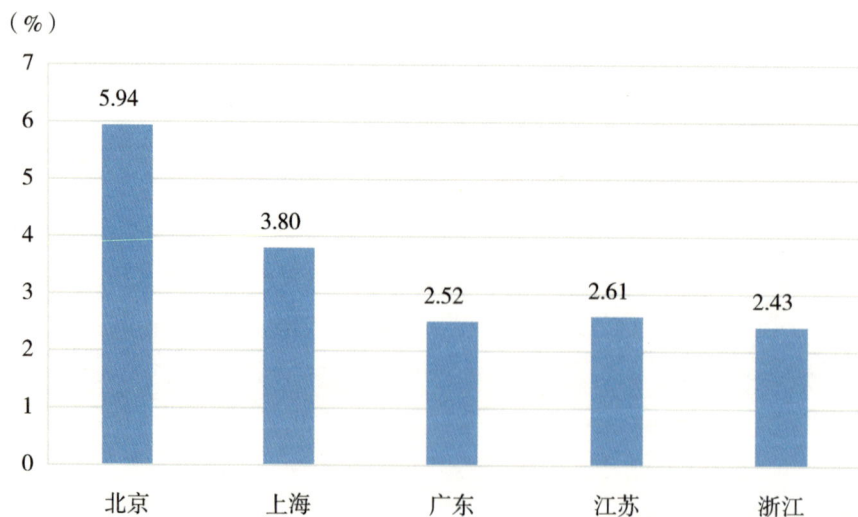

图6-20　2016年五个地区R&D经费支出占地区GDP比重

（四）三种专利情况[①]

2016 年，广东省专利申请和授权量均位于第一，专利申请与授权增长率居于首位，分别为 42.10%、7.40%。具体来看，广东省专利申请量明显高于江苏省和浙江省，授权量与两个省相比差距较小。此种情况表明广东省专利申请的积极性较高，质量有待加强。此外，江苏省专利申请与授权的增长率均出现不同程度的下降（见表6-3、图6-21）。

表6-3　2016 年五个地区专利申请、授权量及增长率

地区	专利申请量（件）	专利申请增长率（%）	专利授权量（件）	专利授权增长率（%）
北京	189 129	21.00	100 578	7.00
上海	119 937	19.90	64 230	5.90
广东	505 667	42.10	259 032	7.40
江苏	339 000	-20.86	231 000	-7.71
浙江	393 000	27.60	221 000	-5.80

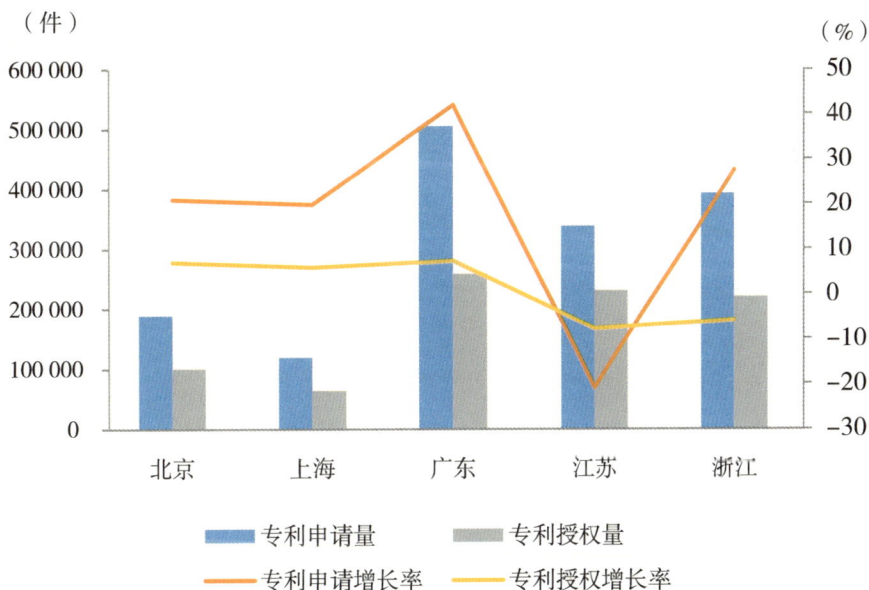

图6-21　2016 年五个地区专利申请、授权量及增长率

---

① 三种专利：发明专利、实用新型专利、外观设计专利。

三、人才环境比较

（一）普通高等学校数量①

由于部分地区统计局尚未公布 2016 年普通高等学校情况，所以本部分就 2011—2015 年数据进行分析。广东省高等学校数量处在第一位，且上升趋势明显。浙江省高校数量增长幅度较小。江苏省上升趋势较四个地区最为明显，2015 年的高校数量接近于广东。北京、上海高校数量不存在优势。上海高校数量最少，2015 年相较 2014 年有所减少。（见表 6 – 4、图 6 – 22）。

表 6 – 4　2011—2015 年五个地区普通高等学校数量

单位：所

年份	北京	上海	广东	江苏	浙江
2011	89	66	134	126	104
2012	91	67	138	128	105
2013	89	68	138	131	106
2014	89	68	141	134	108
2015	90	67	143	137	108

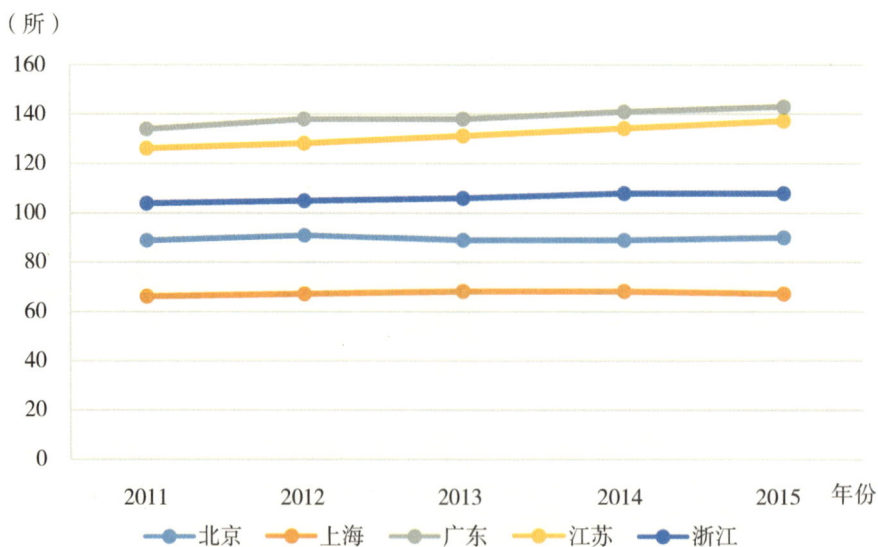

图 6 – 22　2011—2015 年五个地区普通高等学校数量

① 中国教育网显示截至 2017 年 5 月底，普通高校统计如下：北京 92 所、上海 64 所、广东 151 所、江苏 167 所、浙江 107 所，除江苏省普通高校数量超过广东外，其余地区变动幅度不大，排名未发生改变。

（二）普通高等学校在校学生情况

由于部分地区尚未公布 2016 年普通高等学校在校学生情况，所以本部分就 2015 年数据进行分析。从本专科生和研究生①来考察普通高等学校在校人数情况。广东省本专科在校人数为 185.64 万，研究生在校人数只有 8.91 万人，仅为本专科生人数的 4.80%。上海、北京的本专科生人数虽然较少，但研究生人数均高于广东省，其中北京市研究生在校人数为本专科生人数的一半左右（见表 6 - 5、图 6 - 23）。

表 6 - 5　2015 年五个地区本专科生及研究生在校人数

地区	本专科生在校人数（万人）	研究生在校人数（万人）
北京	59.34	28.38
上海	49.79	13.65
广东	185.64	8.91
江苏	171.57	15.56
浙江	99.11	6.35

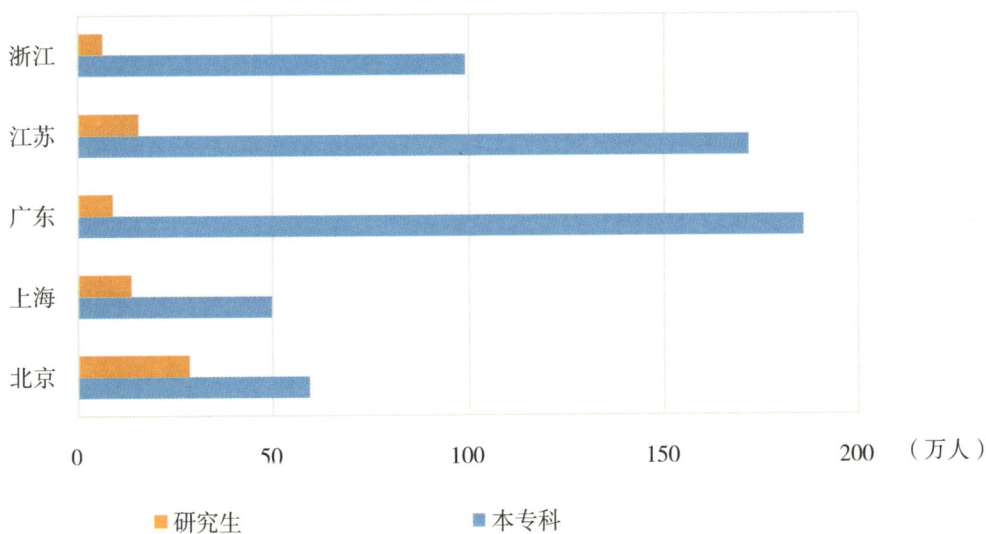

图 6 - 23　2015 年五个地区本专科生及研究生在校人数

---

① 研究生包括硕士研究生和博士研究生。

四、政策环境比较

（一）税收优惠政策

创业投资税收优惠政策的出台对促进创业投资企业发展，支持中小企业创业活动具有积极作用。除了国家发布的一些优惠政策之外，地方层面也根据当地的发展情况制定了相关创业投资税收优惠政策。以下分别列举北京、上海、广东、浙江、江苏五个地区有代表性的主要税收政策进行比较（见表6–6）。

表6–6　五个地区税收优惠政策比较

地区	税收优惠政策
广东省①	**企业所得税：** 　　私募股权投资基金、私募股权投资基金管理企业、私募证券投资基金管理企业，自获利年度起，前两年按照企业（合伙人）缴纳所得税区级留成部分100%的标准给予经营经费扶持，从第三年开始至第五年则为50%。 **个人所得税：** 　　管理企业高级管理人才和骨干人员，在南海区连续工作满一年以上且在南海区依法缴纳个人所得税的，前两年内按其上一年度缴纳个人所得税区级留成部分的100%给予奖励，后三年为50%。 　　合伙制股权投资基金和股权投资基金管理企业，执行有限合伙企业合伙事务的自然人普通合伙人，按照"个体工商户的生产经营所得"项目，适用5%～35%的五级超额累进税率计征个人所得税。不执行有限合伙企业合伙事务的自然人有限合伙人，其从有限合伙企业取得的股权投资收益，按照"利息、股息、红利所得"项目，按20%的比例税率计征个人所得税。 **营业税：** 　　合伙制股权投资基金的普通合伙人，以无形资产、不动产投资入股，参与接受投资方利润分配，共同承担投资风险的行为，不征收营业税；股权转让不征收营业税。

---

① 政策来源：《佛山市南海区促进私募基金发展扶持办法》（南府〔2011〕251号）、《深圳市关于促进股权投资基金业发展的若干规定》（深府〔2010〕103号）。

（续上表）

地区	税收优惠政策
浙江省①	**企业所得税：** 股权投资管理企业因收回、转让或清算处置其所投资股权而发生的权益性投资损失，可以按税法规定在税前扣除。 符合居民企业条件的股权投资管理企业直接投资于其他居民企业取得的股息、红利等权益性投资收益，符合条件的可作为免税收入，免征企业所得税。 **个人所得税：** 执行有限合伙企业合伙事务的自然人普通合伙人，按照《中华人民共和国个人所得税法》及其实施条例的规定，按"个体工商户的生产经营所得"应税项目，适用5%～35%的五级超额累进税率，在合伙企业注册地地税局计算征收个人所得税。不执行有限合伙企业合伙事务的自然人有限合伙人，其从有限合伙企业取得的股权投资收益，按杭州金融办〔2008〕38号的规定计算缴纳个人所得税。 **营业税：** 合伙制企业的普通合伙人，符合下列条件之一的，不征收营业税：①以无形资产、不动产投资入股，参与接受投资方利润分配，共同承担投资风险；②对所投资项目进行股权转让。 **其他税收优惠：** 股权投资管理企业缴纳房产税、城镇土地使用税、水利建设专项资金确有困难的，报经地税部门批准后，可酌情给予减免。 新引进的省外股权投资管理企业，其受托管理资金超过10亿元（含）且资金所属股权投资企业纳税地在杭州市的，自设立起3年内，报经地税部门批准后，可免征房产税、水利建设专项资金。

---

① 政策来源：《促进我市股权投资业发展实施办法的通知》（杭政办〔2010〕11号）。

（续上表）

地区	税收优惠政策
江苏省①	**企业所得税：** 　　法人合伙人按照财税〔2012〕67号文件第二条规定计算其投资额的70%抵扣从该创业投资企业分得的应纳税所得额。如果法人合伙人在苏州工业园区内投资于多个符合条件的创业投资企业，可合并计算其可抵扣的投资额和分得的应纳税所得额。当年不足抵扣的，可结转以后纳税年度继续抵扣；当年抵扣后有结余的，应按照企业所得税法的规定计算缴纳企业所得税。 　　创业投资企业从事国家需要重点扶持和鼓励的创业投资，以股权方式投资于未上市中小高新技术企业2年以上（含2年），可以按照其对中小高新技术企业投资额的70%，在股权持有满2年的当年抵扣该创业投资企业的应纳税所得额。当年不足抵扣的，可在以后纳税年度结转抵扣。 **个人所得税：** 　　有限合伙人中的自然人分得的所得，可确定为股息、红利所得，依20%的适用税率；对其普通合伙人中的自然人分得的所得，可确定为生产经营所得，依5%~35%的适用税率。
北京市②	**企业所得税：** 　　对企业在合伙制股权基金中企业法人合伙人从被投资企业获得的股息、红利等投资性收益不征收企业所得税。 　　基金管理企业，或者发起设立的基金累计实收资本在5亿元以上的公司制股权投资管理企业，自其获利年度起，由所在区县政府前2年按其所缴企业所得税区县实得部分全额奖励，后3年减半奖励。 　　对在北京注册、具有独立法人资格的风险投资机构在北京市认定的高新技术成果转化项目投资超过当年投资总额70%的，该风险投资机构当年仅缴纳所得税地方收入部分的50%，由北京市财政安排专项资金支持。 　　北京市注册的风险投资机构，对本市认定的高新技术成果转化项目投资超过当年投资总额70%的，其当年仅缴纳所得税地方收入部分的50%，由财政安排专项资金支持。

---

　　① 政策来源：《苏州工业园区关于加速金融产业创新发展的若干意见》（苏园管〔2008〕32号）、《国家税务总局苏州工业园区有限合伙制创业投资企业合伙人企业所得税试点政策的通知》（财税〔2012〕67号）、《无锡市人民政府办公室关于加快创业投资发展的若干意见》（锡政办发〔2009〕131号）。

　　② 政策来源：《关于促进股权投资基金业发展的意见》（京金融办〔2009〕5号）、《北京市关于进一步促进高新技术产业发展的若干意见》（京政发〔2009〕38号）、《北京市风险投资机构享有财政专项资金支持确认办法》（京财经〔2001〕2356号）。

（续上表）

地区	税收优惠政策
北京市①	**个人所得税：** 对个人合伙企业合伙制股权基金中的个人合伙人，从合伙人取得的收益均按照"利息、股息、红利所得"或者"财产转让所得"项目征收个人所得税，税率为20%。 对有限合伙人中的自然人分得的所得，可确定为股息、红利所得，依20%的适用税率；对其普通合伙人中的自然人分得的所得，可确定为生产经营所得，依5%～35%的适用税率。 市政府给予股权基金或管理企业有关人员的奖励，依法免征个人所得税。 **营业税：** 合伙制股权基金的普通合伙人，以无形资产、不动产投资入股，参与接受投资方利润分配，共同承担投资风险，或者进行股权转让的，不征收营业税。 合伙制股权基金的普通合伙人，其行为符合下列条件之一的，不征收营业税：①以无形资产、不动产投资入股，参与接受投资方利润分配、共同承担投资风险；②股权转让。
上海市②	**个人所得税：** 不执行有限合伙企业合伙事务的自然人有限合伙人，其从有限合伙企业取得的股权投资收益，按照《中华人民共和国个人所得税法》及其实施条例的规定，按"利息、股息、红利所得"应税项目，依20%税率计算缴纳个人所得税。 对于公司制股权投资企业的高管和骨干可分别获得40%或20%的个税补贴。

（二）扶持、补贴、奖励政策

扶持、补贴、奖励政策可以通过事前激励或者事后奖励的方式促进创业投资企业投资创业项目，提高投资积极性，进而推动创投行业发展并且加快科技创新目标的实现。

除国家级文件之外，五个省市也都出台了对创业投资的扶持、补贴、奖励政策。扶持力度及规模较大，覆盖面较广，形成了省、市、区多级扶持、补贴、奖励政策体系。以下按照地区分类进行比较（见表6-7）。

---

① 政策来源：《关于促进股权投资基金业发展的意见》（京金融办〔2009〕5号）、《北京市关于进一步促进高新技术产业发展的若干意见》（京政发〔2009〕38号）、《北京市风险投资机构享有财政专项资金支持确认办法》（京财经〔2001〕2356号）。

② 政策来源：《关于本市股权投资企业工商登记等事项的通知》（沪金融办通〔2008〕3号）、《浦东新区基金金融人才实施办法》（2008年8月）。

表6-7 五个地区政府扶持、补贴、奖励政策比较

地区	扶持、补贴、奖励政策
广东省①	一次性奖励、资助： 对新设立或新迁入的金融机构实现的营业收入形成开发区地方财力，每年给予一定比例的扶持金资助，资助3年。对金融机构的经营团队给予一次性100万元至299万元资助。符合高新技术企业认定条件的金融机构，可申请认定为广州市高新技术企业，可享受高新技术企业相关优惠政策。 以公司制形式设立的股权投资基金，根据其注册资本的规模，给予一次性落户奖励：注册资本达5亿元的，奖励500万元；注册资本达15亿元的，奖励1 000万元；注册资本达30亿元的，奖励1 500万元。 以合伙制形式设立的股权投资基金，根据合伙企业当年实际募集资金的规模，给予合伙企业委托的股权投资基金管理企业一次性落户奖励：募集资金达到10亿元的，奖励500万元；募集资金达到30亿元的，奖励1 000万元；募集资金达到50亿元的，奖励1 500万元。 股权投资基金投资于本市的企业或项目，可根据其对我市经济贡献，按其退出后形成地方财力的30%给予一次性奖励，但单笔奖励最高不超过300万元。 对具有融资和投资功能，投资于科技企业孵化器内初创期科技型中小微企业的公司制或有限合伙制创业投资机构，给予创业投资风险补偿资金。 办公住房补贴： 股权投资基金企业、股权投资基金管理企业因业务发展需要新购置本部自用办公用房，按购房价给予不超过1.5%的一次性补贴，最高补贴金额为500万元，享受补贴的办公用房10年内不得对外租售；新租赁自用办公用房的，连续3年给予租房补贴，每年按房屋租金市场指导价的30%给予补贴，补贴总额不超过100万元。 股权投资基金、股权投资基金管理企业新租赁自用办公用房的，给予连续3年的租房补贴，补贴标准为房屋租金市场指导价的30%，补贴总额不超过100万元。 高管、人才奖励： 企业高级管理人员，经市人力资源保障部门认定符合条件的，可享受深圳市关于人才引进、配偶就业、子女就业、医疗保障等方面的相关政策。（《深圳市关于促进股权投资基金业发展的若干规定》）

---

① 政策来源：《深圳市关于促进风险投资业发展若干规定》（深府〔2010〕103号）、《关于促进广州市股权投资市场规范发展暂行办法（修订）》（穗府办〔2015〕5号）、《广州开发区鼓励发展金融产业办法》（〔2007〕27号）、《广东省科学技术厅、广东省财政厅关于科技企业孵化器创业投资及信贷风险补偿资金试行细则》（粤科规财字〔2015〕21号）。

（续上表）

地区	扶持、补贴、奖励政策
浙江省①	一次性奖励、资助： 委托型股权投资企业，对在杭企业直接股权投资额达到 2 500 万元的，给予一次性 30 万元的奖励。奖励资金可由股权投资企业与其所托股权投资管理企业按各 50% 的比例分享。 自营型股权投资企业，对在杭企业直接股权投资额达到 2 500 万元的，给予一次性 25 万元的奖励。 股权投资管理企业，受托管理的外地股权投资资金（指杭州行政区划外的股权投资基金，下同）对在杭企业直接股权投资额达到 4 000 万元的，给予一次性 15 万元的奖励。 投资追加奖励： 股权投资企业，自成立起 2 年内对在杭企业直接股权投资额达到其注册资本（出资金额）30%（含）以上的，给予追加奖励：注册资本（出资金额）2 亿元（含）以上，给予 50 万元的奖励；3 亿元（含）以上，给予 1 00 万元的奖励；5 亿元（含）以上，给予 200 万元的奖励；10 亿元（含）以上，给予 500 万元的奖励。 股权投资管理企业，自设立起 2 年内其受托管理外地股权投资资金对在杭企业投资达到一定额度的，给予追加奖励：投资额达到 8 000 万元（含）以上，给予 25 万元的奖励；1. 2 亿元（含）以上，给予 50 万元的奖励；1. 6 亿元（含）以上，给予 100 万元的奖励。 办公住房补贴： 股权投资管理企业、自营型股权投资企业新购建的本部自用办公用房（不包括附属和配套用房，下同），以办公用途部分的建筑面积计算，按 1 000 元/平方米的标准，给予一次性补助。 股权投资管理企业按受托管理股权投资资金规模、自营型股权投资企业按注册资金（出资金额）规模核定办公用房补助面积。其中，规模低于 5 亿元的，补助面积不超过 200 平方米；高于 5 亿元（含）且低于 10 亿元的，补助面积不超过 500 平方米；高于 10 亿元（含）的，补助面积不超过 1 000 平方米。 高管、人才补贴： 自营型股权投资企业按注册资本（出资金额）规模、股权投资管理企业按受托管理股权投资资金规模，超过 10 亿元（含）且对在杭企业直接股权投资额达到 3 亿元（含）以上的，其高管人员可参照杭政函〔2008〕273 号第八条规定享受住房补贴。 股权投资管理企业、自营型股权投资企业的高管人员，符合我市人才认定标准的，按规定程序批准后，可享受人才专项用房的相关政策。

---

① 政策来源：《杭州市促进我市股权投资业发展实施办法的通知》（杭政办〔2010〕11 号）。

（续上表）

地区	扶持、补贴、奖励政策
江苏省①	**一次性奖励、资助：** 　　对经认定的新设立或新迁入园区相关区域的金融机构总部或地区总部给予一次性的开业资金补助。在苏州工业园区相关区域新设立或迁入的银行、保险公司、证券公司、基金管理公司、期货公司、汽车金融公司等金融机构总部，按不高于实收资本1%的金额给予一次性资金补助。对其他在园区相关区域新设立或迁入的金融机构总部按不高于实收资本2%的金额给予一次性资金补助。对在园区相关区域新设立或迁入的金融机构地区总部（业务总部）给予不超过150万元人民币的一次性补助。（《苏州工业园区关于加速金融产业创新发展的若干意见》） 　　在苏州工业园区注册的创业投资企业，可申请50万元的启动资金补贴；在园区设立的创业投资企业分公司或办事处，可申请20万元的启动资金补贴。 　　在苏州工业园区设立机构的创业投资企业投资于园区高科技企业，根据实际投资额，按5%比例给予专项风险补贴，单笔最高补贴额为50万元。 **办公住房补贴：** 　　在购房总金额的10%以内，按每平方米1 000元人民币给予购房补贴和优惠。租赁自用办公用房的，给予三年内租金补贴和优惠，补贴和优惠标准为租金（市场指导价）的30%。 **高管、人才奖励：** 　　经认定的高级金融管理人才，经批准，可按本人实际工资额缴交园区公积金。 　　经认定的金融高层次紧缺人才可享受《苏州工业园区吸引高层次和紧缺人才优惠政策意见》相关优惠政策。对经认定的新设立或新迁入园区相关区域的金融机构总部、地区总部，或注册资本超过人民币1亿元的国内外知名的股权投资基金（机构）及其基金管理公司的金融人才，三年内按企业职工总数的2%~10%，原则上按相当于其个人当年所得部分所形成的园区新增地方财力部分，给予50%~100%的奖励扶持。 **风险补偿：** 　　在苏州工业园区设立机构的创业投资企业投资园区高科技企业，如果投资项目不成功将给予风险补贴，补贴金额为其投资于园区高科技企业实际投资额的5%，单项最高补贴额为50万元。 　　天使投资机构在实际完成投资三年内未形成投资损失的，全额返还省天使引导资金和地方配套资金；若发生损失，按照首轮投资实际发生损失额的50%从给予的风险准备金中补偿，其中30%由省天使引导资金承担，20%由地方配套资金承担，补偿损失后剩余资金全部返还。 　　各级政府可设立创业投资风险补偿资金，对创业投资企业投资于种子期、初创期的项目，在发生全额损失或所投企业破产清算时，经认定可按创业投资企业投资额的一定比例给予补偿。

---

① 政策来源：《苏州工业园区关于加速金融产业创新发展的若干意见》（苏园管〔2008〕32号）、《关于加快创业投资发展若干意见的通知》（苏政办发〔2008〕141号）。

（续上表）

地区	扶持、补贴、奖励政策
北京市①	一次性奖励、资助： 　　在一次性奖励政策方面，基金管理企业，或者发起设立的基金累计实收资本在5亿元以上的公司制股权投资管理企业，参照金融企业，给予一次性补助。其中，注册资本10亿元人民币以上的，补助1 000万元人民币；注册资本5亿元人民币以上的，补助200万元人民币；注册资本1亿元人民币以上，补助200万人民币。 办公住房补贴： 　　基金管理企业，或者发起设立的基金累计实收资本在5亿元以上的公司制股权投资管理企业，参照金融企业给予租购房补贴。 　　购买自用办公用房的，一次性补贴标准为每平方米1 000元人民币；租用办公用房的，实行三年租金补贴，即第一年优惠50%，第二年优惠30%，第三年优惠10%。 高管、人才奖励： 　　连续聘用2年以上的高级管理人员，按其上一年度所缴个人工薪收入所得税地方留成部分80%的标准予以奖励，用于其在背景购买商品房、汽车和参加专业培训，可每年申报一次，奖励总额累计不超过其购房、购车及培训所付款项，且原则上不超过30万元。 风险补偿： 　　在中关村管委会备案具备申请资格；所投资企业为未上市的中关村高新技术企业，且从企业设立之日起到企业与创业投资企业签订投资协议之日止，不超过5年；所投资企业属于生物医药领域的，从企业设立之日起到企业与创业投资企业签订投资协议之日止，不超过8年；已完成实际投资，即投资资金已投入中关村示范区企业，并已完成工商变更登的创业投资机构均可申请创业投资风险补贴资金。

① 政策来源：《关于促进首都金融产业发展的意见》（京发改〔2005〕197号）、《中关村国家自主创新示范区天使投资和创业投资支持资金管理办法》（中科园发〔2014〕41号）。

（续上表）

地区	扶持、补贴、奖励政策
上海市①	一次性奖励： 　　对于以公司形式设立的股权投资企业，注册资本达到 5 亿元的，一次性给予 500 万元奖励；注册资本达到 15 亿元的，一次性给予 1 000 万元奖励；注册资本达到 30 亿元的，一次性给予 1 500 万元奖励。 　　对于以合伙企业形式设立的股权投资企业，募集资金达到 10 亿元的，给予 500 万元奖励；募集资金达到 30 亿元的，给予 1 000 万元奖励；募集资金达到 50 亿元的，给予 1 500万元奖励。 　　对股权投资机构投资于浦东新区公布的鼓励投资产业目录下的企业，或浦东新区鼓励发展的其他新兴产业项目，按所获投资收益形成的新区地方财力的 50% 给予奖励。 办公住房补贴： 　　对入驻陆家嘴功能区和张江功能区办公的股权投资机构，按租赁面积给予每年 500 元/m² 的房租补贴，或按购房房价给予 1.5% 的补贴。 　　公司制股权投资企业注册资本达到 5 亿元的，或者公司制的股权投资管理企业管理的资本达到 10 亿元的，对其董事长、副董事长、总经理、副总经理等高管给予每人一次性住房或租房补贴 20 万元。 风险补偿： 　　2015 年 1 月 1 日后投资于本市种子期、初创期科技型企业的创业投资机构，最终回收的转让收入与退出前累计投入该企业的投资额之间的差额部分，给予一定比例的财务补偿。 　　对创业投资企业投资本市范围内的早期科技型创业企业，通过财政性资金，给予创业投资管理机构一定成本补助，在投资损失确认后，可按损失额的一定比例，对创业投资企业进行风险救助。 　　对符合申请风险救助专项资金补助条件的创业投资机构，经风险救助专项资金理事会核准，风险救助专项资金对投资于经认定的上海高新技术企业的，可按不超过投资损失的 50% 给予补助；对其中投资于经认定的上海市高新技术成果转化项目，可按不超过投资损失的 70% 给予补助。风险救助专项资金向申请补助的机构拨付救助资金的总金额将不超过该机构向风险救助专项资金累计缴纳风险准备金总金额的 200%。

---

①　政策来源：《关于本市股权投资企业工商登记等事项的通知》（沪金融办通〔2008〕3 号）、《浦东新区集聚金融人才实施办法》（2008 年 8 月）、《关于浦东新区促进股权投资企业和股权投资管理企业发展的意见》（2008 年 12 月）、《浦东新区促进股权投资企业和股权投资管理企业发展的实施办法》（2010 年 12 月）、《上海市天使投资风险补偿管理暂行办法》（沪科合〔2015〕27 号）、《关于加快上海创业投资发展若干意见》（沪府发〔2014〕43 号）、《上海市创业投资风险救助专项资金管理办法（试行）》（沪科合〔2006〕第 030 号）。

（三）政府引导基金政策

政府引导基金指的是政府安排设立并按照市场化方式运作的专项政策性基金。其不干预参股基金，也不会跟进投资企业日常的经营和管理。其在引导民间资本、带动社会投资、扶持创业企业发展等方面起到积极作用。以下列举了五个地区在引导基金建设方面的主要相关政策（见表6-8）。

表6-8　五个地区政府引导基金相关政策文件比较

地区	政府引导基金政策
广东省[1]	除对基金管理机构支付管理费外，参股创业投资基金还要对基金管理机构实施业绩奖励。业绩奖励按照"先回本后分利"的原则，原则上将参股创业投资基金增值收益（回收资金扣减参股基金出资）的20%奖励基金管理机构，剩余部分由引导基金和其他出资人按照出资比例进行分配。 各地级以上市人民政府可以根据创业投资发展需要和财力状况设立引导基金，支持创业投资发展，充分发挥政府资金的杠杆放大效应。 支持广州市创业投资引导基金参股或合作设立创业投资企业，促进高端自主创新资源集聚，加快培育战略性新兴产业。 鼓励市、区、镇（街道）各级政府建立引导基金或母基金，重点投向孵化期、初创期、早中期科技型企业，通过阶段参股、跟进投资等方式，引导股权投资行业规范发展。引导基金形成的投资收益，可按一定的比例奖励给管理企业。 市财政整合相关专项资金，成立股权投资引导基金，通过筛选，由引导基金择优与市内民营资本或市外资本按照市场化合作的形式成立股权投资基金，并委托国内资信好、有基金管理经验，管理运作规范的基金管理公司负责基金的运营管理。

---

[1]　政策来源：《广东省战略性新兴产业创业投资引导基金管理暂行办法》（粤财工〔2013〕281号）、《广东省关于发展创业投资促进产业转型升级的意见》（粤发改高技术〔2013〕410号）、《关于促进广州股权投资市场规范发展暂行办法（修订）》（穗府办〔2015〕5号）、《佛山市人民政府办公室关于修订扶持股权投资行业发展的若干意见的通知》（佛府办〔2013〕87号）、《肇庆市人民政府关于加快引进和发展股权投资行业的实施意见》（肇府函〔2014〕238号）。

（续上表）

地区	政府引导基金政策
浙江省[①]	推动组建一批产业投资基金和创业投资引导基金，规范扶持一批成长型企业股权投资基金，培育壮大一批创业投资基金，引导鼓励一批省外、境外知名投资基金管理机构来浙设立法人机构。 引导基金按照"政府引导、市场运作、科学决策、严格管理"的原则进行投资运作，重点引导创投基金或创业投资企业投向电子信息、生物医药、先进制造、新能源、新材料、环保节能、高效农业、现代服务业等符合浙江省高新技术产业发展规划的领域，引导创业投资企业重点投资处于初创期、既有风险又具成长性的科技型中小企业创新创业。
江苏省[②]	为扶持我省创业投资企业发展，增加创业投资资本供给，促进新兴产业壮大规模，设立江苏省新兴产业创业投资引导基金。 设立政策性创业投资引导基金。设立创业投资引导发展专项资金，总规模为10亿元，通过阶段参股等方式扶持创业投资企业的设立与发展。 设立总规模5亿元的市本级创业投资引导基金，主要用于引导各类社会资本流向创投企业，引导创投企业投资处于种子期、初创期的中小创业企业。
北京市[③]	使用创业投资风险补贴资金和创业投资引导资金支持中关村示范区创业投资。 引导基金引导社会资金重点投资于符合北京城市功能定位和相关产业政策、产业投资导向的创业期科技型、创新型中小企业。
上海市[④]	建立健全创业投资引导基金持续投入机制；市财政连续三年每年新增安排市战略性新兴产业发展专项资金10亿元，专项用于补充上海市创业投资引导基金（以下简称"市引导基金"），积极探索建立财政、国资收益和社会资金多渠道并举的滚动投入机制；鼓励有条件的区县政府设立创业投资引导基金，通过市场化手段，吸引形成创业投资资本，并委托专业化管理团队进行管理。试点开展创业投资奖励机制，对市引导基金参股的创业投资企业和天使投资企业，投资本市重点支持领域早期创业企业的，投资获利退出时，通过市引导基金投资收益，安排一定比例的投资奖励。 引导基金按照"政府引导、市场运作、科学决策、防范风险"的原则进行投资运作，积极吸引和集聚海内外优秀创业投资企业及其管理团队来沪发展，大力培养本土创业投资管理团队，优先配套支持国家和本市联合组建的创业投资企业。鼓励各区县根据实际情况，设立创业投资引导基金。

---

① 政策来源：《浙江省人民政府办公厅关于促进股权投资基金发展的若干意见》（浙政办发〔2009〕57号）、《浙江省创业风险投资引导基金管理办法》（浙政办发〔2009〕24号）。

② 政策来源：《江苏省新兴产业创业投资引导基金管理办法》（苏政办发〔2010〕153号）、《无锡市人民政府办公室关于加快创业投资发展的若干意见》（锡政办发〔2009〕131号）、《苏州市人民政府印发关于加快苏州市创业投资发展的若干意见（试行）的通知》（苏府〔2008〕61号）。

③ 政策来源：《中关村国家自主创新示范区天使投资和创业投资支持资金管理办法》（中科园发〔2014〕41号）、《北京市中小企业创业投资引导基金实施暂行办法》（京发改〔2008〕1167号）。

④ 政策来源：《关于加快上海创业投资发展若干意见》（沪府发〔2014〕43号）、《上海市创业投资引导基金管理暂行办法》（沪府发〔2010〕37号）。

第二节　创业投资行为比较[①]

一、投资机构比较

（一）创投机构数量[②]

五个地区创业投资机构数量变动趋势相似，从 2011 年开始缓慢减少，2013 年之后数量有所回升，2014—2015 年出现较大幅度增长，之后机构数量持续增加但增速放缓。从整体数量来看，北京、上海、广东依次排名前三位，江苏与浙江的创投机构数量在 2014 年之前无显著差别，2014 年之后浙江的创投机构数量超越江苏省（见表 6 -9、图 6 - 24）。

表 6 - 9　2011—2016 年五个地区创业投资机构数量

单位：所

地区	2011 年	2012 年	2013 年	2014 年	2015 年	2016 年
北京	195	168	177	286	545	604
上海	162	148	135	190	421	434
广东	147	108	92	155	337	348
江苏	96	72	46	72	107	128
浙江	96	60	45	67	145	168

①　本小节数据均来源于清科研究中心私募通数据库。
②　机构所属地区按总部所在地划分。

（所）

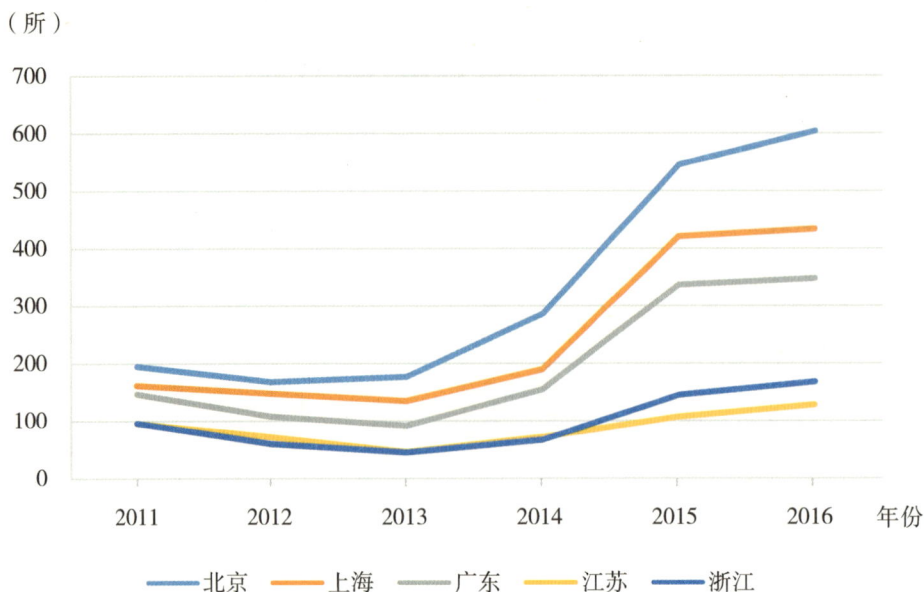

图 6-24　2011　2016 年五个地区创业投资机构数量（所）

2012—2013 年，由于基金备案制度重启，监管趋严，一级市场投资逐步降温，市场进入盘整期，除北京在 2013 年增加了 9 所创投机构外，其余四个地区的创投机构数均出现小幅度缩减。在此之后三年，五个地区创投机构数量均有所增加，其中北京新增创投机构数量明显高于其他地区。2015 年为创投机构数量爆发式增长的一年，北京、上海、广东分别以 259 所、231 所、182 所位列前三（见表 6-10、图 6-25）。

表 6-10　2012—2016 年五个地区新增创业投资机构数

单位：所

地区	2012 年	2013 年	2014 年	2015 年	2016 年
北京	-27	9	109	259	59
上海	-14	-13	55	231	13
广东	-39	-16	63	182	11
江苏	-24	-26	26	35	21
浙江	-36	-15	22	78	23

（所）

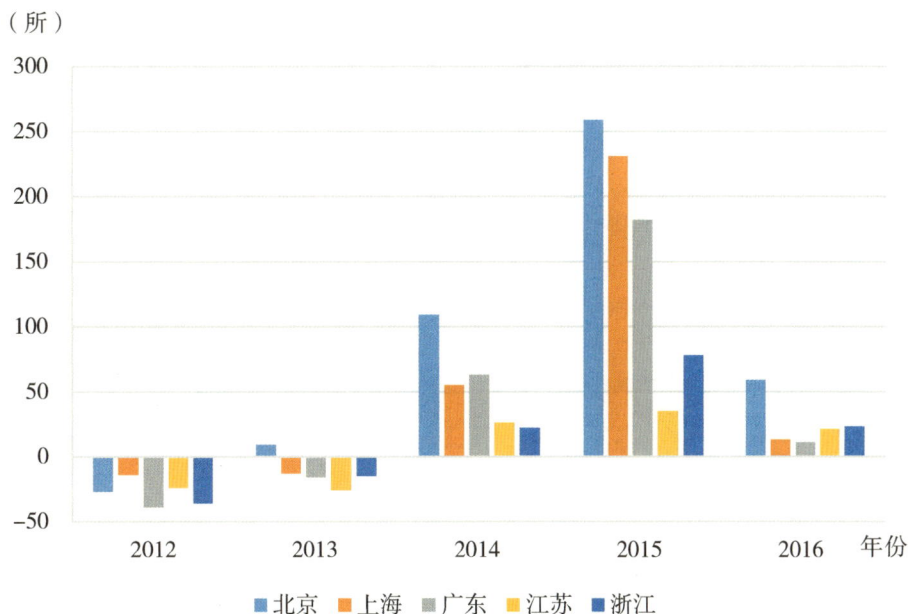

图 6 – 25　2012—2016 年五个地区新增创业投资机构数

（二）创投机构资本来源分布

截至 2017 年 8 月，五个地区现有创业投资机构的资本来源分布情况如表 6 – 11、图 6 – 26 所示。所有地区的本土机构均占市场主导地位。北京、上海的外资与合资机构相对较多，其中上海的外资机构数量为 65 所，合资机构数为 32 所，居于首位。江苏省除本土以外的创投机构数排名第三，但与第二名的北京差距明显。广东省现有外资机构仅有 3 所，浙江省为 5 所；广东省合资机构数量为 6 所，浙江省现有仅 1 所。

表 6 – 11　截至 2017 年 8 月五个地区创业投资机构资本来源分布情况

单位：所

地区	本土	外资	合资
北京	1 034	49	18
上海	841	65	32
广东	966	3	6
江苏	699	10	10
浙江	570	5	1

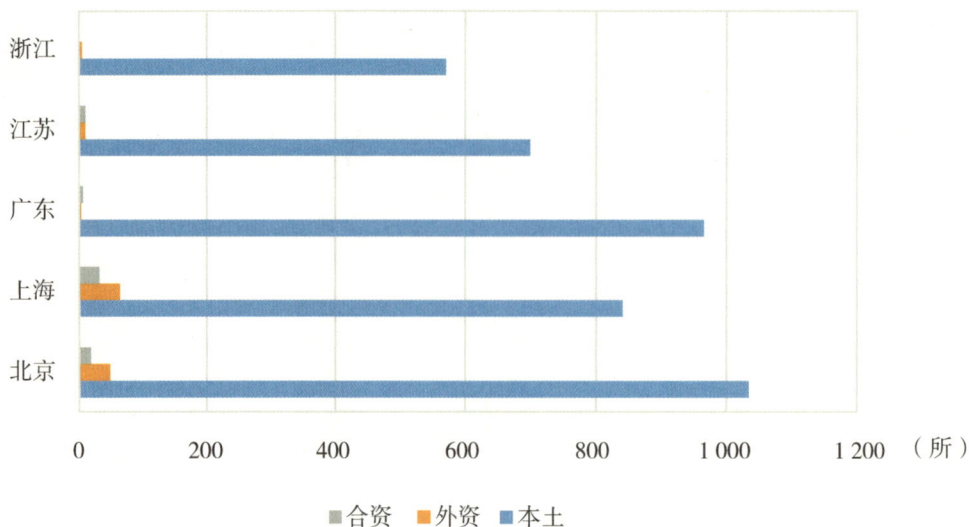

合资 ■ 外资 ■ 本土

图 6-26 截至 2017 年 8 月五个地区创业投资机构资本的来源分布情况

（三）政府引导基金参与情况

2012—2015 年，北京、江苏、浙江有政府引导基金参与的机构数量均持续增长，其中北京总体增长数量最大，达到 31 所。上海市相关机构数量在 2012—2014 年有小幅度缩减，但 2014 年之后开始回升，在 2015 年达到 26 所。广东省与上海市情况相反，2012—2014 年机构数量缓慢增加，在 2015 年出现小幅度减少。虽然 2016 年全国范围的政府引导基金数量与规模延续了 2015 年的爆发性增长态势①，但五个地区有政府引导基金参与的创业投资机构数量增长情况出现了一定的下降。

从整体数量来看，北京市与上海市在 2012 年的机构数量相当，但此后两个地区数量差距逐渐扩大，其中北京市有政府引导基金参与的机构数量显著高于上海市，稳居第一。广东省机构数在 2014 年超过上海市，随后下降，位于第三名。此外，浙江省与江苏省的相关机构数量依次排名第四、第五（见表 6-12、图 6-27）。

---

① 投中研究院《2016 年政府引导基金专题研究报告》。

表6-12   2012—2016年五个地区有政府引导基金参与的机构数量

单位：所

地区	2012年	2013年	2014年	2015年	2016年
北京	19	31	33	50	47
上海	20	19	18	26	17
广东	11	17	19	17	15
江苏	4	7	7	8	7
浙江	8	8	11	17	10

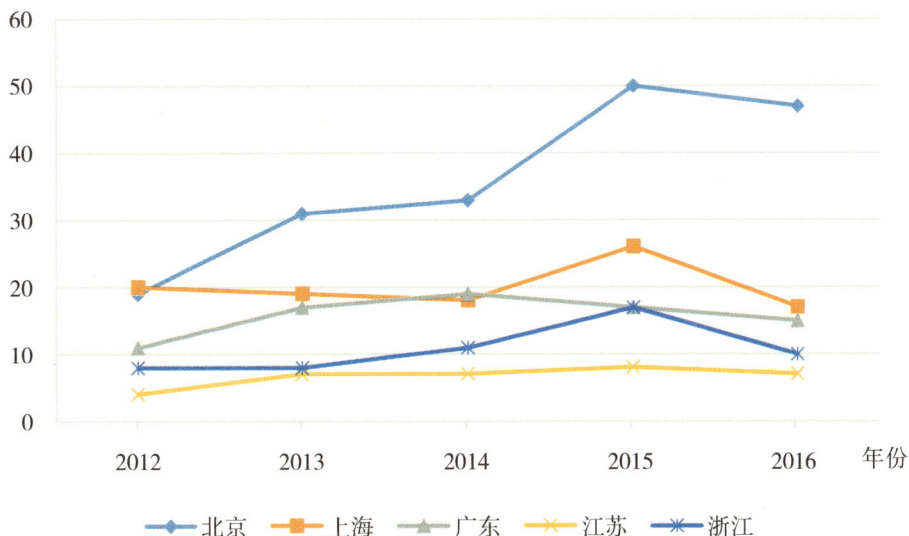

图6-27   2012—2016年五个地区有政府引导基金参与的机构数量

  针对有政府引导基金参与的机构占所有创投机构比例而言，五个地区均在2013年达到最高位，之后以不同幅度下降。浙江省有政府引导基金参与机构的比例在2014、2015年均位列第一。广东省的相关占比在2013年位列第一，随后出现人幅度下降，2015年甚至居于末位。江苏省在2012年占比仅为5.56%，在2013年超越上海市，之后的变动情况与北京相似。2012年后，上海市的占比排名靠后（见表6-13、图6-28）。

表6-13　2012—2016年五个地区有政府引导基金参与的机构数量占比

单位:%

地区	2012 年	2013 年	2014 年	2015 年	2016 年
北京	11.31	17.51	11.54	9.17	7.78
上海	13.51	14.07	9.47	6.18	3.92
广东	10.19	18.48	12.26	5.04	4.31
江苏	5.56	15.22	9.72	7.48	5.47
浙江	13.33	17.78	16.42	11.72	5.95

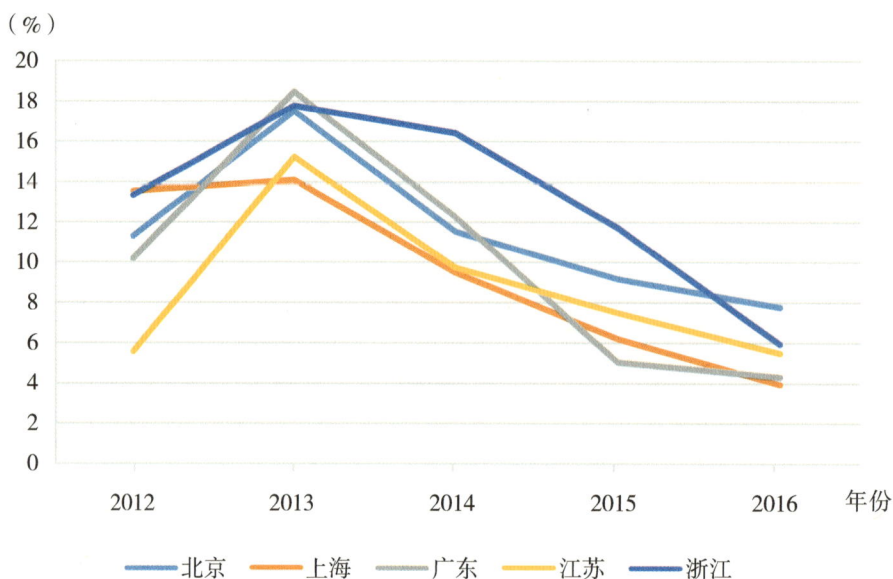

图6-28　2012—2016年五个地区有政府引导基金参与的机构数量占比

二、投资数量与规模比较

比较五个地区创业投资的投资项目，如表6-14和图6-29所示，北京市属于投资热点地区，其项目数量在五个地区中处于领先地位，2016年其投资项目数达1 695个。江苏、浙江的投资项目数量较少，2014年开始与其他地区的差距逐步加大。上海和广东所获投资项目数量相当，在2016年两个地区的项目数分别为851个、809个。

表 6 - 14　2012—2016 年五个地区创业投资项目数①

单位：个

地区	2012 年	2013 年	2014 年	2015 年	2016 年
北京	482	580	1 340	2 139	1 695
上海	295	333	648	1 190	851
广东	318	295	579	1 162	809
江苏	248	212	318	479	328
浙江	178	158	264	569	413

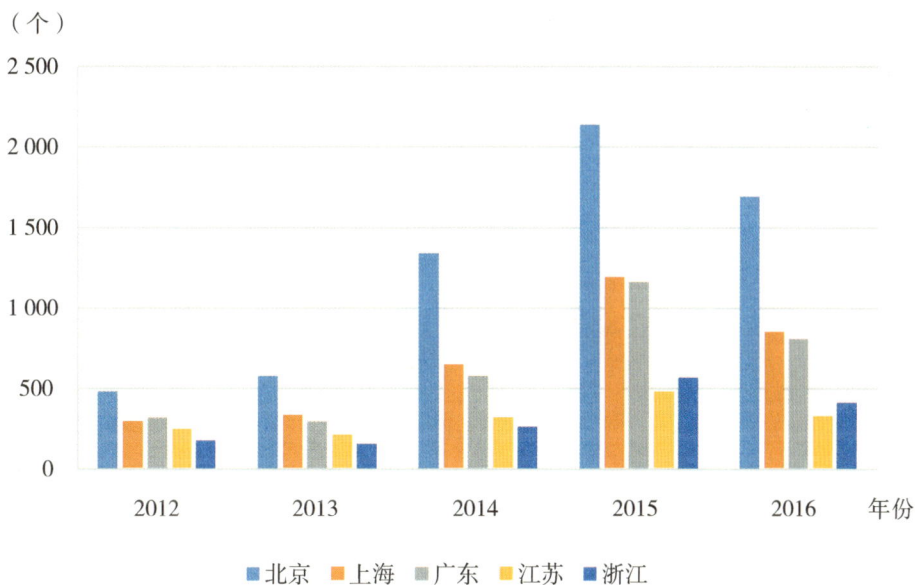

图 6 - 29　2012—2016 年五个地区创业投资项目数

投资金额方面，2014 年开始，北京市所获投资金额出现爆发式增长，此后稳居第一，在 2016 年达到 1 985. 13 亿人民币。2012—2016 年上海市的投资金额出现先增加后减少的情况，在 2015 年达到顶峰，为 1 037. 76 亿人民币。广东省创业投资金额整体呈现稳步增长的态势，但绝对金额与北京相比差距明显。此外，浙江省与江苏省所获投资金额均较小（除 2012 年浙江省所获投资金额位于第一），波动性明显（见表 6 - 15、图 6 -30）

---

① 地区创业投资项目数指该地所获得的投资项目数量。

表 6 – 15　2012—2016 年五个地区创业投资金额①

单位：亿元

地区	2012 年	2013 年	2014 年	2015 年	2016 年
北京	206.56	261.54	1 104.23	1 675.50	1 985.13
上海	111.07	238.97	353.31	1037.76	541.01
广东	158.93	242.93	267.49	509.82	598.42
江苏	104.33	139.89	114.31	305.72	154.06
浙江	368.46	47.79	189.18	441.38	326.60

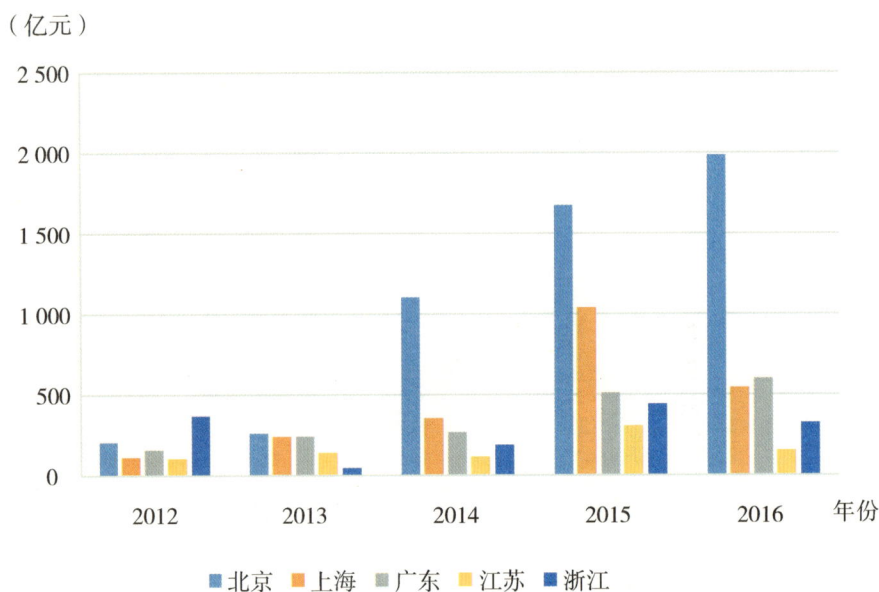

图 6 – 30　2012—2016 年五个地区创业投资金额

　　创业投资项目平均投资金额如表 6 – 16、图 6 – 31 所示。总体来看，五个地区的投资强度均存在不同程度的波动性，北京市上升趋势明显，在 2016 年达到 117.12 百万人民币。广东省在 2013 年达到峰值，随后回落，虽然在 2016 年有所回升，但仍未超越 2013 年的平均投资金额。

---

　　① 地区创业投资金额指该地所获得的投资金额。

表 6 – 16　2012—2016 年五个地区创业投资强度（项目平均投资金额）

单位：百万元

地区	2012 年	2013 年	2014 年	2015 年	2016 年
北京	42.85	45.09	82.41	78.33	117.12
上海	37.65	71.76	54.52	87.21	63.57
广东	49.98	82.35	46.20	43.87	73.97
江苏	42.07	65.99	35.95	63.83	46.97
浙江	207.00	30.24	71.66	77.57	79.08

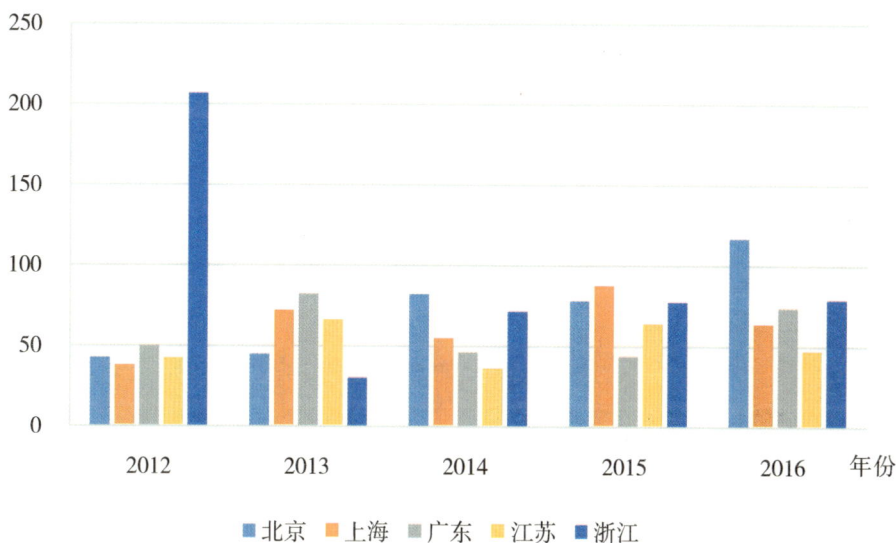

图 6 – 31　2012—2016 年五个地区创业投资强度（项目平均投资金额）

三、投资阶段比较

总体来看，2012—2016 年五个地区处于初创期和扩张期的创投项目数均高于处于种子期和成熟期的创投项目数。

具体而言，如下：

种子期：对于种子期所获得投资的项目数量占比，大部分地区在 2012—2013 年相对较低，随后几年都有不同程度的提升。整体来看，江苏省种子期的项目较其他地区占比最低，在 2015 年仅有 4.88%。北京、上海、广东、浙江的初创期项目所占比例总体上呈上升趋势。此外，北京与上海初创期项目占比高于其他地区。

扩张期：除江苏省的扩张期项目所占比例有上升趋势外，其余地区处于扩张期的项目占比均有所下降。

成熟期：所有地区成熟期项目所占比例均存在较明显的波动，其中北京、上海的项目比例低于其他地区（见表6－17至表6－21、图6－32至图6－36）。

表6－17　2012—2016年北京市创业投资项目不同阶段的数量及占比

年份	种子期		成熟期		初创期		扩张期	
	数量（个）	比例（%）	数量（个）	比例（%）	数量（个）	比例（%）	数量（个）	比例（%）
2012	33	6.86	91	18.92	172	35.76	185	38.46
2013	39	6.76	78	13.52	252	43.67	208	36.05
2014	251	18.99	114	8.62	534	40.39	423	32.00
2015	361	17.26	310	14.82	795	38.00	626	29.92
2016	239	14.21	217	12.90	782	46.49	444	26.40

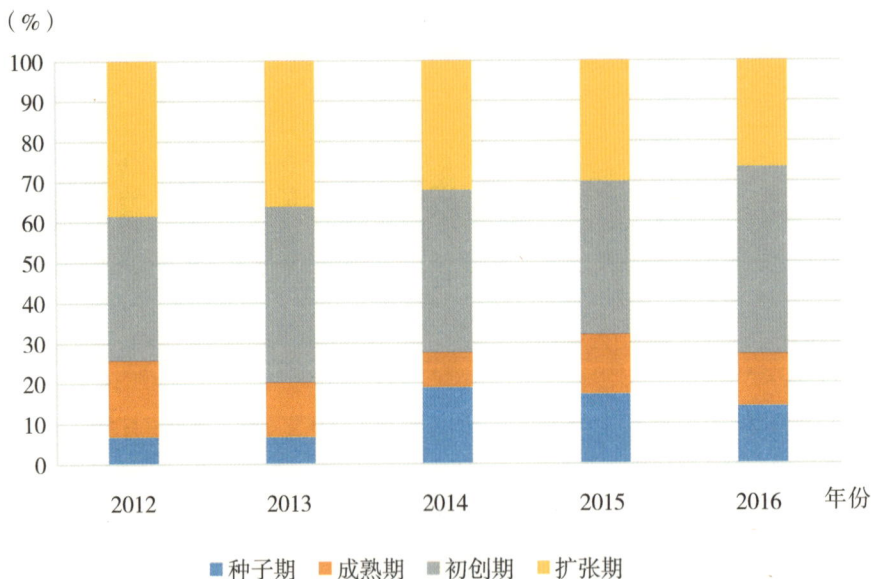

图6－32　2012—2016年北京市创业投资项目不同阶段的占比情况

表6-18 2012—2016年上海市创业投资项目不同阶段的数量及占比

年份	种子期		成熟期		初创期		扩张期	
	数量（个）	比例（%）	数量（个）	比例（%）	数量（个）	比例（%）	数量（个）	比例（%）
2012	22	7.48	46	15.65	110	37.41	116	39.46
2013	27	8.13	53	15.96	140	42.17	112	33.73
2014	96	15.17	73	11.53	270	42.65	194	30.65
2015	151	13.06	150	12.98	502	43.43	353	30.54
2016	106	12.63	122	14.54	364	43.38	247	29.44

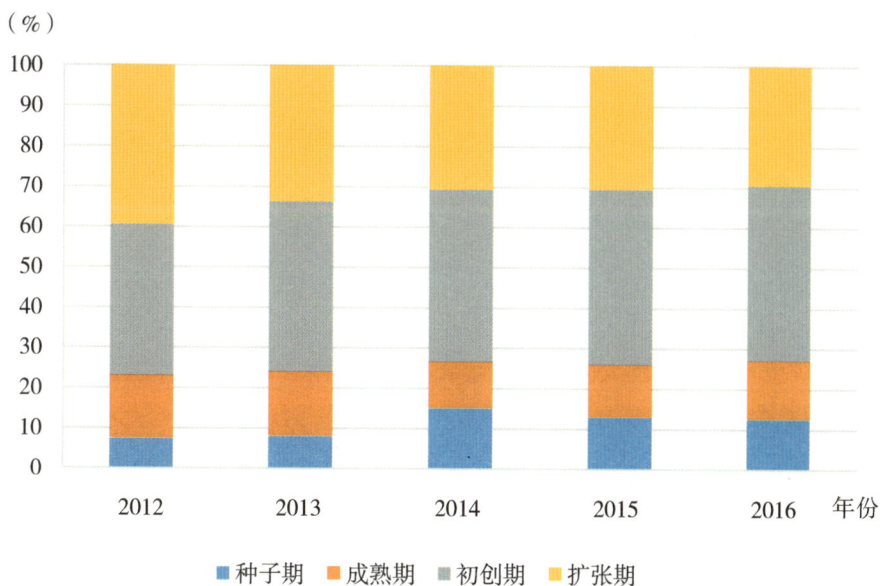

图6-33 2012—2016年上海市创业投资项目不同阶段的占比情况

表6-19 2012—2016年广东省创业投资项目不同阶段的数量及占比

年份	种子期		成熟期		初创期		扩张期	
	数量（个）	比例（%）	数量（个）	比例（%）	数量（个）	比例（%）	数量（个）	比例（%）
2012	16	5.05	103	32.49	63	19.87	135	42.59
2013	10	3.42	70	23.97	89	30.48	123	42.12
2014	92	16.14	108	18.95	162	28.42	208	36.49
2015	150	13.16	268	23.51	374	32.81	348	30.53
2016	109	13.57	151	18.80	334	41.59	209	26.03

（％）

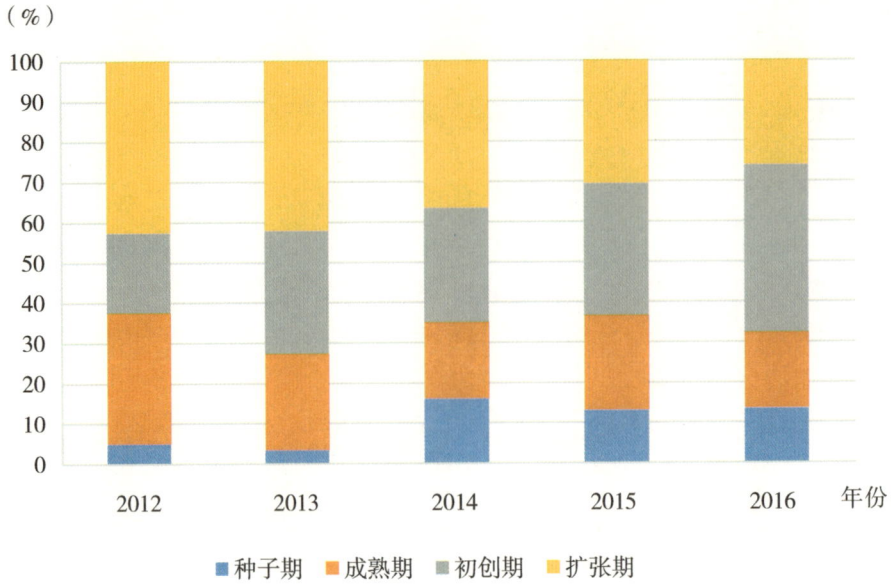

图6-34 2012—2016年广东省创业投资项目不同阶段的占比情况

表6-20 2012—2016年江苏省创业投资项目不同阶段的数量及占比

年份	种子期		成熟期		初创期		扩张期	
	数量（个）	比例（％）	数量（个）	比例（％）	数量（个）	比例（％）	数量（个）	比例（％）
2012	4	1.63	70	28.46	71	28.86	101	41.06
2013	7	3.30	49	23.11	80	37.74	76	35.85
2014	26	8.31	73	23.32	86	27.48	128	40.89
2015	23	4.88	111	23.57	110	23.35	227	48.20
2016	34	10.37	68	20.73	77	23.48	149	45.43

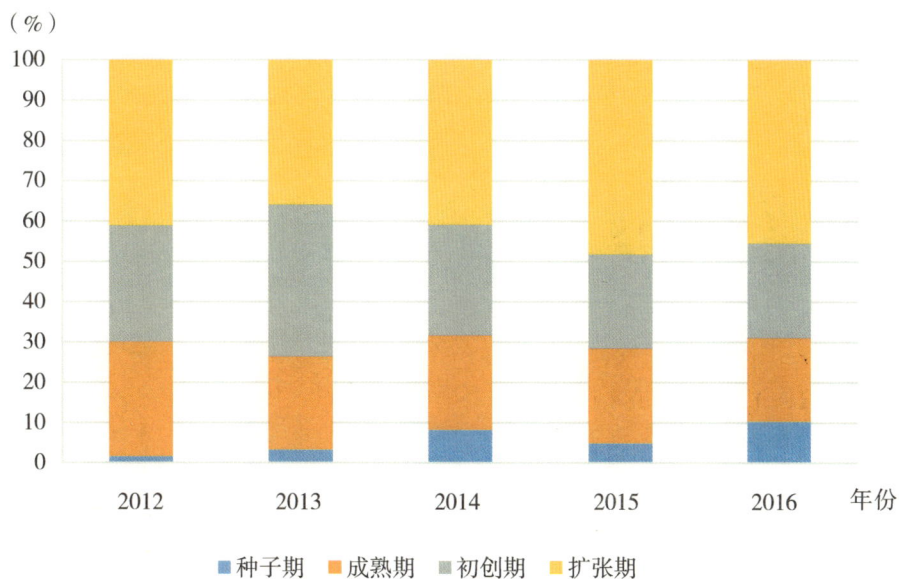

图 6 – 35　2012—2016 年江苏省创业投资项目不同阶段的占比情况

表 6 – 21　2012—2016 年浙江省创业投资项目不同阶段的数量及占比

年份	种子期		成熟期		初创期		扩张期	
	数量（个）	比例（%）	数量（个）	比例（%）	数量（个）	比例（%）	数量（个）	比例（%）
2012	10	5.68	53	30.11	32	18.18	81	46.02
2013	10	6.33	40	25.32	52	32.91	56	35.44
2014	32	12.26	46	17.62	99	37.93	84	32.18
2015	77	13.95	117	21.20	176	31.88	182	32.97
2016	44	10.81	83	20.39	176	43.24	104	25.55

（%）

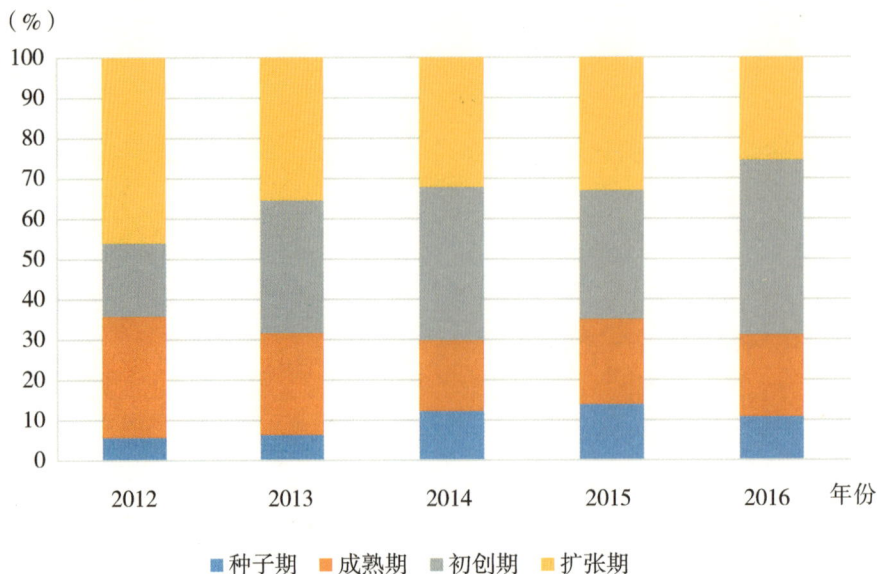

图6-36　2012—2016年浙江省创业投资项目不同阶段的占比情况

第三节　创业投资退出与绩效比较①

一、投资退出比较

如表6-22和图6-37所示，北京与广东的创投项目退出数量较高，两地都存在倒U型变动情况。上海地区的创投项目退出数量呈现缓慢增长态势，在2016年首次位居第一。江苏与浙江的创投项目数量相对较少，二者在2012年数量相同，均为45个。随后几年江苏省创投退出项目数均高于浙江省。

① 本小节数据均来源于清科研究中心私募通数据库。

表 6 – 22   2012—2016 年五个地区创业投资项目退出数量

单位：个

年份	北京	上海	广东	江苏	浙江
2012	152	112	129	45	45
2013	213	142	166	63	37
2014	408	288	368	104	79
2015	386	297	389	135	126
2016	295	319	276	124	68

（个）

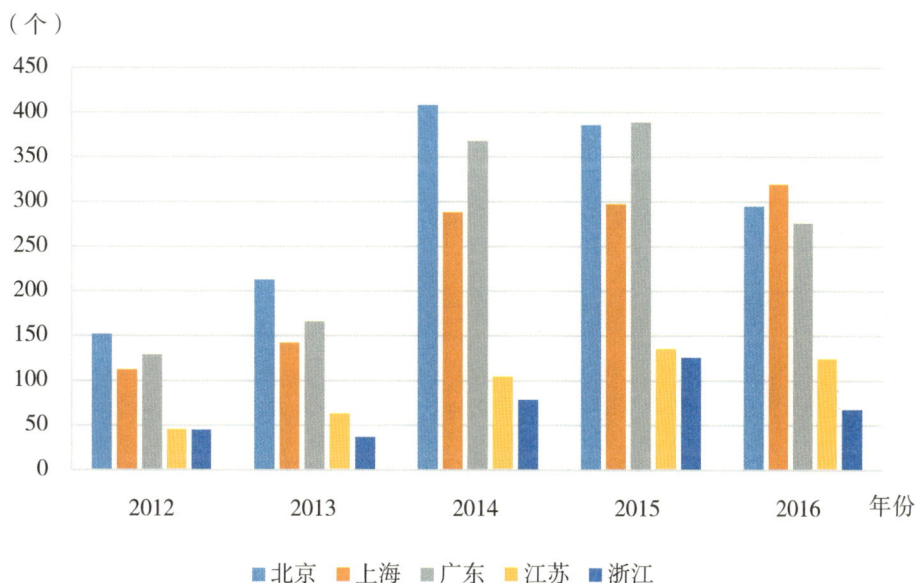

图 6 – 37   2012—2016 年五个地区创业投资项目退出数量

案例退出情况方面，由于 IPO 退出方式带来的收益与并购、股权转让退出带来的收益差距缩小，并购、股权转让等退出方式增长趋势明显。相关数据显示，2016 年北京市以股权转让为主要退出方式，其次为 IPO 和并购等。上海、广东以及浙江的主要退出方式为 IPO，其次为并购，第三是股权转让。江苏省与北京市的创投项目的退出方式分布相同，以股权转让为主，IPO 紧随其后，其次为并购。2016 年清算退出只有北京、上海两地，各有 4 例，使用新三板退出方式的仅北京的 2 个项目（见表 6 – 23、图 6 – 38）。

表 6 - 23   2016 年五个地区创业投资项目退出方式分布

单位：个

地区	股权转让	IPO	并购	回购	清算	新三板
北京	108	95	73	13	4	2
上海	74	116	102	23	4	0
广东	55	136	69	16	0	0
江苏	51	49	22	2	0	0
浙江	9	33	25	1	0	0

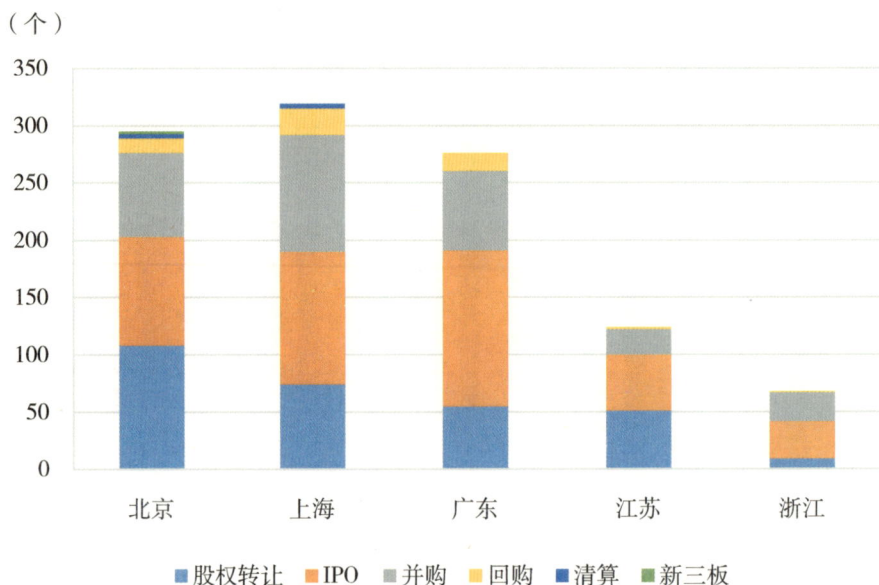

图 6 - 38   2016 年五个地区创业投资项目退出方式分布

对于退出年限情况而言，2012—2016 年五个地区创业投资项目平均退出年限存在波动式增长。2016 年，广东省创投项目平均退出年限居于第一位，为 4.29 年，浙江省紧随其后，其次为上海市和江苏省，北京市退出年限最短，为 3.47 年（见表 6 - 24、图 6 - 39）。

表 6-24　2012—2016 年五个地区创业投资项目平均退出年限

单位：年

年份	北京	上海	广东	江苏	浙江
2012	2.51	2.51	2.4	3.07	2.29
2013	2.32	3.07	2.65	3.21	3.25
2014	3.44	3.14	3.13	3.35	2.84
2015	3.45	3.8	3.81	3.6	3.92
2016	3.47	3.97	4.29	3.64	4.22

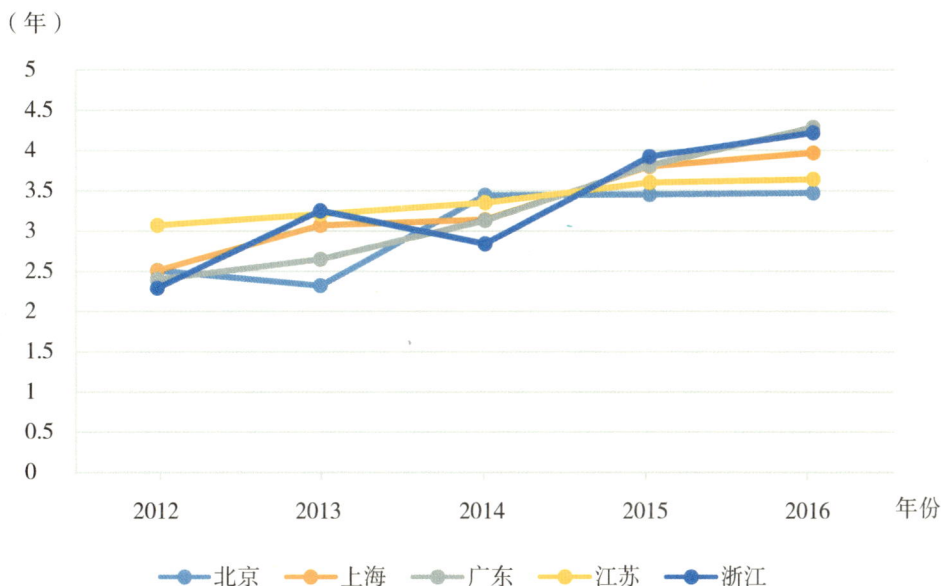

图 6-39　2012—2016 年五个地区创业投资项目平均退出年限

二、投资绩效比较

就创业投资项目退出平均回报倍数而言，2013 年浙江省回报倍数高达 19.48，究其原因是 2012 年浙江省投资强度爆发式增长所致。其他地区的回报倍数在 2014 年达到最高水平。2016 年，上海市平均回报倍数排名第一，为 4.33，相较 2015 年增长 23.01%。其他地区相比 2015 年均出现不同程度的下降，其中浙江省下降幅度最大，为 48.44%（见表 6-25、图 6-40）。

表 6 - 25　2012—2016 年五个地区创业投资项目退出平均回报倍数

年份	北京	上海	广东	江苏	浙江
2012	3.77	5.75	3.33	4.8	2.47
2013	4.62	4.23	2.32	3.23	19.48
2014	10.59	7.22	3.45	7.98	3.04
2015	4.37	3.52	2.97	2.77	4.81
2016	2.85	4.33	2.77	2.39	2.48

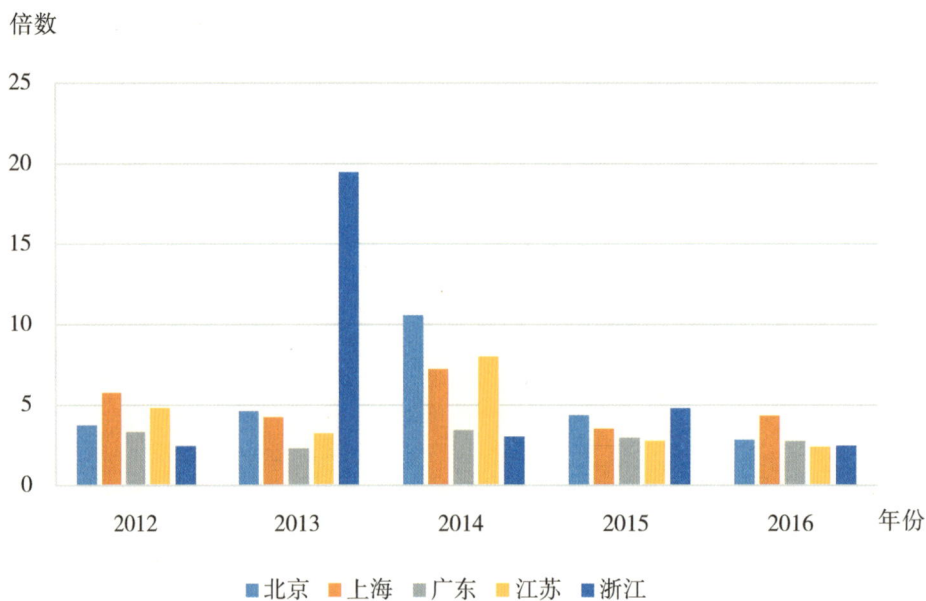

图 6 - 40　2012—2016 年五个地区创业投资项目退出平均回报倍数

第七章

专题——广东省天使投资发展报告

第一节　广东省天使投资发展概况

作为全球著名的天使投资研究基地，新罕布什尔州大学风险投资研究中心（Center for Venture Research, University of New Hampshire）提出的天使投资指具有一定闲置资本的个人对处于种子期，具有巨大发展潜力的企业（项目）进行权益资本投资的行为。天使投资的概念有狭义与广义之分。狭义的天使投资指个人投资者使用自有资金对无家庭联系的创业公司进行早期股权投资，并且给予企业资金以外的支持；广义的天使投资则指一切从事早期首轮外部投资，以期获取利润的股权投资行为，投资主体包括个人、团体、机构、孵化器、众筹等。

天使投资在支持初创企业发展、推动技术革新、创造相关就业方面起重要作用。广东省作为沿海经济大省，其产业结构转型升级进程日益加速。中小新兴企业作为重要推动力，将对地区经济发展进步起到不可忽视的作用。因此，需要大力发展天使投资来促进中小企业和新兴产业发展。

一、广东省天使投资发展历程

广东省天使投资的最初发展情况与我国整体情况相似，均起步于 20 世纪 90 年代。90 年代末开始，随着互联网、信息技术等高新技术的发展，全球的创业热潮高涨，许多海归人才回国创业并开始尝试天使投资。他们利用个人资金、行业经验及人脉资源给予初创企业各方面的支持。紧接着，天使投资主体开始由个人投资者逐渐向机构投资者转变。虽然在这个过程中，两大类主体的资金来源、决策流程与投后管理都不尽相同，但都为地区发展创造了良好的创业氛围。从 2006 年开始，天使投资的规模逐年扩大，更多本土投资人开始尝试天使投资或者创建天使投资基金，部分风险投资机构和私募股权投资机构也开始进行早期项目的投资。2012 年之后，天使投资进一步发展，组织化和机构化趋势明显，广东省相应出台了一系列促进天使投资发展的规范性文件。

二、广东省天使投资运作模式

目前广东省天使投资运作模式不仅有个人投资，还包括团体、机构、孵化器、众筹等多种模式。第一是个人投资，《中国高净值人群消费需求白皮书（2012）》调查了包括广州在内的 29 个城市的高净值人群，发现仅有 13% 和 5% 的人投资方向为私募股权基金及非上市公司，说明现今仍有许多潜在的天使投资人。第二是天使投资团体，主要以俱乐部、联盟等形式出现。相较于个人天使投资，团体聚集了各类投资人的资金，通过联合投资达到降低投资风险的目的。第三是天使投资机构，主要是将原本非正规化管理的资金转为专业化管理运作，与投资于早期阶段的风险投资基金有相似之处。第四是孵化器模式，这主要指部分天使投资机构除了提供资金支持，还为初创企业提供软硬件相关服务。第五是平台创业基金，主要由实力雄厚的机构或政府为专门领域创业提供基金支持。第六是天使投资网络平台，此类平台以互联网众筹的模式为早期企业获取相应的资金帮助，能有效降低企业和天使投资者的寻找成本，促进二者之间的衔接。[1]

考虑数据的可获取性，具体投资情况分析将把六类运作模式划分为个人天使投资[2]与机构基金天使投资[3]。2006—2013 年，广东省个人天使投资案例与机构基金天使投资案例数量并未出现明显的上升趋势，机构投资在 2009 年和 2010 年甚至有下降的情况。但是自 2013—2015 年，二者项目数量均呈现爆发式增长，这在一定程度上是由于当年广东省发改委、省金融办印发了《广东省关于发展创业投资促进产业转型升级的意见》，表示"对于经备案登记的天使投资人，广东省战略性新兴产业创业投资引导基金可按程序对其投资且符合引导基金使用管理规定的种子期和初创期创新型企业进行跟进投资"。此外，《广东省科学技术厅、广东省财政厅关于科技企业孵化器创业投资及信贷风险补偿资金试行细则》发布之后，天使投资案例数量在 2015 年达到顶峰，但随后出现较大幅度缩减（见表 7 – 1、图 7 – 1）。[4]

表 7 – 1　2006—2016 年广东省个人与机构基金天使投资案例数

单位：个

年份	个人天使投资案例数量	机构基金天使投资案例数量
2006	2	31
2007	5	41
2008	4	43
2009	4	35
2010	3	39
2011	3	79
2012	6	57
2013	22	61

[1]　此种分类方法参考刘曼红、王佳妮《中国天使投资理论、方法与实践》（北京：中国发展出版社，2015 年）。
[2]　仅包括天使投资个人。
[3]　包括天使投资团体、天使投资机构、天使投资孵化器、平台创业基金、天使投资网络平台。
[4]　数据来源：投中公司数据库。

（续上表）

年份	个人天使投资案例数量	机构基金天使投资案例数量
2014	60	200
2015	166	474
2016	147	285

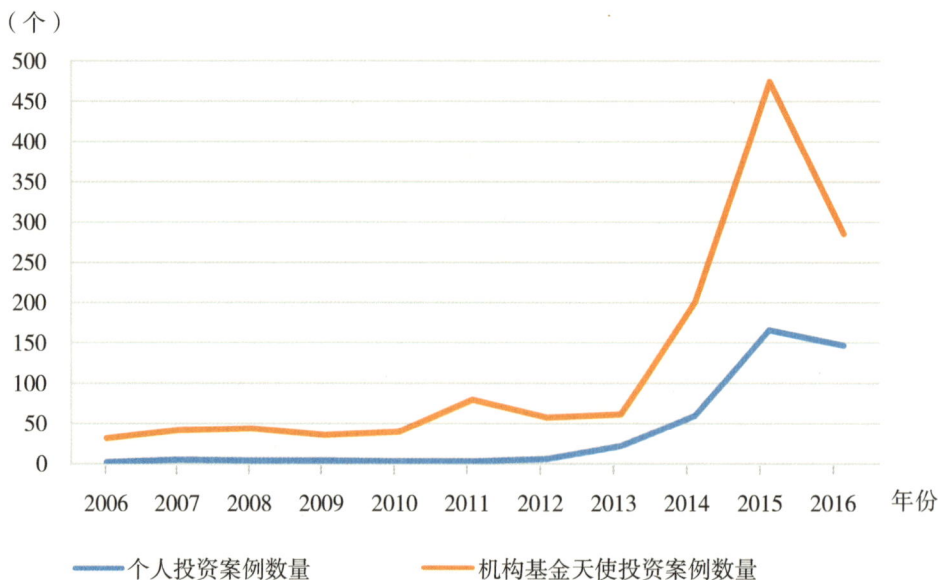

图 7 - 1　2006—2016 年广东省个人与机构基金天使投资案例数

　　两类天使投资运作模式下的案例占比情况如图 7 - 2。整体来看，个人天使投资的案例所占比例均远小于机构天使案例数。2013 年个人天使投资项目数量占比跳跃式增加之后，2014 年出现轻微下调，但随后两年增长稳定，在 2016 年达到最大值（见图 7 - 2）。[①]

---

①　数据来源：投中公司数据库。

（%）

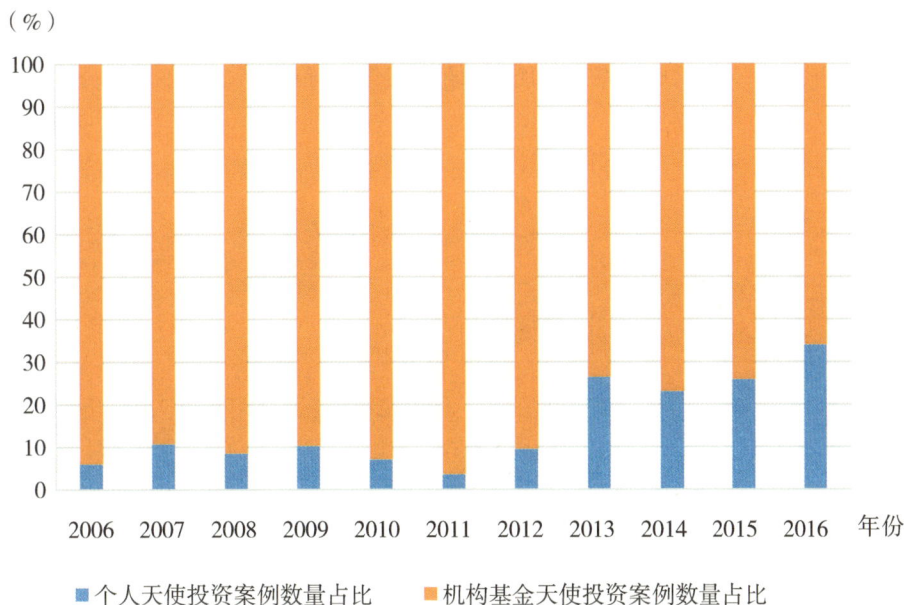

■ 个人天使投资案例数量占比　　■ 机构基金天使投资案例数量占比

图 7 - 2　2006—2016 年广东省个人与机构基金天使投资案例占比

　　总体而言，从数据上看，广东省机构基金天使投资的参与度大于个人天使投资者，这一方面是由于有赖于机构天使拥有较多的资金与项目资源，另一方面规范成熟的运行管理机制能够有效降低各类投资风险。与此同时，数据显示个人天使投资项目占比正在稳定上升，这反映出广东省现有个人天使投资人活动的积极性逐步提高，潜在天使投资人群体出现的可能性日益增加。

第二节　广东省天使投资发展环境

　　天使投资的健康快速发展离不开一个良好的环境体系。其中包括宏观层面的经济运行状况、微观层面的天使投资供给与需求情况，以及相应的创新创业平台环境及法律政策支持。总体来看，广东省创业氛围浓厚，大量的创业活动、多元化的创业服务为创业者和天使投资人创造了良好的外部环境。

一、广东省天使投资的社会经济环境

　　广东省近几年地区生产总值稳步上升，为了促进经济可持续发展，迫切需要进行产业结构转型升级。转型升级的关键是技术进步，而中小企业在广东省技术创新方面发挥了主力军的作用。初创期的中小科技企业往往需要大额的前期投资，但由于未来

发展的不确定性，很难通过商业银行贷款等渠道获取资金。随着市场经济的发展，许多中小新兴企业的经营活动具备较高的市场化程度。个人及企业的信息数据库不断完善升级，相关法律的陆续出台，约束监管强度的提高使得企业的信用意识和信用水平不断上升。在这种环境下，面对种子期和初创期大量中小企业的资金缺口，天使投资作为另一主要外源性融资来源，承载了巨大的市场需求。

二、广东省天使投资的政策环境①

本部分主要讨论 2013—2017 年对广东省天使投资产生影响的相关政策，包括国家层面和地方政府颁布的规范性文件。根据侧重点的不同，将其大致分为税收优惠、平台发展、渠道建设及其他政策四个类别。

税收优惠方面主要是对投资于种子期和初创期企业的投资人（机构）给予税收支持。比如 2016 年 12 月 19 日，国务院印发《"十三五"国家战略性新兴产业发展规划》，提出"大力发展创业投资和天使投资，完善鼓励创业投资企业和天使投资人投资种子期、初创期科技型企业的税收支持政策，丰富并购融资和创业投资方式"。

平台发展方面主要是鼓励建设线上与线下信息平台，加强天使投资人与融资企业联系，减少由于信息渠道不够和信息不对称产生的成本。具体政策如 2017 年 5 月 17 日，广东省政府印发《广东省加快促进创业投资持续健康发展的实施方案》提出"积极鼓励包括天使投资人在内的各类个人从事创业投资活动。鼓励成立公益性天使投资人联盟等各类平台组织，培育和壮大天使投资人群体，促进天使投资人与创业企业及创业投资企业的信息交流与合作，推动天使投资事业发展"。

规范、畅通的退出渠道是挖掘潜在天使投资、实现天使投资收益的必要保障。在建设渠道方面，政策上也存在相应的支持，如 2015 年 3 月 11 日，国务院印发《国务院办公厅关于发展众创空间推进大众创新创业的指导意见》，提出"规范和发展服务小微企业的区域性股权市场，促进科技初创企业融资，完善创业投资、天使投资退出和流转机制"。

除了以上三个类别，还存在通过资金补偿、创业引导基金跟进投资等方式促进天使投资的相关政策。如 2015 年 2 月 15 日发布的《广东省科学技术厅、广东省财政厅关于科技企业孵化器创业投资及信贷风险补偿资金试行细则》和广东省发改委、省金融办在 2013 年 7 月 29 日印发的《广东省关于发展创业投资促进产业转型升级的意见》，提出"对于经备案登记的天使投资人，广东省战略性新兴产业创业投资引导基金可按程序对

---

① 政策文献来源：投中公司数据库。

其投资且符合引导基金使用管理规定的种子期和初创期创新型企业进行跟进投资"。

具体政策按照国家和地方分类如表 7 – 2 所示。

表 7 – 2　2013—2017 年国家及广东省与天使投资相关的政策汇总

层面	相关文件
国家	2017 年 6 月 9 日，《财政部、国家税务总局关于创业投资企业和天使投资个人有关税收试点政策的通知》正式发布，本次试点地区包括京津冀、上海、广东、安徽、四川、武汉、西安、沈阳八个全面创新改革试验区域和苏州工业园区。加大了对天使投资的税收支持，并规定注销清算后的税收抵扣安排。试点中包括了四地（北京、上海、广东、江苏）。 2017 年 4 月 13 日，国务院印发《国务院关于做好当前和今后一段时期就业创业工作的意见》，提出促进天使投资、创业投资、互联网金融等规范发展，灵活高效满足创业融资需求。 2016 年 12 月 19 日，国务院印发《"十三五"国家战略性新兴产业发展规划》，提出大力发展创业投资和天使投资，完善鼓励创业投资企业和天使投资人投资种子期、初创期科技型企业的税收支持政策，丰富并购融资和创业投资方式。 2016 年 9 月 20 日，国务院印发《国务院关于促进创业投资持续健康发展的若干意见》，提出积极鼓励包括天使投资人在内的各类个人从事创业投资活动。鼓励成立公益性天使投资人联盟等各类平台组织，培育和壮大天使投资人群体，促进天使投资人与创业企业及创业投资企业的信息交流与合作，营造良好的天使投资氛围，推动天使投资事业发展。同时，完善创业投资税收政策。按照税收中性、税收公平原则和税制改革方向与要求，统筹研究鼓励天使投资人投资种子期、初创期等科技型企业的税收支持政策，并研究开展天使投资人个人所得税政策试点工作。 2016 年 9 月 11 日，国务院印发《北京加强全国科技创新中心建设总体方案》，提出按照国家税制改革的总体方向与要求，对包括天使投资在内的投向种子期、初创期等创新活动的投资，研究探索相关税收支持政策。 2016 年 8 月 8 日，国务院印发《"十三五"国家科技创新规划》，提出研究制定天使投资相关法规，鼓励和规范天使投资发展。支持有条件的技术转移机构与天使投资、创业投资等开展设立投资基金等合作。同时，对包括天使投资在内的投向种子期、初创期等创新活动的投资，统筹研究相关税收支持政策。 2016 年 5 月 12 日，国务院印发《国务院办公厅关于建设大众创业万众创新示范基地的实施意见》，提出落实鼓励创业投资发展的税收优惠政策，营造创业投资、天使投资发展的良好环境。 2016 年 4 月 15 日，国务院印发《上海系统推进全面创新改革试验加快建设具有全球影响力的科技创新中心方案》，提出：鼓励创业投资基金和天使投资人群发展，对包括创业投资基金和天使投资人在内的上海市各类创业投资主体，上海市以不同方式给予有针对性的支持和引导，有效激发各类创业投资主体对处于种子期、初创期创业企业的投入。并且，按照国家税制改革的总体方向与要求，对包括天使投资在内的投向种子期、初创期等创新活动的投资，研究探索相关税收支持政策。

（续上表）

层面	相关文件
国家	2016年2月18日，国务院印发《国务院办公厅关于加快众创空间发展服务实体经济转型升级的指导意见》，引导和鼓励各类天使投资、创业投资等与众创空间相结合，完善投融资模式。鼓励天使投资群体、创业投资基金入驻众创空间和双创基地开展业务。鼓励国家自主创新示范区、国家高新技术产业开发区设立天使投资基金，支持众创空间发展。 2015年6月16日，国务院印发《国务院关于大力推进大众创业万众创新若干政策措施的意见》，提出：按照税制改革方向和要求，对包括天使投资在内的投向种子期、初创期等创新活动的投资，统筹研究相关税收支持政策。 2015年3月11日，国务院印发《国务院办公厅关于发展众创空间推进大众创新创业的指导意见》，提出：规范和发展服务小微企业的区域性股权市场，促进科技初创企业融资，完善创业投资、天使投资退出和流转机制。发挥财税政策作用支持天使投资、创业投资发展，培育发展天使投资群体，推动大众创新创业。 2014年12月3日，国务院印发《关于深化中央财政科技计划（专项、基金等）管理改革的方案》，提出：通过市场机制引导社会资金和金融资本进入技术创新领域，形成天使投资、创业投资、风险补偿等政府引导的支持方式。
广东省	2017年5月17日，广东省政府印发《广东省加快促进创业投资持续健康发展的实施方案》，积极鼓励包括天使投资人在内的各类个人从事创业投资活动。鼓励成立公益性天使投资人联盟等各类平台组织，培育和壮大天使投资人群体，促进天使投资人与创业企业及创业投资企业的信息交流与合作，推动天使投资事业发展。 2017年3月23日，珠海市政府印发《珠海高新区天使投资扶持办法》，以促进创新型小微企业发展。珠海高新天使创业投资有限公司或其旗下投资机构是天使投资的投资主体，具体负责投资方案、退出方案的拟订和实施，并负责投资后管理等相关工作。为进一步加大对企业的扶持力度，区下属商业化投资机构可与高新天使一起对企业投资。 2017年3月23日，珠海高新区印发《珠海高新区天使投资资金管理办法》，珠海高新天使创业投资有限公司（以下简称"高新天使"）或其旗下投资机构是天使投资的投资主体。高新天使负责投资方案、退出方案的拟订和实施，并负责投资后管理等相关工作。

（续上表）

层面	相关文件
广东省	2015年2月15日，《广东省科学技术厅、广东省财政厅关于科技企业孵化器创业投资及信贷风险补偿资金试行细则》正式发布，其中，创业投资风险补偿资金的支持对象为：具有融资和投资功能，投资于科技企业孵化器初创期科技型中小微企业的公司制或有限合伙制创业投资机构。同时，广东省科技厅副厅长杨军表示，对于面向科技企业孵化器的创业补偿金，主要是针对天使投资失败的项目，可由省市财政按照一定比例补偿。省财政对单个项目的本金风险补偿金额不超过200万元。 2014年9月18日，珠海高新区印发《珠海高新区天使投资扶持办法（试行）》为促进创新型小微企业发展，在区科技创新和产业扶持专项资金中设立天使投资资金，投资对象符合高新区主园区"4＋2"产业定位（软件和集成电路设计、互联网和移动互联网、智能电网、医疗器械四大战略性新兴产业，高端制造、文化创意两个产业领域）。 2013年7月29日，广东省发展改革委、省金融办印发《广东省关于发展创业投资促进产业转型升级的意见》，建立天使投资人备案登记制度。对于经备案登记的天使投资人，广东省战略性新兴产业创业投资引导基金可按程序对其投资且符合引导基金使用管理规定的种子期和初创期创新型企业进行跟进投资。

三、广东省天使投资的创新创业环境

（一）创业群体

创业群体可分为具有职场经验的人士、学生群体及其他创业人群三类。现阶段，学生群体作为主力军已经在创业大潮中占据举足轻重的地位。根据2016年中国大学生就业状况调查课题组的调研分析结果，在受访的2016届毕业生中，过半数表示有创业意愿，比例达到56.9%，其中1.8%的毕业生选择毕业之后马上自主创业。这说明近几年的创业环境与氛围让更多的大学生走上创业道路。在创业困难方面，有37.6%的人群表示在资金获取方面存在困难。另外有22.2%和14.3%的毕业生认为在团队组建及管理、经营场地及软硬件环境准备上需要得到相关帮助。[①] 此外，数据显示海外留学回国人员中有11.9%的人选择自主创业，该比例远高于国内毕业生的实际创业占比（根据麦可思调研，近三届大学生自主创业比例呈现上升趋势）。其中创业领域集中在

---

① 2016年中国大学生就业状况调查课题组《2016年中国大学生就业状况调查报告》。

战略性新兴产业、新生物工程/新医药（22%）、新一代信息技术（15.1%）。调查显示创业中排名前两位的困难依次是经营运行成本高和融资困难，因此创业融资困难、成本高依然是阻碍创业发展的关键问题。[①] 由此可见，目前我国学生创业群体正在逐渐扩大，面临的问题集中于资金和软硬件设施两个方面。毋庸置疑，天使投资将有效缓解这些问题，这也从侧面反映出天使投资面对日益增长的市场需求，发展潜力巨大。

（二）创业教育与活动

从 2002 年起，我国教育部开始选择部分大学作为创业教育试点高校，2008 年又依次建立了 30 个创新创业教育类人才培养创新实验区。同时，相关创业服务机构也在积极开展各类创业公开课、创业培训、主题沙龙等活动。这些都为创业新手创造了多样化的教育环境。在创新创业活动方面，高校、政府、媒体以及民营机构等均组织各类创新创业比赛活动，旨在为刚起步的中小创新企业提供一个项目展示及信息交流的平台，积极引导更广泛的社会资源进入创新创业领域。比如，广东省"众创杯"创业创新大赛的举办为有意向在广东创业和已经在广东创业的创业者提供项目对接平台与相应的资金资助。此外，国内还有由《创业家》主办的"黑马大赛"、由科技部等政府机构发起的"中国创新创业大赛"等，均帮助各类优秀项目获取天使投资人和风险投资机构的融资。

校园创新创业相关教育与活动通常被看作创业发展的重要途径。

根据 2017 年 1 月 9 日艾瑞深中国校友会团队发布的广东省大学 2017 年排行榜，本文选取前十名高校，在表 7 - 3 中列举出这些高校所进行的创业教育活动。

---

① 中国留学发展报告课题组《2016 中国留学发展报告——海归想要"再海归"》。

表 7 - 3　广东省 2017 年排名前十高校创业教育情况①

高校	创业教育情况
中山大学	为鼓励大学生创业，中山大学形成创业教育、创业社团、创业比赛、创业实践等一系列鼓励毕业生创业的机制。 开设了由联合国劳工组织和共青团中央联合设置的 KAB 大学生创业教育课程，并整合学科资源，于 2009 年成立中山大学创业学院，共同为培养创新型人才搭建平台。
华南理工大学	2011 年 4 月，华南理工大学创业教育学院成立，以工商管理学院为依托，专门负责全校的创业教育。 学院设置以"创业训练营"为核心的创业课程体系，帮助学生像企业家一样思考；通过创业计划竞赛学习创业，借用风险投资的运作模式让学生找到最合适自己的创业目标；建立创业导师制，包括校内的全职老师和校外导师，企业家与学校的接触可以形成一个创新人脉网络；以发明创造为基础，依托大学科技园，促进科技成果商业化；打造校园创业文化，营造良好的校园创业文化氛围；设立"创业班"，以具有强烈创业意愿，明确今后将创业作为事业规划的在校生为培养对象，进行系统化培养的项目。
华南师范大学	华南师范大学创业学院成立于 2009 年 5 月，是广东省高校成立的第一所创业学院。 一直以来，创业学院坚持"面向全体学生，结合专业教育，将创新创业教育融入人才培养全过程"，立足国家经济转型升级所需的创新型人才培养，努力为学生"植入创业基因"，形成"创新学科化、创业整合化、政策系统化、服务社会化、价值市场化"的创新创业教育生态体系，在创新创业研究、课程体系建设、师资队伍培养、实践基地建设、创新创业培训、团队项目孵化、创新创业比赛、社会服务等方面都取得可喜成绩，走出以"理论建设为指引、课程建设为基础、实践平台为手段、团队培育为动力、社会服务为导向、机构制度为保障、科研项目为支撑"的独具特色的华师创新创业教育发展道路。

---

① 本表格内容根据广东各高校官网资料整理。

（续上表）

高校	创业教育情况
暨南大学	暨南大学是国内首批开展创业教育的重点大学，早在 2003 年就成立了创业实验室，开始面向全校区招收创业实验室成员。 从 2004 年起连续七年发起召开全国高校创业教育研讨会。2006 年，建成了大学生创业实验园，2011 年设立创业学院。
深圳大学	深圳大学创业学院成立于 2016 年 3 月，学院采取虚实结合的教学模式，除强调理论知识的学习，更以创业为导向，将学生的想法变成现实。 创业学院统筹深大的创业教育资源，单独或者与管理学院进行合作，开办创业精英班，面向全校学生招收 40～50 人，配备专业师资，进行小班精英教学。学生修满学分后，除获得原专业的学位证书，还将获得管理学学士学位。
华南农业大学	华南农业大学设立有创新创业学院，并且具有创新创业网络教学平台。 平台内设置有创业资讯、课程中心、竞赛平台、师资培训、创业讲堂等板块，给有创业想法的高校生提供全方位的帮助指导。
南方医科大学	2016 年 6 月，南方医科大学办公会议批准成立创业学院和大学生创新创业实践与孵化基地（众创空间）。 2016 年 10 月 31 日，南方医科大学创业学院正式成立。
汕头大学	2012 年 9 月，汕头大学创建了 140 余平方米的学生创业园。 园区以服务、协调、咨询、指导为目标，可为大学生创业团队提供小型办公室和创业场所。同时，学校还为创业学生提供每年 50 万元的创业基金，为有创业梦想的大学生筹措资助资金。自学生创业园与创业基金成立以来，学生创业园的制度建设不断加强。

（续上表）

高校	创业教育情况
广东外语外贸大学	2016 年 7 月，广东外语外贸大学挂牌成立创新创业教育学院，配备专职人员，具体负责创新创业教育工作的开展。创新创业教育学院秉承国际化理念（Global Thinking），实施融入式教育（Immersive Education）、开放式培育（Open Education），完善体系化架构（Systems Architecture），探索构建学校创新创业教育"GIOS"模式，全面推动创新创业教育的开展。一是打造"通识 + 核心 + 特色"创新创业课程体系。面向全体学生开设创新创业教育必修课程，启蒙学生创业意识、激发学生创新能力、培养学生创新创业精神。二是构建创新创业实验基地（52 000 平方米）、学院创新创业孵化中心（10 个）、创新创业实训基地（4 895 平方米）、创业孵化器（930 平方米，在建 3 000 多平方米）、校外创业加速器（5 个）的"五位一体"创新创业教育实践平台，为学生创业实践、创业项目成长提供多层次、全方位的支持。三是提供较为完善的大学生创业扶持政策，实施弹性学分制和学分互认制，设立学生创新和创业奖学金，为学生创新创业实践提供制度保障。四是建设专业化、专家化、高水平的创新创业教育师资队伍。通过"外引内培、专兼结合"，举行"云山双创"（创新创业）导师培训班，邀请校外权威讲师团到校，加强校内师资培训。推行专家支持计划、企业家进校园计划，引进创新创业领域权威专家，发挥"传帮带"作用，邀请知名企业家到校开设讲座，为创新创业教育提供师资保障。
广州大学	2015 年 10 月，广州大学成立创新创业学院，将广州大学生创业研究院与广州大学现代产业学院纳入全校创新创业教育工作体系。2017 年 1 月，学校立项建设位于商业中心约 1 000 平方米的众创空间。2017 年 3 月，该众创空间获批为广州地区高校创新创业教育重点建设平台。该平台将打造成以服务广州大学学生为主，辐射整个大学城和市属高校，开展"创意、创造、创业"三创教育与实践、创新创业人才培育和项目孵化的实体与虚拟空间相结合的高校众创空间。2017 年 6 月，该众创空间将投入运行，市场化运作的广大好天使创业孵化基金也将投入运作。

四、广东省天使投资的平台环境[①]

科技企业孵化器为初创企业提供了软硬件上的服务，如提供办公设施、管理咨询、创业辅导等，帮助企业在种子期获取有用信息、降低相关成本，从而提高企业存活率。

---

① 本节中天使投资平台指科技企业孵化器和众创空间。数据来源：广东孵化在线官网。

孵化器不仅可以促进创新型中小企业成长，而且可以带动技术创新、产业升级以及区域经济发展。众创空间是在科技企业孵化器的发展基础上，通过新模式、新机制、新服务、新文化融合发展，形成的低成本、便利化、全要素的创业服务社区。其通过集聚各种创新创业要素，为大众创新创业者提供良好的工作空间、网络空间、社交空间和资源共享空间的创新型孵化器。

截至 2017 年 8 月，广东省已设立 537 家科技企业孵化器，其中国家级孵化器达 61 家，对区域创新创业、战略性新兴产业源头企业培育、区域产业结构调整及经济发展方式转变起推动作用。如广工大数控装备孵化器，专门针对广东省产业转型升级和珠江西岸先进装备制造产业带建设的重大需求，孵化了一批科技型企业，推动产业转型升级和区域创新体系的建设。冠昊科技园、华南新材料创新园等不同新兴领域的孵化器，均为广东省创业平台建设做出了重要贡献。与此同时，广东省成立 365 家众创空间，其中纳入国家级众创空间试点单位达 74 家。比如，深圳柴火创客空间作为全国首批成立的创客空间，已经建立起一套完整的迅速复制体系，可将空间建设、运营模式、品牌推广、内容产出等创客空间基础建设快速地复制到全国各城市。此外，还建立了如蜂巢咖啡（广东盛创蜂巢孵化器有限公司）这类集创新创业教育培训、技术辅导及交流互动、各类项目孵化融投资为一体的创业一站式服务基地。这两类平台的建设，将有助于被投资企业与天使投资人之间的有效对接，给予初创企业所需资金及服务，对天使投资的发展至关重要。

第三节　广东省天使投资运作概况

一、广东省天使投资基金募资情况

根据投中公司的统计数据来看，广东省天使基金的披露金额在总体上呈现波动式增长的趋势。2014 年，不论从数量还是披露金额来看，天使投资基金的各项数据均出现大幅提升，并在 2015 年其披露金额达到最高，为 6.33 亿美元（见表 7 - 4 和图 7 - 3）。[①]

---

① 数据来源：投中公司数据库。

表7-4　2006—2016年广东省天使基金募集情况

年份	基金数量（只）	披露金额（亿美元）
2006	4	1.24
2007	13	2.07
2008	12	2.21
2009	4	0.16
2010	11	1.57
2011	17	4.62
2012	9	4.41
2013	11	1.13
2014	24	4.5
2015	20	6.33
2016	12	3.06
合计	137	31.3

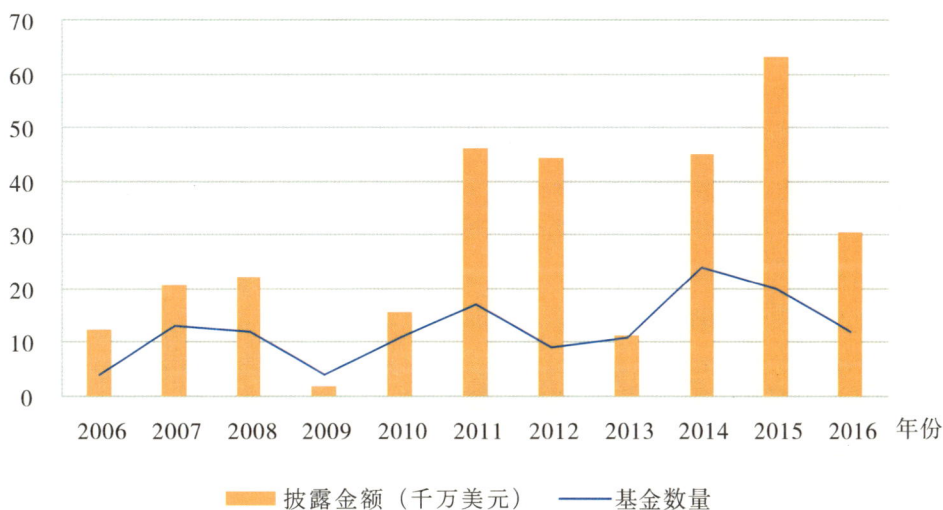

图7-3　2006—2016年广东省天使基金募集情况

从天使基金的中外资性质来看，如表7-5和图7-4所示[①]，2006年，天使基金的资本来源为中资和非中资各占一半。从2007年开始，随着国内天使投资的发展，外资和中外合资所占比例逐渐下降，本土的天使投资机构则迅速发展壮大。截至2016年，广东省天使基金资本已经全部由中资构成。

---

① 数据来源：投中公司数据库。

表 7 - 5　2006—2016 年广东省天使基金资本来源

单位：个

年份	外资	中外合资	中资	总计
2006	1	1	2	4
2007		1	12	13
2008	2		10	12
2009			4	4
2010		1	10	11
2011	2		15	17
2012			9	9
2013	1		10	11
2014		1	23	24
2015			20	20
2016			12	12
合计	6	4	127	137

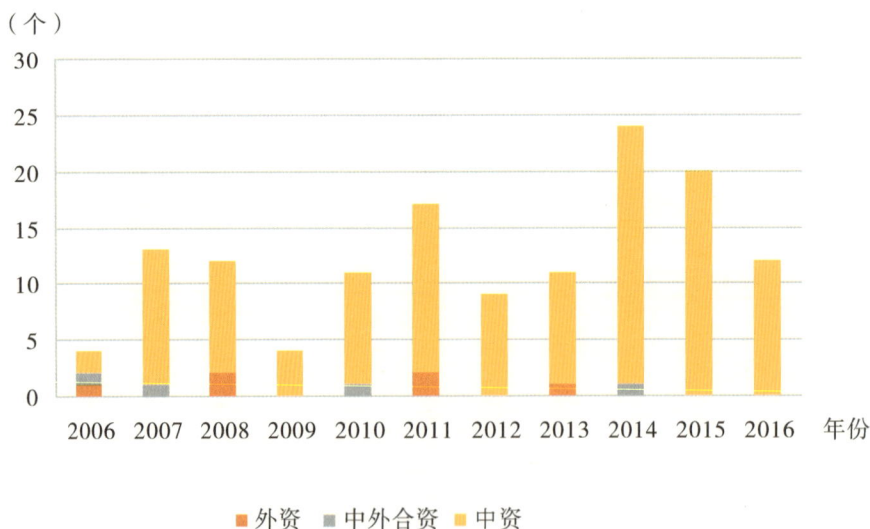

图 7 - 4　2006—2016 年广东省天使基金资本来源

　　如表 7 - 6 所示①，广东省天使基金的有限合伙人（LP）以企业投资者为主，投资机构为辅，政府引导基金几乎为零。其原因可能是天使投资的进入阶段主要集中在企

---

① 数据来源：投中公司数据库。

业的种子期，初创企业在这个阶段往往还没有固定的盈利模式甚至仅停留在想法阶段。此外，在种子期的企业具有很强的不确定性，其发展不仅受到行业产品的影响，创业团队也起到了很大的作用。企业投资者由于具有丰富的经验，不仅能辨别出优秀的创业团队并对行业前景进行预测和把握，还能在企业管理上提供一定的帮助，所以天使基金的 LP 大部分是企业投资者。

表 7 - 6 2006—2016 年广东省天使基金 LP 参与情况

单位：个

年份	企业投资者	VC/PE 投资机构	引导基金	合计
2006	1	1		2
2007	4	2		6
2008	2	3		5
2009		1		2
2010	14	4		20
2011	8	7	2	19
2012	7	2		10
2013	7	1		8
2014	9			12
2015	16	3	1	20
2016	7	1		9

二、广东省天使投资资本投入情况

2015 年，"大众创业，万众创新"被正式列入政府工作报告。自此，在政府宏观政策的引导和扶持以及股权投资市场开始呈现出早期化现象的共同影响下，天使投资市场爆发出巨大的能量，掀起了一股全民天使、全民创业的热潮。由表 7 - 7① 可以看出，2015 年是广东省天使投资规模最大的一年，各项数据较 2014 年相比均有大幅度的提升，无论是案例数量还是投资金额，其增幅都接近 2 倍。到了 2016 年，资本逐渐趋于理性，天使投资有所下降，回归正常的水平。

---

① 数据来源：投中公司数据库。

表 7 - 7   2006—2016 年广东省天使投资投入情况

年份	案例数量（个）	投资金额（亿美元）	披露金额（亿美元）
2006	33	2.189 5	1.901 2
2007	46	2.033 5	1.464 9
2008	47	3.493 2	2.605 5
2009	39	1.988 9	0.854 4
2010	42	1.400 7	1.018 3
2011	82	4.475 4	1.978 9
2012	63	4.358 3	2.369
2013	83	1.956 5	0.909 3
2014	260	6.41	4.485 9
2015	640	18.513 5	13.802 6
2016	432	16.021 6	13.088 6

三、广东省天使投资退出情况

表 7 - 8[①] 展示了广东省天使投资退出的行业分布。可以看出，从 2006 年到 2016 年，退出项目最多的行业是 IT 行业，其次是制造业和电信及增值行业；退出项目最低的行业是化学工业，仅有 1 项案例。

表 7 - 8   2006—2016 年广东省天使投资退出行业分布

行业	退出项目数量（个）
IT	58
制造业	37
电信及增值	28
能源及矿产	17
医疗健康	16
互联网	15
房地产	11
旅游业	6
建筑建材	5

---

① 数据来源：投中公司数据库，数据更新截至 2017 年 6 月。

（续上表）

行业	退出项目数量（个）
连锁经营	4
汽车行业	3
公用事业	2
农/林/牧/渔	2
文化传媒	2
综合	2
化学工业	1

表 7-9① 展示了广东省 2006—2016 年天使投资项目退出方式的分布。可以看出，IPO 凭借其高额的回报收益率，成了最受欢迎也是退出项目最多的退出方式（排除 2013 年和 2015 年 IPO 暂停所导致的 IPO 退出数量下降）。由于存在法律程序烦琐、耗时长和破产风险高等缺点，通过清算方式退出的项目数量最少。

表 7-9　2006—2016 年广东省天使投资项目退出方式分布

单位：个

年份	并购	公开市场减持	清算	IPO	同业转售	现金分红	总计
2006	1		1	4			6
2007	1		1	3			5
2008	2			3		1	6
2009	1			9		1	11
2010	5	3		10	1	9	28
2011	7	19		8	1	15	50
2012	1	13		6	1	13	34
2013	4	4		2			10
2014	9			6	1		16
2015	22			3	1		26
2016	8			9			17

① 数据来源：投中公司数据库。

四、广东省天使投资的行业分布

作为产业大省，广东省的产业发展一直处于稳步提升的态势。随着近几年的产业结构改革，广东省产业结构逐渐从以第一产业和第二产业为主导转变为以第三产业为主导，天使投资的投资方向也在不断变化。

表7-10[①]展示了广东省2006—2016年天使投资的行业分布。在此期间，案例数量总数排名前三的行业分别是互联网、IT行业以及电信及增值行业。其三者的案例数量之和超过了其他所有行业的案例总数量。2015年，国务院印发《关于积极推进"互联网＋"行动的指导意见》来积极引导并推动互联网行业的发展。互联网和IT行业灵活多变的运行模式、高额的回报收益以及政府的大力支持使得互联网和IT行业成了天使投资的宠儿并迅速崛起。

表7-10　2006—2016年广东省天使投资行业分布

行业	案例数量（个）	投资金额（亿美元）
互联网	639	23.435 6
IT	439	10.067 3
电信及增值	217	4.817
制造业	130	4.400 8
金融	76	7.339
医疗健康	57	1.809 9
综合	40	1.659 6
文化传媒	38	1.231 8
教育及人力资源	24	0.764 9
能源及矿产	22	1.073 1
连锁经营	21	1.573 9
汽车行业	14	1.778 5
建筑建材	11	0.698 7
食品饮料	10	0.256 1
交通运输	9	1.082 8
化学工业	7	0.498 7
旅游业	7	0.104 8
农/林/牧/渔	4	0.193 4
房地产	2	0.055 2

①　数据来源：投中公司数据库，数据更新截至2017年6月。

五、广东省天使投资的区域分布

一般而言，从要素类型的角度看，天使投资会选择政策环境宽松活跃、资本市场较为成熟、融资渠道多样以及人力资源丰沛的地区。从整体上看，广东省内各个区域在这些要素方面的发展并不均衡，因此，天使投资的区域分布也呈现出一定的区域特征。

表 7 – 11[①] 展示了 2006—2016 年广东省天使投资的区域分布。从案例数量上来看，深圳市的天使投资数量最多，达到 1 161 个；广州市紧随其后，有 512 个；其他地区分布较少，珠海市 30 个，东莞市 24 个，佛山市 18 个，惠州市有 7 个，中山市有 5 个，其余各地均仅有 1 个。从投资金额上来看，深圳市和广州市依然稳居前两名，惠州有所上升，排名第三；东莞排名第四；其他地区的披露金额均处在较低水平。

表 7 – 11 2006—2016 年广东省天使投资区域分布

地区	案例数量（个）	投资金额（亿美元）
深圳市	1 161	38.316 3
广州市	512	19.492 2
珠海市	30	0.899 6
东莞市	24	1.271 9
佛山市	18	0.574
惠州市	7	1.438 3
中山市	5	0.277
江门市	1	0.026 7
揭阳市	1	0.024 3
梅州市	1	0.003 3
韶关市	1	0.001 5
云浮市	1	0.002 3
湛江市	1	0.12
肇庆市	1	0.006 1

---

① 数据来源：投中公司数据库，数据更新截至 2017 年 6 月。

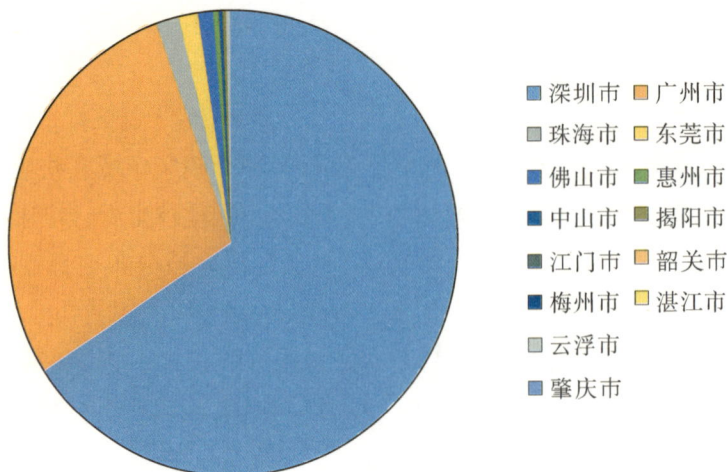

图 7 – 5　2006—2016 年广东省天使投资区域分布（数据更新截至 2017 年 6 月）

第四节　广东省天使投资发展经验借鉴
——与北京、上海、江苏、浙江比较

作为经济总量全国第一的经济大省，广东在开放程度、经济总量以及增长速度等方面都处于全国领先水平。在此选取北京、上海、江苏、浙江四个地区作为比较对象，是考虑到这五个地区处于相似的发展水平。以这五个地区为例，对这些区域内的天使投资进行横向比较，进而找出广东省在国内天使投资领域的发展水平及地位，具有重要的现实意义。

一、天使投资募资比较

表 7 – 12 和表 7 – 13 分别展示了广东、北京、上海、江苏和浙江这五个地区的天使基金募集数量和披露金额①。从天使基金的募集数量来看，北京市的天使投资基金数量最多，有 176 个；江苏省排名第二，天使投资基金数量有 151 个；广东省排名第三，天使基金的数量为 137 个；上海市的为 116 个，排名第四；浙江省的天使基金数量最少，只有 109 个。从整体上来看，五个地区的天使基金数量差距不大，其相邻数据差额从高到低均保持在 20 个左右。从天使基金的披露金额来看，北京仍然是披露金

---

① 数据来源：投中公司数据库。

额最多的地区，达到 138.206 亿美元；上海市以 75.89 亿美元位居第二；江苏省排在第三，有 31.976 亿美元；广东省仅有 31.31 亿美元，排在第四名；浙江省最少，只有 14.208 亿美元。与天使基金的募集数量不同，五个地区在披露金额上有着较大差距，北京市的披露金额是上海市的近 2 倍，是广东省和江苏省的四倍。尽管拥有两个一线城市，广东省仍然和北京、上海在天使投资的资本规模上存在较大差距。

表 7 - 12　2006—2016 年五个地区天使基金募集数量

单位：个

年份	广东	北京	上海	江苏	浙江
2006	4	6	9	5	2
2007	13	6	12	13	4
2008	12	6	8	18	6
2009	4	10	2	8	9
2010	11	17	8	18	15
2011	17	27	8	23	10
2012	9	16	16	21	12
2013	11	17	6	17	9
2014	24	24	12	9	12
2015	20	35	17	12	20
2016	12	12	18	7	10
合计	137	176	116	151	109

表 7 - 13　2006—2016 年五个地区天使基金募集金额

单位：亿美元

年份	广东	北京	上海	江苏	浙江
2006	1.238	3.590	9.269	1.008	0.042
2007	2.069	5.264	12.772	3.192	0.899 8
2008	2.212	10.482	14.065	5.486	0.585 9
2009	0.164	6.719		1.378	1.92
2010	1.575	17.551	6.276	7.144	2.239 4
2011	4.620	18.026	5.914	5.712	1.570 6
2012	4.414	11.518	5.294	0.519	2.683 4
2013	1.133	9.351	0.049	2.966	1.140 1
2014	4.501	17.326	7.615	1.218	0.887 9

（续上表）

年份	广东	北京	上海	江苏	浙江
2015	6.327	23.969	4.053	3.353	1.797 7
2016	3.058	14.412	10.583		0.440 8
合计	31.31	138.208	75.89	31.976	14.208

表 7-14 为 2006—2016 年五个地区天使基金的资本来源。[①] 可以看出，除了北京、上海和广东，其他两个地区天使基金的外资占比均为零，中外合资占比也处在较低水平。相比北京和上海，广东省虽然有着毗邻香港的地理优势，但外资和中外合资的天使基金数量和北京、上海相差甚远，仅有 10 个。

表 7-14　2006—2016 年五个地区天使基金资本来源

单位：个

地区	外资	中外合资	中资	总计
北京	29	11	136	176
上海	26	6	84	116
广东	6	4	127	137
江苏	0	5	146	151
浙江	0	2	107	109

表 7-15 为 2006—2016 年五个地区天使基金 LP 的参与情况。[②] 整体来看，由于天使投资自身投资阶段的特性，五个地区的情况较为相似，其天使基金的 LP 均以企业投资者为主，VC/PE 机构投资者次之，引导基金占比最低。

表 7-15　2006—2016 年五个地区天使基金 LP 参与情况

单位：个

地区	企业投资者	VC/PE 投资机构	引导基金	合计
北京	72	39	14	125
上海	50	24	9	83
广东	75	25	3	103
江苏	87	43	9	139
浙江	23	7	4	34

---

① 数据来源：投中公司数据库，数据更新截至 2017 年 6 月。
② 数据来源：投中公司数据库，数据更新截至 2017 年 6 月。

二、天使投资资本投入比较

表 7 – 16 展示 2006—2016 年五个地区天使投资的投资情况。[①] 从数量上来看，北京仍以绝对的优势位列第一，其次是上海、广东、浙江和江苏；从披露金额上来看，广东超过上海位列第二，但二者相差不大。总体来看，北京无论在案例数量还是投资金额上都要远远超过其他四个地区，这可能是得益于北京拥有被誉为"中国硅谷"的中关村科技园，其良好的创业氛围和政府的大力支持等优势因素吸引了众多天使投资。

表 7 – 16 2006—2016 年五个地区天使投资情况

地区	案例数量（个）	投资金额（亿美元）	披露金额（亿美元）
北京	4 215	143.039 2	103.714 4
上海	2 072	62.148	40.133 3
广东	1 767	62.841 1	44.478 6
江苏	732	28.120 8	20.316 7
浙江	939		27.523 7

表 7 – 17、7 – 18、7 – 19、7 – 20、7 – 21 分别显示五个地区天使投资的行业分布。[②] 其中，北京、上海、广东和浙江四个地区的天使投资案例数量排名前三的行业均为互联网、IT 以及电信及增值行业，江苏省的天使投资案例数量排名前三的行业为 IT、互联网和制造业。近年来，随着国家对互联网行业的不断重视以及出台的一系列支持政策，互联网行业达到了发展的高速期，吸引了大量的天使投资。在北京、上海、广东和浙江，互联网行业的天使投资无论在数量还是投资金额方面都远远高于其他行业，集中了整个天使投资行业近一半的资金。

表 7 – 17 2006—2016 年广东省天使投资行业分布

行业	案例数量（个）	投资金额（亿美元）
互联网	639	23.435 6
IT	439	10.067 3
电信及增值	217	4.817

---

① 数据来源：投中公司数据库，数据更新截至 2017 年 6 月。
② 数据来源：投中公司数据库，数据更新截至 2017 年 6 月。

（续上表）

行业	案例数量（个）	投资金额（亿美元）
制造业	130	4.400 8
金融	76	7.339
医疗健康	57	1.809 9
综合	40	1.659 6
文化传媒	38	1.231 8
教育及人力资源	24	0.764 9
能源及矿产	22	1.073 1
连锁经营	21	1.573 9
汽车行业	14	1.778 5
建筑建材	11	0.698 7
食品饮料	10	0.256 1
交通运输	9	1.082 8
化学工业	7	0.498 7
旅游业	7	0.104 8
农/林/牧/渔	4	0.193 4
房地产	2	0.055 2
合计	1 767	62.841 1

表7-18　2006—2016年北京市天使投资行业分布

行业	案例数量（个）	投资金额（亿美元）
互联网	1 684	58.695 9
IT	898	20.211 2
电信及增值	600	12.716 2
文化传媒	206	5.711 2
综合	158	4.503
金融	119	18.970 6
制造业	114	3.229 6
教育及人力资源	113	2.497
医疗健康	97	3.343 3
连锁经营	62	3.972
能源及矿产	47	5.156 6
食品饮料	27	0.681 3

（续上表）

行业	案例数量（个）	投资金额（亿美元）
交通运输	20	1.307 6
汽车行业	19	0.348 7
旅游业	16	0.208 1
建筑建材	12	0.347 5
房地产	8	0.337 7
化学工业	8	0.564 6
农/林/牧/渔	5	0.185 8
公用事业	2	0.051 3
合计	4 215	143.039 2

表 7 - 19　2006—2016 年上海市天使投资行业分布

行业	案例数量（个）	投资金额（亿美元）
互联网	841	21.210 8
IT	402	10.205 9
电信及增值	288	4.955 1
综合	84	3.076 7
金融	83	4.483 5
文化传媒	77	3.144 7
制造业	77	3.457 5
医疗健康	69	4.975 1
连锁经营	35	1.119 6
教育及人力资源	23	0.438 8
能源及矿产	20	1.73
交通运输	19	1.501 4
汽车行业	14	0.493 7
食品饮料	10	0.348 7
建筑建材	9	0.529 4
化学工业	7	0.217 1
房地产	6	0.072 7
农/林/牧/渔	5	0.179 6
旅游业	3	0.007 7
合计	2 072	62.148

表 7 – 20　2006—2016 年江苏省天使投资行业分布

行业	案例数量（个）	投资金额（亿美元）
IT	160	4.832
互联网	139	3.267 4
制造业	129	7.507 5
医疗健康	77	2.642 1
电信及增值	47	0.395 7
能源及矿产	47	1.879 6
文化传媒	27	0.964 9
化学工业	24	1.097 2
综合	17	0.611 6
金融	11	3.216 1
汽车行业	11	0.503
建筑建材	9	0.231 1
交通运输	8	0.144 6
连锁经营	8	0.258 8
旅游业	7	0.176 9
农/林/牧/渔	4	0.234 6
房地产	3	0.116 7
教育及人力资源	3	0.032 6
食品饮料	1	0.008 4
合计	732	28.120 8

表 7 – 21　2006—2016 年浙江省天使投资行业分布

行业	案例数量（个）	披露金额（亿美元）
互联网	400	7.988 3
IT	204	1.780 9
电信及增值	106	0.821 8
制造业	40	1.008 1
金融	34	0.813 5
文化传媒	33	0.298 5
综合	25	0.444 5
医疗健康	22	1.124 1
能源及矿产	19	9.379 4

（续上表）

行业	案例数量（个）	披露金额（亿美元）
教育及人力资源	11	0.223 1
汽车行业	10	1.898 5
连锁经营	8	0.367 2
化学工业	7	0.130 6
交通运输	6	0.715 7
农/林/牧/渔	5	0.280 3
旅游业	3	0.083 7
建筑建材	2	
食品饮料	2	0.013 5
房地产	1	
公用事业	1	0.152
合计	939	27.523 7

三、天使投资退出比较

表 7 - 22 展示了五个地区按照不同退出方式实现退出的案例分布。[①] 其中，北京、上海、广东和江苏的主要退出方式都是 IPO 和并购，浙江则是主要通过公开市场减持和 IPO。清算退出在五个地区都比较少见。此外，现金分红在北京、广东和江苏也是较为多见的退出方式。

表 7 - 22　2006—2016 年五个地区天使投资不同退出方式案例分布

单位：个

地区	并购	公开市场减持	清算	IPO	同业转售	现金分红	总计
北京	84	30	3	70	16	32	235
上海	44	16	0	27	4	8	99
广东	61	39	2	63	5	39	209
江苏	45	13	0	56	3	39	156
浙江	10	28	0	12	2	7	59

---

① 数据来源：投中公司数据库，数据更新新截至 2017 年 6 月。

　　从天使投资退出行业的角度来看，北京和上海有超过 50% 的天使投资退出案例来自 IT 行业和互联网行业；广东省由于尚处于产业转型升级进程中，IT 和互联网行业仅占退出案例总数的 35%，制造业仍有 18% 的占比；江苏省的制造业则占天使投资退出总数的 50%，互联网和 IT 行业仅占 14%；浙江省的天使投资退出案例中有 73% 都是来自制造业（见图 7-6、7-7、7-8、7-9、7-10）①。结合之前各地的天使投资披露资金来看，互联网行业和 IT 行业占比较高的地区，其天使投资披露金额也高于其他地区。因此，相比于传统的制造业，互联网和 IT 等新兴行业对天使投资资本的吸引更大。

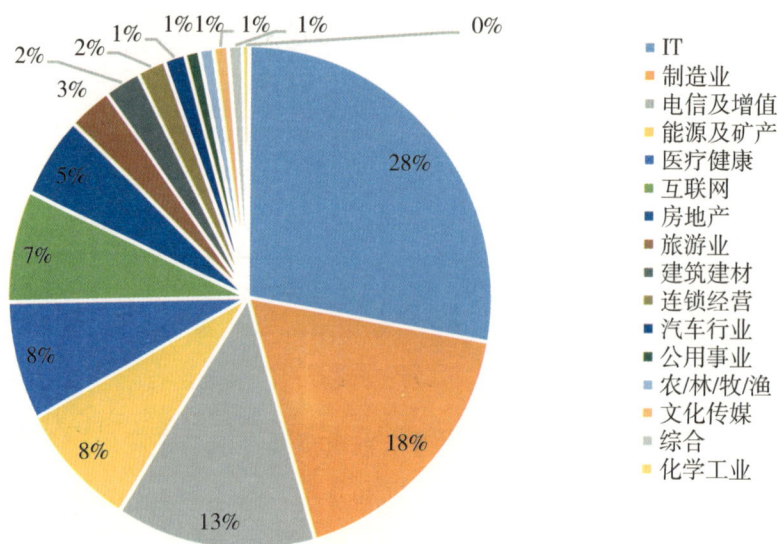

图 7-6　2006—2016 年广东省天使投资退出案例数量行业分布

---

①　数据来源：投中公司数据库，数据更新截至 2017 年 6 月。

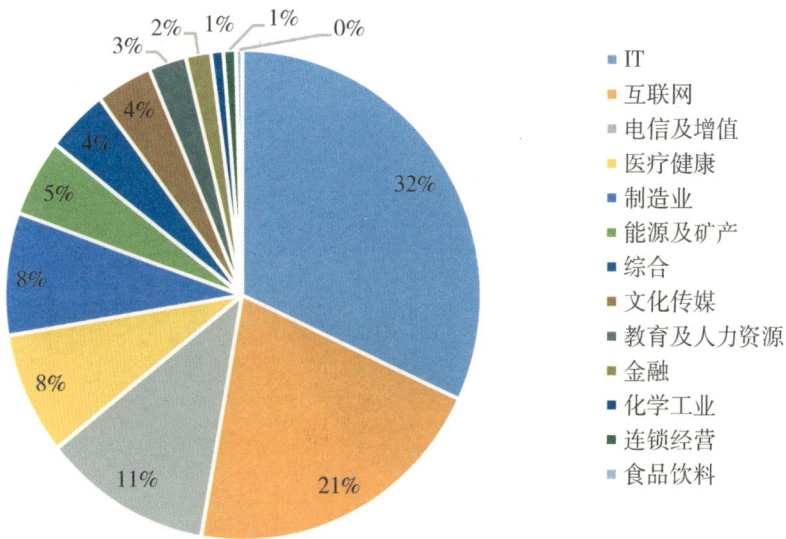

图 7 - 7　2006—2016 年北京市天使投资退出案例数量行业分布

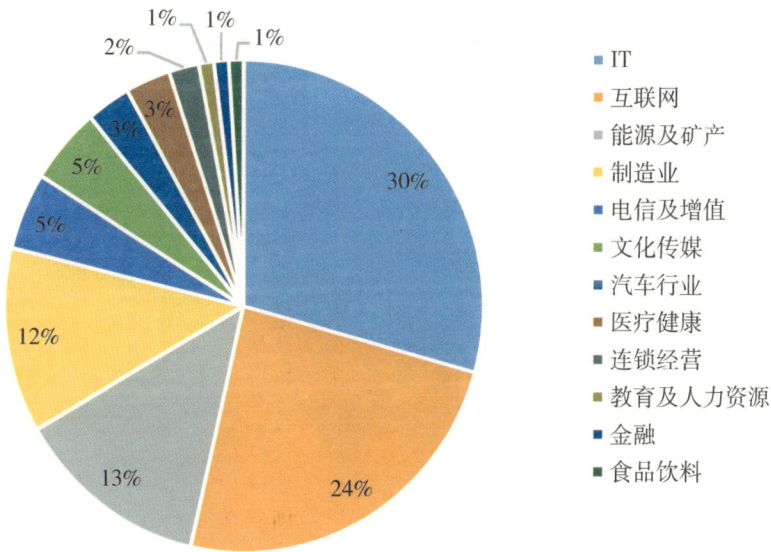

图 7 - 8　2006—2016 年上海市天使投资退出案例数量行业分布

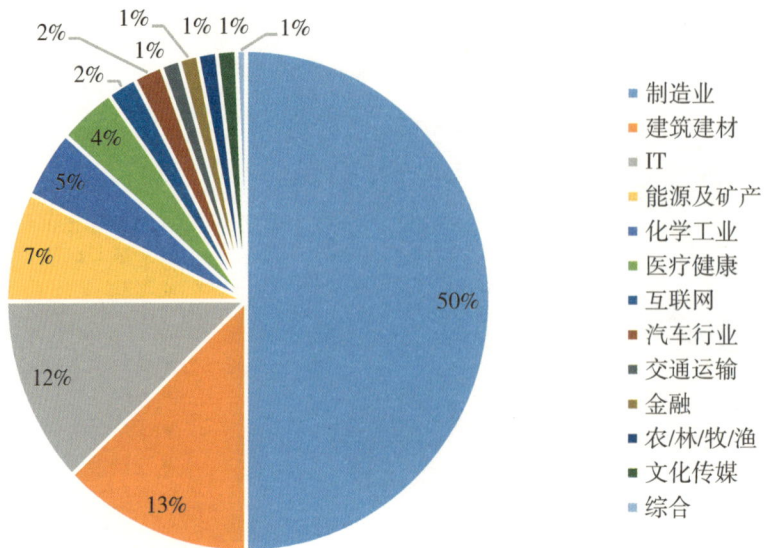

图 7 – 9　2006—2016 年江苏省天使投资退出案例数量行业分布

图例：
- 制造业
- 建筑建材
- IT
- 能源及矿产
- 化学工业
- 医疗健康
- 互联网
- 汽车行业
- 交通运输
- 金融
- 农/林/牧/渔
- 文化传媒
- 综合

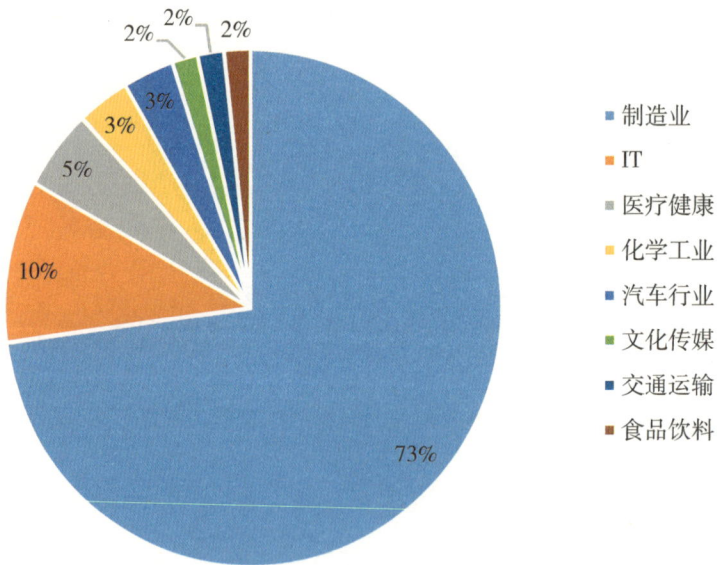

图 7 – 10　2006—2016 年浙江省天使投资退出案例数量行业分布

图例：
- 制造业
- IT
- 医疗健康
- 化学工业
- 汽车行业
- 文化传媒
- 交通运输
- 食品饮料

第五节 广东省天使投资案例

近年来，广东省不断促进增长动力转换、产业结构调整、发展方式转变，着力推进供给侧结构性改革，促成部分传统制造业成功转型，使得先进制造业快速发展，新产业、新业态、新商业模式的"三新"经济发展加速，对天使投资行业投资的拉动力和支撑力不断增强。与此同时，受益于政府推动创新创业孵化载体集群发展、构建创新创业孵化链条、深入实施高新技术企业培育行动计划等，高新技术企业的快速发展，极大地拓展了天使投资的投资空间。

本节将列举自动驾驶、大数据、润滑油、跨界营销等行业的典型投资案例，考察被投资企业的产品服务、商业模式、创业团队，结合参与投资企业自身特点，对投资原因、投资过程、投资效果深入分析，为天使投资对投资方向的选择、投资案例的筛选、投资后管理的要点提供翔实的参考。

一、自动驾驶行业投资案例——Roadstar. ai 天使轮融资

（一）Roadstar. ai 公司简介

Roadstar. ai 成立于 2017 年 4 月，全称为深圳星行科技有限公司，是一家主打 L4（Level 4）自动驾驶的科技公司。Roadstar. ai 选择以多传感器融合的方案切入自动驾驶，即通过算法＋成本可控的传感器，进行 L4 级别自动驾驶的研发。Roadstar. ai 将与整车厂商和供应商合作，为他们定型开发相应的 L4 级别无人驾驶系统，其中包括多传感器融合技术、软件以及提供自动驾驶车辆需要的高精度地图服务。当前 Roadstar. ai 已经在硅谷和深圳两地设立研发中心，不仅能吸收硅谷最前沿的技术，将其不断转化、融入产品之中，并且能吸纳世界一流的人才，组建得力的团队，针对中国市场的实践，强调创新的基因和氛围。这家公司计划在 2018 年初，其开发的自动驾驶原型车，即自动驾驶测试车型上路测试，而其首款落地无人驾驶车将是商用车。

（二）投资原因

云启资本认为，无人驾驶这个万亿级市场需要的是真正有实力的、有技术储备和资金壁垒的团队，而 Roadstar. ai 正是其认为能够同时拥有这些要素的为数不多的企业。深度学习已经开始应用到各行各业，特别是在自动驾驶感知上，深度学习的性能已经被证明，比如物体识别、车辆检测方面已经超过传统计算机视觉算法，所以这个

方向从技术上来说是比较新的。同时，与其他团队不同，Roadstar. ai 的三位创始人经历丰富，在谷歌、百度、特斯拉、英伟达和苹果等公司都有自动驾驶研发经验。

Ventech China 对人工智能和无人驾驶领域关注已久，一直在寻找优秀而有潜力的创业团队。管理合伙人 Eric Huet 认为，无人驾驶领域有着广阔的前景，Roadstar. ai 的团队经验丰富，对自动驾驶领域有着深刻的理解，有潜力成为行业内的佼佼者。

耀途资本专注于物联网和人工智能领域的中早期投资，在决策层投资了 Roadstar. ai。耀途资本认为，首先，国内整车厂和 Tier 1 在 L 4 级别的自动驾驶技术方面缺乏积累和人才，技术研发和储备在一定程度上依赖科研院所和创业团队，而这方面在全球范围最领先的仍是谷歌、特斯拉、百度等公司，因此 L 4 留给创业公司的想象空间非常大，能够开发的广度和深度也值得尝试。其次，Roadstar. ai 创始团队有不同的技术专长，在传感器感知、定位和地图、路径规划、深度学习领域均有经验，整体技术水平比较平衡和全面，比起某些全部来自某一家技术公司的团队，或者有着完全深度学习算法背景的团队，有更大的把握研发出 L 4 的无人驾驶方案。

松禾远望资本在对相关产业深入研究一年，几乎遍访了无人车创业企业后，最终和云启一起投资了 Roadstar. ai。原因在于：首先，松禾远望资本专注科技领域的投资，尤其看好人工智能领域的发展前景，他们认为自动驾驶是人工智能的集大成者，也是最有挑战的领域，在市场运作良好的情况下规模可以达到数万亿，在未来科技主导的市场上投资潜力巨大。其次，Roadstar. ai 创业团队背景雄厚，每个人都有无人车方面的实战经验，这一点非常难得，在松禾远望资本看来，这三位创始人此前的经验是不可复制的，他们在各自的专长方面拥有深厚积累，知道自动驾驶到底需要什么，也了解暗藏的陷阱，并基于丰富行业经验确定了他们的技术选型：多传感器融合（sensor fusion）。

（三）投资过程

2017 年 6 月 28 日，Roadstar. ai 宣布完成了来自云启资本、松禾远望资本、Ventech China 银泰资本和耀途资本四家股权投资机构联合投资的 1 000 万美元天使轮融资。此轮融资所获股权占比为 20%，其中云启资本为领投方。

（四）投资效果

此轮融资使得 Roadstar. ai 有充足的资本和资源，可以将硅谷最先进的多传感器深度融合无人驾驶技术带回中国，在未来改变中国人的出行方式方面有巨大发展空间，同时协助 Roadstar. ai 组建真正有实力的，有技术储备和资金壁垒的团队，推进 L4 无人驾驶技术的快速商业化。

二、大数据行业投资案例——白骑士天使轮和 Pre－A 轮融资

（一）深圳白骑士大数据有限公司简介

深圳白骑士大数据有限公司（以下简称"白骑士"）成立于 2016 年 3 月 30 日，由前招行、招联、腾讯、华为的一批 FinTech、反欺诈、大数据、高性能计算专家和金融高管创立，专注于为银行、消费金融、三方支付、P2P、小额贷、保险、电商等客户解决线上风险和欺诈问题，提供风控模型、事件大盘、案例分析、模糊匹配分团算法产品服务。白骑士于 2016 年 3 月 30 日正式成立，首款产品——白骑士反欺诈云于同年 5 月 30 日上线，并接入第一家客户。白骑士的反欺诈云解决方案主要用于规避欺诈风险、安全风险和信用风险。随后，白骑士上海团队、北京团队相继成立。同年 9 月，白骑士上线第二款拳头产品——资信云。资信云主要通过智能爬虫引擎、外接数据源等模式，为客户补充有效数据，并提供资信报告等服务，协助客户交叉验证，解决欺诈和信用风险。白骑士的智能爬虫引擎采用领先的"集中管控＋分布式架构"，实现高并发、自动智能高效运作。2017 年 1 月，白骑士第三款产品"安安"上线，介入客户数量达到 500 家。截至 2017 年 3 月 30 日，在白骑士成立一周年之际，接入的客户数量已突破 800 家。目前已为超过 50% 的民营银行和 80% 的持牌消费金融提供大数据风控产品和服务。

（二）投资原因

创东方指出投资白骑士大数据有两个方面的原因：首先，大数据风控的未来发展趋势被看好。一直以来创东方都非常重视金融科技领域的创新机会，已经投资了近 20 家公司，同时大数据风控是未来新金融的"基础设施"，具有极强的战略卡位意义，而白骑士是投资机构看到的非常难得的兼具金融、风控、数据、技术、市场五项能力的团队，综合能力极强。其次，团队优秀的业务能力。创始人杨攸斌带领的白骑士团队，具有丰富的行业领先经验，并将风控能力转化成易用、有效的产品，外加强大的市场拓展能力，上线仅半年多就拥有了超 800 家客户，其中不乏持牌金融机构，为超过 50% 的民营银行和 80% 的持牌消费金融公司提供产品和服务，在业内取得极好的口碑。

品胜环球看好互联网金融风控这一行业的发展前景，其认为互联网金融将成为金融业态的重要组成部分，对国家产业的结构调整和消费升级产生积极的促进作用，而互联网金融的风控是该类企业或平台健康长远发展的关键性因素，白骑士对互联网金

融风控有着极为丰富的经验及深刻的理解，所打造的产品紧贴各类金融场景，能有效解决该行业痛点。品胜环球对白骑士团队充分信任，同时也坚信白骑士会为互金风控领域做出巨大贡献，为国家经济的发展发光发热。

（三）投资过程

2016 年 9 月 12 日，品胜环球对白骑士天使轮投资的数千万元资金到账。2017 年 3 月 30 日，即在白骑士成立一周年之际，数千万人民币融资资金全部到账。2017 年 7 月 10 日白骑士大数据宣布完成 Pre－A 轮融资。本轮融资由创东方领投，上轮投资方品胜环球跟投。

（四）投资效果

创东方作为中国领先的创业投资机构，在它的投资版图上，金融科技占据着极重要的地位。已累计投资 16 家金融科技公司，布局互联网保险、大消费金融、供应链金融，打造一条互联网金融行业的投资链。白骑士则是这条投资链上的一个布局点。白骑士能与创东方已投资的互联网金融、大消费金融等公司形成协同效应。在投后服务方面，创东方能够在公司架构设计、规范管理、产品销售等方面提供建议与指导。

三、润滑油行业投资案例——纳能节能润滑油天使轮融资

（一）纳能节能润滑油及所属广州泛海节能科技有限公司简介

纳能节能润滑油品牌（以下简称"纳能"）由广州泛海节能科技有限公司与广东工程节能减排技术研究所协力打造。纳能将在减少维修、降低能耗、提供优质服务的基础上，成为"新国货"的先锋，逐步构筑出全新的国产高品质润滑油生态系统。广州泛海节能科技有限公司专注于研发、生产、销售车辆与工业节能减排产品。自 2014 年 10 月企业奠基至今，纳能产品已辐射全国近 20 个省份、120 多个地级市。在梅花天使与汪峰投资天使轮后，于 2016 年 9 月 26 日，纳能新国货品牌正式发布。纳能产品采用了先进的自主核心专利技术，可大幅度减少汽车尾气排放，实现"用更少的能耗提供同等能源服务"的目标，赋予发动机以更强劲更持久的动力。

（二）投资原因

首先，领先的技术。纳能节能润滑油内含纳能晶格球核心科技，是高新科技国家级重点科研项目。具有流动性极佳、节能环保和高温稳定的特质。欧洲出口标准，采

用优质的全合成基础油；良好的耐热性能，高温下功能依然稳定；有助于环保、节省燃料，明显减少废气的排放。此外，纳能晶格球保护膜能够减少摩擦，避免发动机损伤。

其次，团队优势。刘春，广州泛海节能科技有限公司创始人，多年金融行业经验，后转入汽车后产品制造营销领域，有着丰富的营销经验。张晨辉，广州泛海节能科技有限公司高级工程师，三十多年润滑油营销经验，国家润滑油"七五"公关组组长，曾任中石化广州石油企业集团副总经理、中国石化集团培训师。巫远程，广州泛海节能科技有限公司技术总监、研究院主任。曾担任广东工程节能减排技术研究所所长，纳能产品核心技术发明人，在汽车类产品研发方面拥有多项发明专利。

再次，提升消费者的驾车体验。纳能润滑油有着六大优势：引擎保护更到位，更有效清理积碳、修复发动机内壁损伤；无惧高温低温，超强流动性，无论高温低温，性能不受影响；动力输出更强劲，发动机更润滑，动力强劲，油门更轻，加速更快；降噪减震更出众，有效减少汽车噪音，给予乘客更安静的空间；节省耗油更经济，同等车型和路况，行驶里程更远；减少机油更换频率，节省保养费用。

（三）投资过程

纳能目前处于天使轮阶段，于 2016 年 8 月获得梅花天使创始人吴世春个人及旗下基金宁波梅山保税港区宏远投资管理有限责任公司投资，并获得知名摇滚歌手汪峰投资和代言。受益于天使轮融资，其产品已辐射全国近 20 个省份、120 多个地级市，纳能暂未进入下一轮融资阶段。

（四）投资效果

梅花天使创投为创业者提供后续融资、媒体报道、法务财税、猎头招聘、导师辅导、资源对接等投后服务，致力于解决创业者的四大痛点——钱、干货、人、PR（公共关系）。在资源对接和品牌宣传方面，梅花天使为纳能节能润滑油对接知名摇滚歌手汪峰。汪峰不仅作为投资者入股企业，还担任产品形象代言人。对于资金不充裕的初创企业而言，请知名明星做代言人需要高额花费，汪峰作为股东免费为纳能导入了一部分粉丝群体，并吸引了媒体报道。此外，梅花天使合伙人吴世春有着多年的企业经营和投资经验，为初创企业从企业战略和资本角度提供指导和帮助。

四、跨界营销行业投资案例——粉丝魔方天使轮融资

（一）粉丝魔方公司简介

广州宝杉信息科技成立于 2014 年 9 月，公司旗下品牌粉丝魔方是国内领先的企业新媒介互动营销共享服务云平台。成立不久，粉丝魔方便获得资本市场认可，得到由雷雨资本和老鹰基金的天使轮融资。2015 年，粉丝魔方完成由松禾资本旗下光启松禾与松禾创新基金联合领投的 Pre－A 轮融资。

粉丝魔方搭建企业场景营销 B2B 云平台，让线下门店和线上商户都能成为流量入口的场景，降低企业场景营销成本，提高场景营销的精准度，同时推动了企业之间跨界合作的变革。粉丝魔方精准场景营销的商业模式已经得到品牌商家的认可。目前，粉丝魔方已与多家知名企业建立战略合作伙伴关系，包括京东金融集团、云南烟草集团、立白集团、中国联通、中国移动、中国电信、深圳通、平安银行、滴滴出行、爱奇艺等，现拥有共享营销场景超 100 万个，可覆盖用户超 1 亿，营销场景类型超 120 种，营销卡券种类累计超 1 800 种，卡券共享数据累计近 2 000 万份，卡券投放金额总计超过 300 亿元。

（二）投资原因

雷雨资本指出投资粉丝魔方主要有两方面原因：第一是创始人吴勇具有丰富的行业经验，并且具备成功的潜质。第二是跨界营销趋势被看好，从电商 3C 产品点评到电商运营再到 B2B 跨界营销，粉丝魔方紧跟电商的发展趋势，及时抓住了机会。事实证明，粉丝魔方跨界营销平台上线后，与中国联通、平安银行、平安保险等众多知名企业建立战略合作关系，在业内有着非常好的口碑。

（三）投资过程

2014 年 9 月，粉丝魔方成立之初即获得雷雨资本领投的天使轮融资。2015 年 11月，粉丝魔方宣布，由松禾资本旗下光启松禾与松禾创新两支基金联合领投 Pre－A 轮融资。

（四）投资效果

雷雨资本领投粉丝魔方天使轮融资后，还提供后续的融资辅导、媒体报道以及资源对接等投后服务。此外，雷雨资本创始人俞文辉多年的投融资经验，可为粉丝魔方

从资本的角度提供重要建议。粉丝魔方获得融资后小步快跑，先后与云南烟草集团、立白集团、中国联通、兴业银行、平安银行等企业合作，获得市场一致认可。

第六节　广东省天使投资发展趋势与展望

一、广东省天使投资发展环境变化

（一）国外环境变化

1. 天使投资与互联网共享共通，形成天使投资网络

随着当今社会互联网的普及使用，天使投资与互联网的结合开始变得日益紧密。目前，世界上许多国家的天使投资出现了网络化的新趋势。天使投资在推动中小企业与潜在投资者互动选择、投资信息传播分享等领域发挥着越来越重要的作用。例如，在天使投资发展程度较高的美国，创投企业与天使投资者通过网络寻找配对洽谈机会；北欧的瑞典，其工业科技发展局为天使投资人和机构投资者提供信息服务，使其能够熟知知名企业的经营理念和发展规划，便于筹集吸纳资本；亚洲的韩国，政府部门通过实施税收减免等优惠措施鼓励天使投资人与中小企业相互配合共同寻求合作方向。[①] 由此不难看出，互联网的发展为天使投资提供源源不断的新动力，两者的有机结合已经成为全球天使投资领域不可忽视的一股潮流。

2. 投资主体由个人的、偶然的、分散的投资向有组织的、集中式投资转变

以美国为例，自 1986 年美国第一家天使投资团体——从天使乐队成立直到 21 世纪初，超过 500 个天使投资团体遍布于美国。[②] 原先以个人单打独斗为代表的天使投资模式，由于自身投资能力的制约加之获取信息渠道的单一，无法应对日益复杂化的投资市场。因此，天使投资人逐步改变各自为政的局面，将各自拥有的优势如丰富的专业知识、良好的人际关系等要素结合起来，优势互补，成立以天使基金和平台基金等形式的机构化天使投资这一新型模式。这种新型模式对于投资者而言，是将团体的投资趋向、投资规模、投资方式等相关信息通过广告、新闻等方式予以对外公布。对于创业者来说，则不必花费高昂的人力、物力和时间成本去寻找投资人，只需将项目建议书、商业计划书等向相应的天使团体披露即可。两者之间的沟通变得更加顺畅，

---

① 张俊芳，等. 国外天使投资发展及其对我国的启示［J］. 全球科技经济瞭望，2016（5）.
② 卢慧芳. 美国天使投资发展对广东省的启示［J］. 中国集体经济，2016（3）.

实现了信息和资源共享，便于展开持续的合作。

3. 政府部门以税收优惠为手段支持鼓励天使投资发展

这里以英、法为代表的欧洲为例。为促进中小型企业的股权投资，英国出台企业投资计划（Enterprise Investment Scheme，EIS），其从所得税减免、资本利得税免税、损失减免、免除遗产税、资本利得税顺延五个方面对购买小企业新发行股票的个人投资者给予税收优惠。[1] 法国则是利用税率调整鼓励缴纳个人巨富税（ISF）的纳税人积极向中小企业投资。其规定对于净资产超过门槛数额的个人按累进税率予以征税。除此之外，相关部门对投资中小企业（未上市）五年以上的投资人按照投资额25%的税收减免，最高减免额为4万欧元。[2]

（二）国内环境变化

1. 天使投资基金募集数量、金额和投资案例数量、金额均有所下降，整体更趋平稳

根据投中公司统计，2016年广东天使投资机构新募集基金数量12个，比2015年减少8个；募集金额为3.06亿美元，比2015年下降近一半。2016年广东天使投资案例数量为432个，比2015年下降超过30%；投资金额16亿多美元，比2015年下降超过10%。[3] 这表明，相对于2015年天使投资的热潮，2016年在全民创新创业和资本寒冬的双重影响下，天使投资机构和天使投资人呈现出更趋理性的投资倾向。突出表现为：一方面，参差不齐的标的质量使得天使投资机构对于高质量中小企业的渴求愈发地增加，另一方面，初创企业市场信息的不对称和初创企业爆发式增长客观上提高了天使投资机构的选择成本。因此，为尽量避免市场出现劣币驱逐良币，天使机构对于投资策略的选择更为细致严密，重点布局其认为发展潜力大、适应性强的初创企业，摒弃以往过分追求大而全的趋向。

2. 新兴行业投资热度不减，投资地域分布相对集中

2016年，广东天使投资的行业分布仍以IT、互联网、电信及增值等新兴行业为主。其中，互联网行业投资基金数量最多，为169个，投资金额为11.21亿美元；IT行业投资基金数为149个，投资金额为2.47亿美元；电信及增值行业投资基金数为15个，投资金额为0.41亿美元。[4] 这表明通过借助"互联网+"的创新发展，传统产业

---

① 薛薇，等. 科技创新税收政策国内外实践研究［M］. 北京：经济管理出版社，2013：117.

② Centre for Strategy & Evaluation Services. Evaluation of EU member state' business angel markets and policies final report ［R］. CSES，2012.

③ 数据来源：投中公司数据库。

④ 数据来源：投中公司数据库。

转型升级力度大大增强，新兴行业已经成为提升中国经济持续力的新动能，这也为天使投资机构的关注和布局提供更为广阔的空间。此外，从地域上看，天使投资相对集中的状况依然持续，广州和深圳在业界的龙头地位十分稳固，截至 2017 年 6 月，两者的投资案例总数达 1 673 个，投资金额合计达 57.81 亿美元，占广东省的总量均达到 90% 以上。[①] 尤为可喜的是，原先没有天使投资的惠州、韶关、中山、珠海等城市近几年也取得了零的突破。这些地区的天使投资虽然起步较晚，环境尚未成熟，但其拥有广阔的市场，具备一定发展后劲，前景依然较好。

3. 天使投资退出活跃，退出方式仍以股权转让与新三板为主

2016 年，广东省天使投资市场共发生退出案例 17 个，比 2015 年减少了 9 个。退出行业则以 IT、电信与增值服务、医疗健康、互联网为代表的新兴行业为主。这表明天使投资机构和天使投资人对于新兴行业的信心和长远布局能够支持其进行相对平稳的资本退出。并且，退出方式以并购和 IPO 为主，两者的案例数分别是 8 个和 9 个。[②] 股权转让和新三板之所以占据天使投资退出的半壁江山，是由两者不同的特征所决定的。前者由于自身主动灵活的交易方式、退出周期短以及市场波动影响小等受到众多天使投资机构和天使投资人的青睐。而后者则是由于回报收益率高且进一步融资空间巨大使得退出减少了很大的阻力，相当多的企业可以通过 IPO 实现资本的归集和重整。

二、广东省天使投资发展前景趋势

（一）从行业趋向看，TMT 行业发展前景看好，后劲更为充足

TMT 是电信、媒体和科技（Telecommunication，Media，Technology）的简称。TMT 行业实质上是电信、传媒与科技（互联网）和信息技术三者的相互融合。TMT 行业自身所具备的资源要素相对集中、新项目层出不穷、创新效率相对较高、项目落地实效性强等特征成为吸引天使投资人和天使投资机构重点关注的亮点。更为重要的是，国家层面重视运用互联网思维对传统产业进行改造升级，通过实施"互联网＋"战略来促进双创和民生发展，为天使投资发展带来崭新业态、广阔空间、创新平台和持续动能。广东省天使投资人和天使投资机构应充分利用这一大好契机，在 TMT 相关行业进行统筹谋划和重点布局，力争实现效益最大化、项目品质化、投资持续化。

---

① 数据来源：投中公司数据库。
② 数据来源：投中公司数据库。

（二）从募资渠道看，孵化器与天使投资的融合更加紧密

一方面，传统意义上的孵化器主要强调提供办公场所、生产场地等物理空间来强化投资的硬件支持，能够为天使投资活动提供充足的空间储备和运作平台。创新型孵化器可根据创业者的实际特征和需求，注重提供孵化培训、孵化投资、技术支持、运营支持、创业者培训等软件服务，能够迅捷地解决创业者在初创成长中面临的棘手问题。两者并行不悖，相互补充，相互促进。广东应强化这两种孵化器模式与天使投资进行深度融合，通过直接提供种子资金，建立天使投资人和天使投资机构之间的合作关系，扶持创新创业者获取融资信息和机会等方式来帮助创业企业，为其在提高创业成功率、降低投资风险、减少信息不对称等方面提供更多便利。

（三）从运作方式看，机构化与基金运作成为发展新趋势

天使投资市场的日趋活跃使得天使投资群体日趋庞大。随着天使投资规模的持续扩大，天使投资机构应运而生。机构运作的好处在于：与个人行为相比，机构能够积聚更多资本，以较大的规模来投资更多企业，并且通过规范化运作来降低成本和潜在风险，如整合相关资源要素为投资后管理提供保障和服务支持。因此，原先在业界有较高知名度的天使投资人，倾向于将个人投资行为转为机构行为。基于天使投资基金募资额度较低，单笔投资额相对较小，投资者主要是以高净值个人为代表等特点，广东天使投资应强化对新富群体、私营企业家群体、科技创新业者等群体的关注和引导，通过政府宣传、团队组织、项目支持、信息传播等方式支持和鼓励更多单打独斗的个人向联盟化、团体化运作转变，将闲散的资金整合起来，发挥规模效应，进而实现灵活投资和精准投资。

（四）从投资退出方式看，新三板退出在未来相当一段时间仍然是热点

当前，挂牌新三板仍然是天使投资机构实现退出的主要方式。2016 年 5 月，全国中小企业股份转让系统有限责任公司（以下简称"全国股转公司"）发布了《全国中小企业股份转让系统挂牌公司分层管理办法（试行）》。其实质内容是在新三板挂牌的企业当中，分为基础层和创新层两个层次，满足不同标准和层次的企业可以进入相应层次进行投融资活动。[①] 分层一方面能够降低信息获取成本，提升风险控制能力，强化投资分析效能并引导投融资精准对接；另一方面在供给侧方面提供有关发行、交易、

---

① 《关于发布〈全国中小企业股份转让系统挂牌公司分层管理办法（试行）〉的公告》（全国中小企业股份转让系统公告〔2016〕37 号）。

信息披露等差异化的安排，来促进新三板市场的可持续稳定发展。广东应抓住这一规定落地实施的有利契机，不仅要在天使投资机构的准入门槛上尽量放宽放低，而且要在退出制度上予以精细划分。即通过构建常态化的退出机制实现资本的有序进出，增强对高质量公司的吸引力，发挥较高退出率的压力传导效应，强化对挂牌公司的有效约束机制，为中小企业上市提供更加专业化、灵活化的服务，保证其合规合法经营，维护市场的整体形象，促进市场的优胜劣汰，从而为天使投资发展创造更加宽松、健康的环境。

广东省创业投资前景与展望

第一节　广东省创业投资发展环境变化

一、国际环境变化

2016年，从整体上看，全球经济依然延续着缓慢增长的趋势。一方面，主要的发达经济体大都采取扩张性的经济政策，如量化宽松的货币政策、降息政策、进出口配额等，力求走出经济增长乏力的困境，但仍然未能解决有效需求不足、结构失衡以及产能过剩等棘手问题。基于全球经济疲软的问题，发达国家为保护自身市场占有率，采取一系列贸易保护措施，导致多种形式的贸易保护主义重新抬头，影响到国际贸易结构的优化调整。例如，美国特朗普新政府上台之后，推行"百日新政"，提倡美国优先，对全球贸易规则采取选择性使用，力求拉动就业，刺激内需；欧洲则是在民粹主义、反建制主义势力抬头的氛围之下推动经济艰难复苏，竭力维护统一大市场和欧元地位的稳定；日本经济在安倍政府推出一系列刺激性政策的情况下开始缓慢增长，但受到全要素生产率下降、人口老龄化、个人消费不足等问题影响，整体仍显低迷。此外，全球政治与安全环境出现新的变化，"黑天鹅"事件层出不穷。从英国的退欧公投到美国新一届总统大选，从欧洲难民危机频发到土耳其政局变动，都凸显出传统与非传统安全问题的错综交织。这种区域与跨区域局势的持续动荡势必影响到发达经济体整体经济走势的稳定。另一方面，新兴经济体经济继续保持稳定增长势头，其增速超过发达经济体。虽然发达经济体在经济体量上拥有优势，但新兴经济体在增量上已经成为拉动全球经济增长的新动力。需要指出的是，新兴经济体内部的增长态势并不均衡，相关国家依然面临着产业结构调整、进出口平衡、保障民生福祉等一系列问题，亟须通过改善外部环境，提升市场活力来增强经济发展的持久性。可喜的是，"一带一路"战略的稳步推进、亚投行和金砖国家组织的良好运作等新的区域合作模式将使得全球经济格局更为均衡，经济增长更具实效性和抗风险性。

二、国内环境变化

2016年，中国经济在保持一定增长速度的前提下平稳运行，虽然增速趋缓，但发展面依然向好。具体而言，国内生产总值超过74万亿元，增速达到6.7%；固定资产投资近60万亿元，同比增长8.1%；产业增加值尤其是第二、第三产业增加值增速都超过6%；城乡居民收入同比增长8.4%；CPI（居民消费价格指数）上涨2%，幅度有所下降；PPI（工业品出厂价格指数）同比下降 1.4%；货币供应量保持稳步增长。[①]由此不难看出，在以推进供给侧结构改革为目标的指导下，中国经济发展正步入稳量、求质、增效的新阶段。

回顾 2016 年，中国创业投资市场依然保持活跃的发展态势。无论是募资金额、募资渠道，还是投资项目数量、投资规模，以及退出项目数量等均呈现出不俗的增长势头。其突出特点表现在：

（一）创业投资依然保持高位增长，投资理念趋向价值理性

据清科集团统计，2016 年，中国创业投资市场新募资基金数量达 636 个，同比增长 9.8%，募资金额达 3 581.94 亿元，同比增长 79.4%；投资案例数达 3 683 个，同比增长 6.9%，投资金额 1 312.57 亿元，同比增长 1.5%；退出案例数为 2 001 个，同比增长 10.4%。[②] 由此可见，在经历 2015 年创投市场出现新一轮高峰之后，2016 年的创投市场在股指低迷、"资本寒冬"、上市公司资产缺口凸显等一系列不利因素的条件下依然维持高位增长，殊为不易。究其原因，天使投资机构和天使投资人在创投市场深化变革中更加追求投资项目的可行性和实效性，思考更为成熟、理性，逐步由盲目选择大而全、噱头足的项目开始向审慎挑选精细化、可控性高的项目转变。其意义在于减少潜在的投资风险，避免外部不利因素的介入，回归到项目自身的价值判断，从而使价值理性成为市场发展的主导理念。

（二）创业投资行业监管日趋严格，多元竞争格局逐步成形

2016 年，中国创业投资市场另一个显著风向是创投行业监管标准的出台。中国证券投资基金业协会陆续发布《私募投资基金管理人内部控制指引》《私募投资基金信息披露管理办法》《关于进一步规范私募基金经理人登记若干事项的公告》《证券期货经营机构私募资产管理计划备案管理规范第 1 - 3 号》四个文件，[③] 这表明以往单纯靠信息披露来进行自我约束的软性监管模式向高标准、专业化、无缝隙的监管模式转变。这不仅使得创投交易行为更加科学和规范，也将对净化创投市场环境，实现绿色健康发展起积极作用。此外，伴随国内传统金融业改革的持续深入，银行、保险、证券等金融机构参与创投的角色也将发生变化，例如，2016 年 4 月，银行设立投资功能子公司进行投贷联动开始试点。传统金融机构深度进入创投市场，会使得原有创投机构面临新参与方在资源投入、人员引入、资本募集等多方面的竞争。因此，创投市场多元

---

① 参见国家统计局 2017 年 2 月 28 日发布的《中华人民共和国 2016 年国民经济和社会发展统计公报》。
② 数据来源：清科研究中心私募通数据库。
③ 参见中国证券投资基金业协会网站（http：//www.amac.org.cn/）。

竞争与合作的格局正在逐步形成。

（三）国内并购市场日趋活跃，海外并购成为新的焦点

2016 年，在国家持续推进供给侧改革，加快传统产业整合升级的背景下，国内并购市场呈现活跃高涨的发展势头。据清科集团统计，2016 年我国全年完成国内并购 2 828 个，交易金额达 12 943.86 亿元，分别同比增长 17.4% 和 150% 以上。[①] 其中，互联网、IT、医疗健康等新兴行业持续发力，通过精准并购实现资源整合与行业重新布局，占据并购交易的主导地位，如滴滴与 Uber 合并、途家与蚂蚁短租合并、京东收购 1 号店等。在国内制造业转型升级、人民币贬值压力增大等因素的影响下，中国企业开启海外并购的新趋向，谋求更大空间的资本运作。据清科集团统计，2016 年全年中企完成海外并购案例 237 个，同比增长 6.8%，交易金额达 5 230.21 亿元，同比增长 270% 以上，出现了诸如海航通过天海投资收购英迈、巨人网络收购 Playtika 等受业界瞩目的并购交易。[②] 因此，在可预见的未来，基于海外资产价格偏低、人民币汇率变动不定等方面的因素，中企海外并购将在注重风险防控和资产增值的基础上继续保持一定的规模和力度。

第二节　广东省创业投资发展趋势特征

2016 年，中国经济进入"三期叠加"的新常态阶段。在金融需求偏紧、资本市场监管日趋严格的背景下，创投市场依然保持积极活跃的增长势头。作为创投发展高地的广东省，其创投市场正处于高位发展阶段。从募资金额来看，2016 年达到 723.95 亿元，增长幅度接近 200%；从投资案例数和投资金额来看，同比增长有微幅下降；从退出数量看，2016 年退出数量为 136 个，依然保持一定的增长幅度。[③] 经历了 2015 年的资本喧嚣之后，2016 年，广东创业投资机构的投资理念更趋谨慎，以价值判断为依归；投资布局更为精准，主要面向潜力巨大、成长性足、实效性强的项目或企业；政府引导基金、保险、银行等多元主体积极参与创投的力度加大。因此，根据当前广东创投市场特点和环境变化来判断，其创投发展的未来可能趋势如下：

---

① 数据来源：清科研究中心私募通数据库。
② 数据来源：清科研究中心私募通数据库。
③ 数据来源：清科研究中心私募通数据库。

一、创投新政科学引导，创投市场行为将更加科学规范

2016 年 9 月 20 日，国务院印发《关于促进创业投资持续健康发展的若干意见》，这是第一个在国家层面针对创业投资发展的指导性法规文件。该文件对总体要求、培育创业投资主体、拓宽创业投资资金来源、加强政府引导和政策扶持、完善创业投资相关法规、完善创业投资退出机制等十个方面进行详细的阐述与具体的政策规定，这标志着新时期的创投新政开始实施。

需要指出的是，创业投资自 20 世纪 80 年代中期在我国发轫，在三十多年的时间里，其行业发展已经初具规模，取得相当亮眼的成绩并积累了一定经验，但依然存在着结构性和政策性的问题。如结构方面：创投资本规模较小、天使投资缺位不足、偏好上市前投资或项目 PE 化倾向等；政策方面：税收抵扣政策门槛偏高、退出机制不顺畅、保障机制滞后、监管混乱问题突出等。该法规文件的及时出台为解决和妥善处理这些矛盾和问题提供了明确的目标方向和可供选择策略思考：首先，创新并丰富创投主体及模式。包括支持行业骨干企业、创业孵化器、产业（技术）创新中心、保险公司等机构投资者参与创业投资，培育合格个人投资者，壮大面向种子期、初创期中小企业的天使投资。按照内外资一视同仁原则，放宽准入、简化管理，鼓励外资扩大创投规模等。其次，切实发挥主板、创业板和地方性股权交易场所等机构功能。如完善全国中小企业股份转让系统交易机制，规范发展专业化并购基金，支持证券公司柜台市场等开展直接融资业务。支持具备条件的国有企业依法依规、按照市场化方式设立或参股创投企业和母基金、开展混合所有制改革试点。再次，强化政策的针对性和实效性。尤其对专注长期投资的创投企业在税收优惠、债券发行、政府项目对接等方面加大支持力度。最后，强化行业自律和信用约束，加强信息披露和风险揭示。建立并完善募集资金托管制度，规范创投企业募资行为，坚持适度、差异和统一功能监管，打击违法违规募集资金，有效防范系统性区域性风险等。

二、创投领域深度分化，商业模式创新开始转向技术创新

目前，广东创投市场的投资领域主要集中于 IT 与互联网、生物科技、金融及娱乐传媒等几大领域，各领域内部细分较为明显，如 IT 与互联网领域倾向于 VR（虚拟现实）、大数据、云计算等；金融领域倾向于互联网金融为代表的金融衍生品开发等；娱乐传媒领域倾向于动态直播、影视 IP 等。从整体上看，这些领域大都呈现为商业运作模式的更新，技术含量相对不足，也缺乏必要的知识产权保护。一旦前期大量的资

本投入（"烧钱"行为）没有取得良好的回馈，后期的运作就会陷入困境。例如，当下以 OFO、摩拜为代表的共享单车甫一推出市场，便在短时间内吸引了诸如金沙江创投、启明创投等知名创投机构资本的大幅加持。然而，共享单车在给予民众和市场诸多便利的同时，依然面临管理监督不清、用户素质参差不齐等客观因素的制约，甚至出现了破坏单车、圈占单车、盗用单车等不良现象。因此，作为一种商业模式，共享单车的实际效果需要经历市场的长时期检验才能显现，其发展任重而道远。

随着创投市场领域细分和竞争态势的持续深化，以商业宣传、概念形象包装为表征的传统模式必然会向以技术创新和新产品开发为导向的新模式转变。以工业机器人、新能源汽车、无人驾驶、远程医疗技术等为研发目标的项目或企业能够不断突破技术壁垒，以功能再造和价值更新来占据市场优势。以 AI（人工智能）为例，相关数据显示，我国人工智能领域的投资已达数亿美元。BAT、谷歌、苹果、IBM、微软等国内外科技巨头通过投资并购或自行研发等方式对 AI 进行战略布局，诸多平台类或垂直领域将成为创投的新风口。由此不难看出，创投领域的模式创新和变迁也已成为一种常态，如何把握并适应这一变化成为影响创投机构未来发展的重要因素和核心变量。

三、新三板及 IPO 改革持续深入，创投退出规模将进一步扩大

一直以来，广东创投机构的退出案例和金额在全国排名前列，其退出方式以新三板和 IPO 上市为主。众所周知，退出机制是创业投资的核心环节，没有便捷通畅的退出渠道就无法补偿创投承担的高风险。因此，拓宽资本退出渠道成为增强创投市场活力的必然选择。对于新三板而言，从国家层面看，监管部门为增强市场流动性采取了一系列针对性措施，例如，2016 年 5 月 27 日，全国股转公司正式发布《全国中小企业股份转让系统挂牌公司分层管理办法（试行）》，目的在于加强对挂牌企业的管理，提升新三板流动性。2016 年 9 月 12 日，《私募机构全国股转系统做市业务试点评审方案》出台，公布了私募机构申请条件及 37 条评分标准。这标志着私募做市试点正式启动，有助于改善新三板市场容量问题。[1] 2016 年 10 月 10 日，国务院公布《关于积极稳妥降低企业杠杆率的意见》，强调加快完善全国中小企业股份转让系统，研究全国中小企业股份转让系统挂牌公司转板创业板的相关制度。[2] 从机构层面看，一方面，国内市场不断提升私募股权投资基金、产业基金的收购能力，有助于提升股权转让市场的买方力量；另一方面，市场流动性的提高以及不断扩容将会增强新三板挂牌企业

---

① 参见全国中小企业股份转让系统网站（http://www.neeq.com.cn/）。
② 《国务院关于积极稳妥降低企业杠杆率的意见》（国发〔2016〕54 号）。

股权转让的信心和动力，进而提升其退出收益的获取能力。

对于 IPO 而言，近几年 IPO 市场整体呈现稳定的增长趋势，体现出证监会为注册制铺路而提高 IPO 企业审核速度的决心，以求对目前 IPO 的存量企业进行消化。随着 A 股 IPO 审核加速，企业上市排队等候时间缩短，上市周期也将进一步缩短。据此判断，IPO 改革的未来可能方向为：加强信息披露，防止财务造假；明确中介机构的职责划分，尽可能消除市场盲区；修改和完善退市标准，树立合规渠道门槛；加强对交易所的一线监管，降低内部操控的风险。

四、政府引导基金加速发展，创投市场布局运作将更为精准细致

近几年来，随着政府部门对于创投市场的关注和热情日益提升，各地区纷纷设立引导基金来支持和培育创投机构的发展。据清科集团数据库统计，截至 2016 年，广东引导基金总数已达 90 个，已到位资金规模达到 2 054.12 亿元，其中创投基金数量达到 38 个，已到位资金规模达到 449.14 亿元。[①] 设立的创投基金级别也由以往的省级和地市级逐步扩展到县区级，覆盖范围既包括创投市场活跃发达的广州、深圳、珠海、东莞等地区，也包括韶关、云浮、梅州这些潜力大、市场待开发的地区。此外，在加大政府引导基金力度的同时，政府部门为规范引导基金布局和使用，针对不同行业发展特点颁布一系列政策文件，如《广东省战略性新兴产业创业投资引导基金管理暂行办法》《广州市发展改革委、市财政局关于印发市战略性新兴产业创投引导资金参股创业投资基金管理暂行办法的通知》《深圳市财政产业专项资金股权投资管理办法（试行）》《东莞市创新创业种子基金实施方案》《珠海市人民政府关于促进科技金融发展的实施意见》等。

当前，在引导基金的实际运作中，如何提高引导基金投资效率，实现既定政策目标成为政府考察引导基金实施效果所要面临的关键问题。为此，在实现所有权、管理权、托管权"三权分立"的基础上，建立并完善政府引导基金的绩效评价机制，从经济效应、管理效能、社会反响、政策持续性等方面对引导基金、参股子基金、基金管理方、基金使用方等进行定期的绩效评估，科学、客观、公正地对引导基金的设立、申报、管理、退出等各环节予以监督管理，有利于防范内外部风险，提升资金流转性并保证投资效益回报。这将一方面促使创投引导基金有的放矢地精准投放、合理运作，尽可能实现效能最大化；另一方面则能够在客观上优化产业布局结构，促进战略性重点行业和处在萌芽期但潜力巨大行业的发展。

---

① 数据来源：清科研究中心私募通数据库。

五、粤港澳大湾区建设适时启动，创业投资发展空间拓展

2017 年 3 月 5 日，国务院总理李克强在政府工作报告中提出，推动内地与港澳深化合作，研究制订粤港澳大湾区城市群发展规划，发挥港澳独特优势，提升在国家经济发展和对外开放中的地位与功能。这标志着粤港澳大湾区建设正式提上议事日程。大湾区建设的适时启动对于广东创投行业发展而言，既是机遇，又是动力。

一方面，大湾区建设促使区域内产业要素合理流动和配置，为创投行业发展提供必要的产业基础。大湾区内不同城市间产业资源各具优势，例如，香港深耕发光二极管技术、光伏技术、云计算、生物医学、纳米材料等领域；广州注重汽车制造业、重大装备、造船等高端装备制造业；深圳集聚电子信息产业、新能源和新材料、生物医药、人工智能等新兴产业；佛山发展电气、陶瓷和机械制造等传统优势产业；珠海塑造精密机械和石油化工作为主导产业；中山形成电子电器、五金家电等特色产业集群。这些都能够为创投企业把握市场机遇，聚焦产业热点，精准资本对接，加速项目落地等提供成熟而便利的条件。

另一方面，大湾区建设能够集聚各类创新要素资源，为创投行业发展提供必要的科技支撑环境。当前，粤港澳大湾区在科技产业、金融服务业、航运物流业和先进制造业等领域具备核心优势，以此打造以穗、深、港、澳为创新核心，辐射全湾区的内聚外合的对外开放创新网络，为创投企业的合作发展提供前沿信息渠道和先进技术支持。例如，发挥香港作为全球金融中心的现实优势，加快粤港两地科技金融服务体系建设，强化创新链条的有效合作。粤港澳共建全球领先的科技创新中心；循序制订粤港澳科技合作发展计划，加强粤港澳三地科技创新企业合作，推进粤港澳大湾区科技创新走廊建设；发展"互联网 +"，聚焦人工智能、量子通信等新技术研发应用，构建粤港澳大湾区大数据平台，实现智慧城市信息平台的资源共享和信息互通。

六、特色基金小镇发力建设，产业优化集聚效能提升

当前，国家对于创新创业的扶持力度逐步增强，政府相关部门陆续出台一系列支持自主创新的政策文件，以求制造"双创"的浓厚氛围。在此条件下，基金小镇应运而生，助推创新创业向深层次发展。基金小镇作为一种崭新的资本运作方式，其功能在于通过打造精致化、感官化的软硬件平台环境来吸引各类创投基金的进入，发挥集聚效应，进而实现产业或项目的落地运作。近两年，全国各地积极规划建设基金小镇，冀求通过各类金融资源的集聚，引导资本投向区域实体经济，脱虚向实，实现金融创

新助力实体经济转型升级。

截至 2016 年，广东省共设立两个基金小镇。一个是位于广州番禺的万博基金小镇，另一个是位于深圳前海的深港基金小镇。两者各有其发展特质，分属不同类型。前者属于政府主导型，即通过成立专门的领导工作小组和设立政府引导基金或母基金等形式来开展基金小镇的宏观规划、土地开发、招商引资、经营管理、配套政策落实等工作；后者则属于企业联合开发型，即通过成立基金小镇投资管理或开发建设有限公司等主体，依托、整合多方资源，联合开展基金小镇的规划建设，强调市场化运营与管理，积极争取政府政策支持和监督。从未来发展趋势看，一方面，基金小镇作为区域金融集聚和金融创新的重要空间载体，能够通过汇集金融资源、营造金融氛围、建设金融生态来有效提升金融创造力和竞争力，成为金融市场管理财富的可靠保证；另一方面，基金小镇能够在其辐射范围内实现资本运作的功能，即资本对接产业、资本服务创业、资本推动创新，进而实现产业链的整体布局和协同发展，助推新常态下传统产业的改造和转型升级以及新兴产业的发展。

广东省活跃创业投资机构名单

（按机构简称的首位字母顺序排列）

A

安赐资本
奥飞娱乐

B

暴龙投资

C

创大资本
创东方投资
创享投资
创业工场
璀璨资本

D

达晨创投
德同资本
德迅投资
点亮资本
东方富海
东方汇富

F

分享投资
复星瑞哲

G

高榕资本
高樟资本
广东文投
广发信德
国富源投资
国宏嘉信
国金投资

H

海汇投资
海朋资本
浩方创投
黑洞投资
恒泰资本
红秀资本
华诺创投

I

IDG 资本

J

基石资本
架桥投资

K

科金控股（广州基金、广州科技金融）

L

雷雨资本
蓝烯资本
朗玛峰创投
老鹰基金
力鼎资本
力合华睿
力合科创（力合创投）
力合清源

M

麦星投资

P

平安创新投资基金

Q

启赋资本
前海母基金
乾明投资
青松基金
清控银杏（广州）

S

赛伯乐投资
赛富基金
赛马资本
深创投
深圳高特佳

深圳高新投
深圳国中创业投资
盛世景投资
时代伯乐
松禾资本

T

TCL 资本
泰岳梧桐资本
天图资本
同创伟业
同威创投

W

湾海投资
微光创投（吴宵光）
温氏投资

X

仙瞳资本
协同资本
星辉互动娱乐
兴旺投资

Y

粤科金融集团
亚商资本
宜华资本
蚁米创投
亦联资本（YY 多玩）
英诺天使（广州）
盈峰资本
盈信资本

优势资本

有米广告

原创资本

源政投资

远致富海

粤商创投

Z

招商局资本

正时资本

正轩投资

志成资本

中大创投

中国文化产业投资基金

中海资本

中科乐创

中科招商

中美创投

中信资本

中兴合创

追梦者基金暨创新谷

琢石投资

纵联资本

注：此机构名单是由广州微投科技信息咨询有限公司、广东省风险投资促进会、广东正中珠江会计师事务所、暨南大学产业经济研究院、广东华南科技资本研究院组成的工作小组据不完全统计的一百个活跃投资机构。

参考文献

［1］林博．风险投资学［M］．北京：对外经济贸易出版社，2011.

［2］乔希·勒纳，安·利蒙，费尔达·哈迪蒙．风险投资、私募股权与创业融资［M］．路跃兵，刘晋泽，译．北京：清华大学出版社，2015.

［3］鲁育宗．产业投资基金导论：国际经验与中国发展战略选择［M］．上海：复旦大学出版社，2008.

［4］刘曼红．天使投资理论与实践［M］．北京：经济管理出版社，2009.

［5］冯宗宪，谈毅，冯涛，等．风险投资理论与制度设计研究［M］．北京：科学出版社，2010.

［6］罗国锋．中国风险投资透视［M］．北京：经济管理出版社，2012.

［7］冯晓琦．风险投资体系以及风险投资运作中的主要环节［M］．北京：清华大学出版社，2012.

［8］张陆洋，等．中国风险投资创新与探索研究［M］．上海：复旦大学出版社，2012.

［9］投资界网站．中国创投简史［M］．北京：人民邮电出版社，2017.

［10］叶小荣．创投［M］．北京：电子工业出版社，2017.

［11］杨昀．风险投资家与联合投资、创业企业绩效研究［M］．北京：科学出版社，2016.

［12］李建良．创业投资引导基金的引导模式［M］．北京：社会科学文献出版社，2016.

［13］胡志坚，等．中国创业投资风险发展报告2016［M］．北京：经济管理出版社，2016.

［14］徐晓波，等．中国创业投资行业发展报告2016［M］．北京：企业管理出版社，2016.

［15］乔明哲，等．国外公司创业投资中组织间学习研究述评［J］．管理学报，2012（10）．

［16］黄曼远，等．欧洲投资基金管理运作模式及对我国政府创业投资引导基金的借鉴［J］．经济研究参考，2015（7）．

［17］蔡地，等．国外联合创业投资行为研究现状与展望［J］．山东社会科学，2014（10）．

［18］魏喜武，等．全球创业投资波动性研究述评［J］．金融理论与实践，2010年（6）．

［19］徐文舸．政府性创业投资引导基金的国际镜鉴——基于对以色列、澳大利亚的比较分析［J］．国际金融，2017（5）．

［20］萧端，等．政府创业引导基金运作模式借鉴——以以色列YOZMA基金为例［J］．南方经济，2014（7）．

［21］唐忠杰．构建我国优质创业投资网络的建议［J］．时代金融，2017（1）．

［22］张明喜，等．中国创业风险投资的发展近况及思考［J］．中国科技论坛，2015（2）．

［23］许兴．我国创业风险投资发展现状与政策建议［J］．管理世界，2017（1）．

［24］戴淑庚，等．风险投资对我国高科技产业发展的绩效研究——基于DEA方法的区域比较视角［J］．厦门大学学报（哲学社科版），2010（6）．

［25］张俊芳，等．中国风险投资发展的特征与形势分析［J］．全球科技经济瞭望，2017（2）．

［26］杜传文．风险投资与R&D投资促进企业技术创新比较研究［J］．科技进步与对策，2011（15）．

［27］林海涛．中国天使投资与青年创业者融资研究［J］．学术论坛，2013（12）．

［28］高孝平．创业投资中的模式发展研究［J］．中国集体经济，2017（2）．

［29］中国部委联合赴欧创业投资考察团．欧洲创业投资发展及启示［J］．证券市场导报，2012（1）．

［30］刘红卫．美国创业投资的新发展及对我国的启示［J］．时代金融，2011（11）．

［31］彭华涛．创业企业成长瓶颈突破—政企互动的中介作用与政策感知［J］．科学学研究，2013（7）．

［32］谢伟平，等．风险投资对创业板IPO折价影响的实证研究［J］．金融论坛，2013（1）．

［33］米建华．基于创业投资的长三角技术创新体系研究［J］．现代管理科学，2013（8）．

［34］王佳妮，等．天使投资的行为、组织与政策研究综述［J］．经济问题探索，2014（11）．

［35］李姚矿，等．我国天使投资运作模式的探索［J］．合肥工业大学学报（社会科学版），2011（2）．

［36］史建梁．天使投资人的投资行为研究：一个理论综述［J］．经济与管理研究，2011（8）．

［37］王增玉，等．我国天使投资制度建设浅析［J］．河北金融，2014（9）．

［38］李阳，等．中国天使投资发展趋势与对策研究［J］．科研管理，2015（10）．

［39］陈强，等．中国天使投资发展现状与政策建议［J］．科技管理研究，2016（8）．

［40］范大良，等．天使投资组织化的动因分析及其表现形态［J］．科技创业月刊，2010（2）．

［41］陈昱婧．政府补贴对天使投资的作用分析［J］．市场研究，2016（4）．

［42］江勇．初创期科技型企业融资与天使投资［D］．合肥：安徽大学，2011.

［43］王超．美国天使投资的经验及对我国的启示［D］．合肥：合肥工业大学，2011.

［44］张佳睿．美国风险投资与技术进步、新兴产业发展的关系研究［D］．长春：吉林大学，2014.

［45］王洋．创业投资对我国产业升级影响的研究［D］．衡阳：南华大学，2010.

［46］李玉兰．我国风险投资税收优惠法律制度研究［D］．重庆：西南政法大学，2011.

［47］岳蓉．中国风险投资的运行机制研究［D］．武汉：华中科技大学，2013.

［48］陈斌．创业、创新与创新集群发展［D］．杭州：浙江工业大学，2014.

［49］聂晶．推动技术创新的创业投资发展研究［D］．太原：山西财经大学，2015.

［50］周育红．中国创业投资网络的动态演进及网络绩效效应研究［D］．广州：华南理工大学，2013.

［51］广东省统计局．广东统计年鉴2016.

［52］国家统计局．中国统计年鉴2016.

［53］Arestis P，Demetriades P，Luintel B. Financial development and economic growth：the role of stock markets［J］.Journal of money，credit and banking，2014（33）．

［54］Ronald J. Gilson. Engineering a venture capital market：lessons from the American experience［J］.Stanford law review，2003，55（4）．

［55］Kaplan S. N.，Martel F.，Stromberg P. How do legal differences and experience affect financial contracts? ［J］. Journal of financial intermediation, 2007 (16).

［56］ Jeffrey Sohl. The angel investor market in 2011: the recovery continues ［R］. Center for Venture Research, April 3, 2012.

［57］ Heaton J and Lucas D. Portfolio choice and asset prices: the importance of entre-preneurial risk ［J］. Journal of finance, 2000, 55 (3).

［58］ Maula, M., Autio, E., Arenius, P. What drives micro – angel investments? ［J］. Small business economics, 2005 (25).

［59］ Burke, A., Hartog C., Van Stel, A., and Suddle, K. How does entrepre-neurial affect the supply of informal investors? ［J］. Venture capital, 2010, 12 (1).

［60］ Avdeitchikova, S., Landstrom, H., Manson, N. What do we mean when we talk about business angels? Some reflections on definitions and sampling ［J］. Venture cap-ital, 2008, 10 (4).

［61］ Paul, S., Whittam, G. and Johnston, J. B. The operation of the informal venture capital market in Scotland ［J］. Venture capital, 2003 (5).

［62］ Benjamin, G. A., Margulis, J. B. Angel financing: how to find and invest in private equity ［M］. John Wiley & Sons Inc., 1999.

［63］ Scott A Shane. Fool's gold? The truth behind angel investing in American ［M］. Oxford University Press Inc., 2009.

后　记

《广东省创业投资行业发展报告2017》（以下简称《报告2017》）的编写工作起始于今年年初，经过团队近一年的努力，终于可以付梓了。《报告2017》在《广东省创业投资行业发展报告2016》（以下简称《报告2016》）的基础上有了些许改进和提升。首先，数据方面，我们选购了清科研究中心私募通数据库的相关数据作为基础数据，同时参考了中国证券投资基金业协会的相关数据资料，在力所能及的范围内尽量使所用数据具有代表性和真实性；其次，在内容方面，今年的报告增添了广东省政府引导基金概况、广东省创投政策梳理以及年度专题——广东省天使投资发展报告等相关章节，以求更全面反映广东创投行业的发展热点和变化趋势。此外，我们原本准备做一个广东创投企业的相关排行榜，与本报告一起发布，更直观地反映广东作为一个创投大省的发展态势，但由于一些客观原因未能实现，我们争取在明年的报告中增加这一部分内容。

与《报告2016》相比，《报告2017》的整个工作团队都有了进一步的充实和提升。暨南大学产业经济研究院的朱卫平教授、广东省风险投资促进会的崔颖博士、广东正中珠江会计师事务所（特殊普通合伙）合伙人肖航先生和广州微投科技信息咨询有限公司CEO俞文辉先生共同领衔编写组，其中，朱卫平教授、崔颖博士和肖航先生共同承担了该报告的写作思路和提纲的设计、写作过程的具体指导以及报告的后续修改完善工作；崔颖博士承担了该报告的资金筹措、资料数据获取和出版发行等一系列策划工作；俞文辉先生承担了广东省活跃创业投资机构相关数据的收集整理，并为准备广东创投企业排行榜做了许多卓有成效的工作。报告的具体编写工作由艾尚乐博士、杜金召先生、覃一鸣先生和周紫焱女士共同完成，其中艾尚乐博士承担了前言、

第八章的撰写以及报告全文的统稿整理工作；覃一鸣先生承担了第一章和第二章的撰写工作；杜金召先生承担了第三章，第四章，第五章的四、五、六节以及第七章的三、四、六节的撰写工作；周紫焱承担了第五章的一、二、三节，第六章，第七章的一、二、五节的撰写工作。此外，周潇女士承担报告撰写过程中的主要组织及协调工作，并负责数据收集以及与数据提供方的信息沟通和反馈。王子韵、邓韵然两位女士负责报告的财务情况。刘邡建先生负责报告的后勤工作。陈黄研、何镱鎏两位先生负责广东省活跃创业投资机构名单的收录及编制。

编写组

2017 年 12 月